流失海外的敦煌文物

LIUSHI HAIWAI DE DUNHUANG WENWU

刘进宝～编著

甘肃人民出版社
甘肃·兰州

图书在版编目（CIP）数据

流失海外的敦煌文物 / 刘进宝编著． -- 兰州：甘肃人民出版社，2024.10（2025.7重印）
ISBN 978-7-226-06071-1

Ⅰ．①流… Ⅱ．①刘… Ⅲ．①敦煌学－通俗读物 Ⅳ．① K870.6-49

中国国家版本馆CIP数据核字(2024)第049971号

策划编辑：李青立
责任编辑：袁　尚
装帧设计：明　珠

流失海外的敦煌文物
LIUSHI HAIWAI DE DUNHUANG WENWU

刘进宝　编著

甘肃人民出版社出版发行

（730030　兰州市读者大道568号）

兰州银声印务有限公司印刷

开本710毫米×1020毫米　1/16　印张18.5　插页2　字数350千
2024年10月第1版　　2025年7月第2次印刷
ISBN 978-7-226-06071-1　　　定价:98.00元

写在前面的话

1840年，英国用大炮敲开了中国的门户，随后各国列强蜂拥而至，在强占租界和划分势力范围的同时，还纷纷派人来寻宝探险，从而使中国文化遗产也进入了一个大量外流的灾难期。

1860年，英法联军火烧圆明园，既毁坏了这座举世无双的园林，也毁了文源阁《四库全书》，劫走了残余的部分《永乐大典》和园中的珍宝。1900年，八国联军攻占北京，掠走了清宫廷中珍藏的书画等珍贵的艺术品。除了这两次大规模的强盗式的抢劫外，一些国家的探险家、考察家还以科学考察的名义盗劫了不计其数的中国珍贵文物和艺术品。

据统计，1856—1932年间，俄、英、德、瑞典、法、日、美诸国考察队等来我国西北地区考察、探险66次，每次考察都会多少不等地盗劫、骗购一些中国的古迹文物。在各国的考察、探险中，以英籍匈牙利人斯坦因、法国人伯希和、日本大谷光瑞考察团、俄国人奥登堡和美国人华尔纳对敦煌遗书、文物的盗劫、破坏最为严重，给中国古代文化造成的损失也最大。因此，我们就以这些考察、探险对敦煌遗书、文物的盗劫、破坏为例，通过对这只"麻雀"的解剖，来探讨19世纪末20世纪初中国文物外流的历史背景及具体情况。

敦煌文物的发现，是我国学术文化史上的一件大事。然而不幸的是，敦煌文物发现于帝国主义加紧侵略中国之际，许多文物被帝国主义国家的所谓"学者""考察团"劫去，部分为国内官僚地主及私人收藏，造成了我国文化事业不可估量的巨大损失。早在1930年，爱国学者陈寅恪先生就沉痛地说："敦煌者，吾国学术之伤心史也。其发见之佳品，不流入于异国，即秘藏于私家。"①

敦煌文物外流，是中国文物外流的一个缩影。当然，敦煌是丝绸之路上的一颗明珠，敦煌文物是整个丝绸之路文物的有机组成部分，因此为了使我们的分析、研究建立在更加科学的基础上，我们在某些部分的探讨中，可能会涉及敦煌以外的一些地区。

但愿通过我们的叙述，使读者能够明了敦煌遗书的发现、藏经洞封闭的原因及时间、丝绸之路文物被盗的历史背景，各国组织考察团的背景、条件，各国考察团对敦煌文物的劫夺破坏，各国的收藏及研究情况等等，进而对敦煌学和丝路文化有所了解。

---

① 陈寅恪：《陈垣敦煌劫余录序》，载《金明馆丛稿二编》，上海古籍出版社1980年。"见"同"现"。

目录

第一节	震惊世界的大发现	001
第二节	千古之谜谁解说——敦煌藏经洞封闭之谜	017
第三节	斯坦因敦煌劫宝藏	035
第四节	「汉学大师」取精华	101
第五节	姗姗来迟的橘瑞超	147
第六节	不甘落后的奥登堡	187
第七节	带来厄运的华尔纳	221
第八节	劫余断片又遭劫	251
第九节	敦煌文物流散的原因	261
附录一	中国学术团体协会与斯文·赫定博士所订合作办法	275
附录二	《古物保存法》	279
附录三	流失海外敦煌文献数量一览表	281
附录四	流失海外敦煌文物数量一览表	283
附录三、四参考文献		284
结束语		285
后记		287

第一节

震惊世界的大发现

我国的历史文化典籍和文物资料非常丰富，经过漫长岁月和历史的沉淀，有些因各种原因已失佚不传，有些仍遗存于地下或洞窟山岩。可能有一天，它们将被发现而成为世界文化宝藏的一部分。

在古代，曾有两次文物典籍的发现，即汉代的孔壁古文和晋代的汲冢竹书，都与历史文化有密切的关系。19世纪末和20世纪初，我国的文化典籍，又有几次大的发现，即河南安阳殷墟甲骨、西陲汉晋简册、明清两代的内阁大库档案、敦煌千佛洞遗书。这些文化典籍的发现，在中国文化史上具有重大的学术价值。其中敦煌遗书的发现，引起了国内外学者的高度关注与研究热潮，并由此在世界上形成了一门新的学科——敦煌学。

一、藏经洞遗书的发现

敦煌藏经洞文物的发现，距今才一百余年。但由于现存记载互相矛盾，更由于缺乏可靠的历史证据，其发现时间及过程还有待更深入的研究。

据王道士墓志——《太清宫大方丈道会司王师法真墓志》（以下简称《墓志》）记载，藏经洞发现于清光绪二十五年，即公元1899年。王道士墓志是民国二十年（1931年）赵玉明、方至福为其师、师爷道士王圆禄（即王圆箓）去世百日而立。墓志嵌于莫高窟对岸王圆禄墓塔上，为木质阴刻，面南，高174厘米，宽75厘米。碑首中央篆刻"功垂百世"四字，其两旁各刻一龙。墓志全文如下[①]：

  民国廿年古七月卅日，为吾师王法真仙游之百日。门弟子咸愿碑记行略，请命绅耆，众皆曰可，何幸如之！夫吾师姓王氏，名圆箓，湖北麻城县人也。风骨飘然，尝有出世之想。嗣以麻城连年荒旱，逃之四方，历尽魔劫，灰心名利。至酒泉，以盛道道行高洁，稽首受戒，孳孳修练。迨后，云游敦煌，纵览名胜，登三危之名山，见千佛之古洞，乃慨然曰："西方极乐世界，其在斯乎！"于是建修太清宫，以为栖鹤伏龙之所。又复苦口劝募，急力经营，以流水疏通三层洞沙，沙出壁裂一孔，仿佛有光。破壁，则有小洞，豁然开朗，内藏唐经万卷、古物多名。见者惊为奇观，闻者传为神物。此光绪廿五年五月廿五日事也。呜呼！以石室之秘录，千百年而出现，宜乎价重连城，名驰中外也。观其改建三层楼、古汉桥，以及补葺大小佛洞，积卅余年之功果，费廿多万之募资，佛像於焉壮严，洞宇於焉灿烂；神灵有感，人民受福矣！惟五层佛楼规模粗具，尚未观厥成功。陆前县长嘉其功德，委为道会司以褒扬之。今者羽轮虽渺，道范长存。树木垦田，成绩卓著，道家之香火可继，门徒之修持有资。实足以垂不朽而登道岸矣！夫何必绝食练形而后谓之飞升哉！

子：赵明玉
千佛洞太清宫徒   稽首谨志
孙：方至福

《墓志》所说的太清宫，俗称下寺，与藏经洞所在的16号窟近在咫尺，东西毗邻，原为王道士的法堂及居室。

  立《墓志》者乃王道士的徒子徒孙，所立时间距藏经洞的发现已有30年之久。《墓志》中所述情节与实际情况并不完全相符，内有虚构、浮夸之词。如将王圆禄[②]的"禄"写为"箓"就是错误的，王道士生前于1906年所立《重修千佛洞三层楼功德碑

---

① 录文经李永宁先生整理，载《敦煌研究》试刊第2期，甘肃人民出版社1983年。
② 在本书中使用"王圆禄"（文献资料原文中为"王园禄""王圆箓"等者，不修改），此后不再一一标注。

王道士墓志

记》和1910年左右其亲书的《催募经款草册》都是"禄",其徒子徒孙所写《墓志》,以为王圆禄是道士,就应该是这个"篆",显然是想当然地改写,而不符合实际情况。所以此说虽有根据,但未必准确,学术界鲜有附会其说者。

另一说发现于光绪二十六年,是年为庚子年,即公元1900年,此说目前为学术界所公认。庚子发现说,最早见于叶昌炽的《缘督庐日记》。其中说,甲辰年(1904年)九月初七日"夜敦煌王广文来云:莫高窟开于光绪二十六年,仅一丸泥,砉然扃鐍自启,岂非显晦有时哉"①。

叶氏记此事之年,距发现藏经洞只有四年,比较可信。

1900年发现说也见于《重修千佛洞三层楼功德碑记》。此碑为木质阴刻,立于光绪三十二年(1906年)。碑嵌于三层楼下层洞窟,今编16号窟甬道南壁。碑高230厘米,宽89厘米,全文如下②:

> 三危为敦煌望山,其西麓有千佛洞。稽诸志乘,即古雷音寺,未详创始何代。梵宇立唐时残碑尚云再修。历年邈远,迄今无考。但倚幽崖深谷间,疏岩凿石,缔造佛像万计。或装塑宝座,或绘画悬壁,色相庄严,灿然妙善,足征西域当年修佛之盛也。后经兵燹蹂躏,佛像屡遭毁废,龛亦沙压倾圮,梯级多断,攀缘莫逮。千百载而下,追溯古迹,每足动人感慨之思。然兴者不废,废者复兴,尤存乎其人而已。丁酉之岁,邑从九戴君奉钰倡首续修,聚众善之赀力,营艰大之工程,左提右挈,其运意为独挚矣!始构大雄之殿,继兴大士之宫,畴昔荒刹萧索,不蔽风雨,今则洞宇峥嵘、观瞻辄资景仰。苟非竭诚补葺,即阅五六年,殊难告厥蒇功。而鄂省羽流圆禄,又能宏(弘)乐善之心,不辞劳瘁,不避星霜,旋睹迤北佛洞寂寞,多为流沙所掩(淹)没,因设愿披沙兀洞。庚子孟夏,新开洞壁偏北,复掘得复洞,内藏释典充宇,铜佛银座,侧有碑云唐大中五年沙门洪䛒立。参考正史,建中二年沙州沦陷吐蕃后,逾七十年,刺史张公义潮(议潮)正于大中五年以瓜沙等十一州收复归唐。遂改沙州为归义军,以义潮作节度使。由大中而至于今,且千有余岁,是园禄孤志劈画,吾乡人众创见千岁

---

① 叶昌炽:《缘督庐日记》,影印本第7册第4604页,江苏古籍出版社2002年。
② 录文经李永宁先生整理,刊于《敦煌研究》试刊第2期,甘肃人民出版社1983年。

遗蕴之物，亦甚异。园禄测度藏经佛龛，结造三层楼，仍属戴君奉钰提倡而振作之，庙貌焕乎维新。功既竣，请余援笔而付剞劂。谨略述其梗概。若夫润色鸿业可大可久，更于继起有厚望焉！是为记。

敕授文林郎、候铨试用知县、丁酉科选拔联捷举人郭璘谨撰并书。

例授登仕佐郎、吏部候选巡政厅、从九品、经理社首戴奉钰督修。

例授修职郎、吏部注册即选儒学训导、岁贡生、社首习登瀛监修。

例授修职郎、吏部注册候选儒学训导、附贡生、社首马育江监修。

经理社首戴号公　陈正言　杨春洲　殷善言　戴化勋　胡从义

住持　王圆禄

徒：王明发　赵明裕　仝修。

大清光绪三十二年岁次柔兆敦牂孟夏之月上浣穀旦　　　立

此碑所记"庚子孟夏"发现说，有可能源于王道士之口，因为王道士曾亲自参与三层楼修建之事，所以其说比较可信。

1900年发现说，还见于王道士的《催募经款草册》（又名《王道士荐疏》，后简称《草册》）。此件为玫红纸墨书，现存敦煌研究院，其中[①]说：

道末湖北麻城县人、现敦煌千佛洞住持王圆禄敬叩

伏俯叩恳

天恩活佛宝台座下，敬禀者：

兹有甘肃省敦煌古郡，迤郡东南方距城四十里，旧有千佛洞，古名皇庆寺。其洞在石山之侧，内有石佛、石洞、泥塑佛像，俱有万万之像。惟先朝唐宋重修碑迹为证，至本朝光绪皇帝年内，因贫道游方至敦，参拜佛宇，近视洞像，破毁不堪。系先年贼匪烧损，贫道誓愿募化补修为念。至贰拾陆年五月贰拾陆日清晨，忽有天炮响震，忽然山裂一缝，贫道同工人用锄挖之，欣出闪佛洞壹所，内有石碑一个，上刻大中五年国号，上载大

[①]《草册》原文见子青《记王道士催募经款草册》，载《西北日报》1945年5月22日。照片图片和录文参阅梁旭澍：《〈敦煌县正堂申谕〉〈催募经款草丹〉录文及相关问题》，载《敦煌研究》2018年第1期。

《重修千佛洞三层楼功德碑记》

德悟真名讳，系三教之尊大法师。内藏古经数万卷，上注翻译经中印度经《莲花经》《涅槃经》《多心经》，其经名种颇多。于叁拾三四年，有法国游历学士贝大人讳希和，又有阴国教育大臣司大人讳代诺二公至敦煌，亲至千佛洞，请去佛经万卷。异日复蒙天恩，赐银壹万两。近闻其名，而未得其款，以将佛工不能成就。区区小县，屡年募化。至今创修寺院，以及补塑佛像，重修楼殿等项费用，过银贰万有余。缘为经款，叩恳

青天佛祖电鉴。特修草册上达，肃此

谨禀

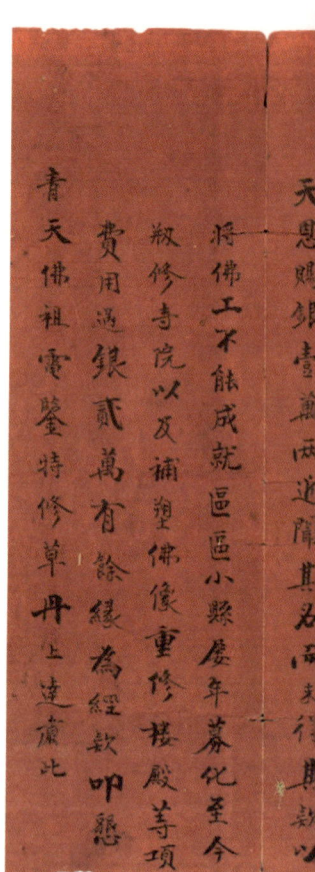

《草册》对藏经洞的发现时间说得十分具体，即光绪二十五年五月二十六日（1900年6月22日），与庚子孟夏之说吻合。而且还提到法国贝希和、阴国（即英国）司代诺（即伯希和、斯坦因）二人"请"去佛经万卷之事，故此件应写于1908年之后不久，应当说是可信的。

此外，伯希和、斯坦因等人，都说藏经洞发现于1900年，他们二人必亲闻之于王道士，所以与庚子发现说一致。

还有一种说法，即王圆禄做了道士，来到敦煌后，生活无着，投宿于莫高窟。此时的千佛洞寺院，僧人多为藏传佛教喇嘛，诵的也非汉传经文，唯独王圆禄能诵道经，说中原话，所以人们大都求他礼忏。其生活因此渐渐好了起来，于是就雇一杨某写经。杨某在第16窟甬道中置一桌案，经常在此伏案写经。抄经休息时，常以芨芨草点旱烟吸之，也经常把燃余之芨芨草插在墙壁裂缝中。光绪二十六年四月二十七日夜半，杨某又在此伏案写经，这次他与往常一样，吸完烟后就把燃剩的芨芨草插在墙壁裂缝中。奇怪的是这次却草插而不可止，用手击之，发现内中是空的，因而甚感惊异。杨某把此事报告了王道士，王道

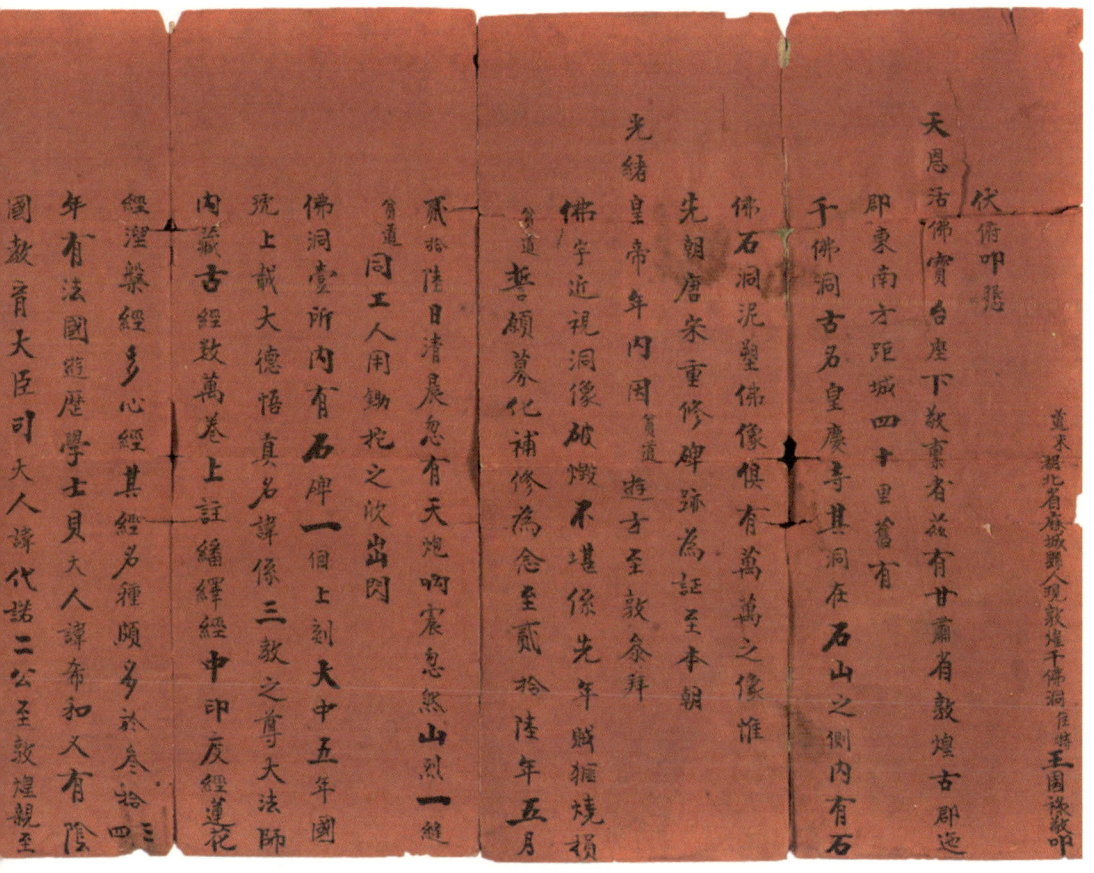

《催募经款草册》局部
（现藏敦煌研究院）

士即与杨某合力破其壁，内有一门，高不足容人，用泥块封塞，把泥块去掉，则为一小甬道，入内为一复洞，由此发现了藏经洞。此说没有旁证，也近于传奇，聊备一说，仅供参考。

二、土地庙文书发现记

敦煌遗书，主要是指1900年藏经洞发现的大批遗书而言。除此之外，还应包括1944年土地庙残塑中发现的少量文书。

1944年7月初，时国立敦煌艺术研究所为建职工宿舍，准备拆除中寺后院中的土地庙，先将庙内土地、山神、牛王、马王、药王等五尊残存塑像搬出，放置在土地庙外西墙根下。8月30日上午11时许，国立敦煌艺术研究所职工（警长）窦占彪打破其中三尊残塑，发现残塑体内中心支柱上缠裹着一些经卷，当即由警长窦占彪和泥工秦志和等将这些经卷持送到所长常书鸿的办公室。常书鸿让研究人员苏莹辉、刘荣曾共同检视包封。下午4点，国立敦煌艺术研究所工作人员常书鸿、董希文、李浴、张琳英、陈芝秀、邵芳、苏莹辉、陈延儒、辛普德、刘荣曾等留所全体人员，在考古组启封检点，"并敦请中研院西北科学考察团考古组夏作铭（鼐）、向觉明（达）、阎述祖（文儒）三先生莅场监视，以昭郑重"①，由苏莹辉、李浴、刘荣曾记录登记。

关于土地庙文书的发现，最早、最基本的记录是当时任国立敦煌艺术研究所所长常书鸿先生之报告：

国立敦煌艺术研究所于民国三十三年八月三十日发现藏经
初步检验报告

本所因修建职员宿舍，于八月三十日上午十一时，在后园土地祠（该庙为清末中寺住持王喇嘛所修）残塑中发现六朝残经多卷，当经鸿召集全体职员并邀请现正在千佛洞工作之西北考查团考古组向达、夏鼐、阎文儒三先生参加检验，详细记录。计共得六朝残经杂文等六十六种，碎片三十二块；其中有题记年号者，计北魏兴安三年五月十日谭胜写《弥勒经》，北魏太和十一年五月十五日写《佛说灌顶章句拔除罪过生死得度经》及北魏和平二年十一月六日唐丰国写《孝经》残页三种。此外尚有六朝职官名册残页，均甚名贵，现经匆促编造初次查验目录。该项残页现妥存本所，此次发现，实为史坦因（即斯坦因——编者）、伯希和等盗窃藏经后敦煌之创闻，本所成立于盗窃俱空之际，有此意外收获，致使震动世界之"敦煌学"又增加若干研究资料，亦中国文化之幸也。

常书鸿谨志于莫高窟
三十三年九月一日

---

① 苏莹辉：《国立敦煌艺术研究所新发现北魏写经颠末记》，载《西北日报》1944年11月1日。

参加检验本所职员：

常书鸿　张琳英　刘荣曾　李　浴

陈延儒　苏莹辉　邵　芳　陈芝秀

董希文　辛普德

监验人：向　达　夏　鼐　阎文儒

纪　录：苏莹辉　李　浴　刘荣曾[①]

另外，著名敦煌学家、当时作为监验人之一的向达先生，在同年就发表了《国立敦煌艺术研究所发现六朝残经》[②]一文，对此也有简单记述："难为王道士当时除隐匿不少外，并将经卷任置于新塑佛像府（腹）中。最近国立敦煌研究所于八月三十日所经（得）六朝残经，即王道士藏于佛像腹中者也。"

"研究所后园原有一土地庙，中杂置土地及龙王像。研究所近将土地庙改为工人住室，工人遂于弃置外间之新塑二残像中发现残经一大捆。此间塑像，显以二木杆缚成十字，于木杆上缠以芦苇或芨芨草，然后再傅以泥土，加以搏捏。今此发现残经之塑像，即以经卷替代芦苇，是以外傅之泥土破裂，经卷即赫然外露。研究所予以初步点查，计编六十八号，凡七十余段。"

1944年8月31日，窦占彪又持来经卷一包，说此乃研究所临时雇员泥瓦工马志华、秦志和将另两尊残塑打破，从土块夹缝中获得的。

1944年8月30日和31日，国立敦煌艺术研究所从五尊残塑中所获经卷，经过检查清点，计有佛家经、咒、疏等79件，编为61个目录号。《孝经》2件一个编号，《诗经》、记账单、北朝幢将花名册、抄经起讫记录等各1件，各占一个编号。此外，尚有写卷碎片32件，分做两包，各占一个编号，由苏莹辉整理编目。

土地庙文书的发现，当时即引起了学术界重视。当时的国民党中央社为此发的《六朝藏经敦煌发现》[③]说："国立敦煌艺术研究所，于八月三十日修建职员宿舍，于

---

① 该报告见苏莹辉：《敦煌学概要》（修订再版），台湾编译馆中华丛书编审委员1981年10月。
② 原载《图书季刊》新5卷第4期（1944年12月出版）；又见阎文儒、陈玉龙编：《向达先生纪念论文集》，新疆人民出版社1986年。
③《西北日报》1944年10月12日。

1944年国立敦煌艺术研究所全体职工合影

后园土地庙残塑中,发现六朝藏经杂文共六十六种、碎片三十二块……此种意外收获,致使震动世界学者之'敦煌学',更增加若干资料。"苏莹辉当即介绍了土地庙遗书的发现始末,并很快发表了藏经目录。①

土地庙发现的遗书,共68卷,除苏莹辉所编目录之第11号《诗经残卷》,1951年在首都举办敦煌文物展览时携至北京,一直为故宫博物院保存外,其余67卷均藏敦煌研究院。1977年《文物资料丛刊》第一辑公布了施娉婷②、刘忠贵整理的《敦煌文物研究所藏敦煌遗书目录》,该目录包括土地庙遗书。为了与藏经洞遗书相区别,在每卷卷名末尾注一"土"字,混编于院藏目录之中。

关于土地庙遗书的性质,即是否为藏经洞遗书的组成部分?由于清宣统二年(1910年)敦煌遗书运往北京时,王道士私藏了一部分;1912年初,日本橘瑞超和吉川小一郎曾从王道士手中骗购了一些;1914年,斯坦因第二次来敦煌时,也从王道

---

① 苏莹辉:《记本所新发见(现)北魏写经(附录)》,载《西北日报》1945年4月24日、5月9日。
② 施萍婷,又曾用名施娉婷、施萍亭。

士手中骗购 600 多卷。因此，当时一些学者即认为土地庙遗书是王道士藏匿的藏经洞出土文书。如前引向达先生文中即持此说。另外，当时西北科学考察团考古组成员、土地庙遗书监验人阎文儒先生也说："1944 年 8 月 30 日，我们在莫高窟住的时候，国立敦煌文物研究所（应为国立敦煌艺术研究所）因建职工宿舍，在中寺后园土地庙残塑像内，发现了六朝残经六十七卷，残片一包……这像是王道士所造的，在塑像时为修功德，他特将许多石室中的卷子，缠在像的中心柱内。在百劫之余，又出现于人世。"① 傅振伦先生在《敦煌千佛洞文物发现的经过》② 一文中也持同样的看法，即 1944 年"还在清末王道士所造的泥塑佛像身中，发现了六十九卷③ 的写经"。从上引向达、阎文儒、傅振伦先生的论述可知，他们都认为出土经卷的土地庙残塑像，乃是王道士所造，由此便意味着土地庙文书原为藏经洞旧物，是藏经洞遗书的组成部分。④

到了 20 世纪 80 年代，伴随着敦煌学研究的不断深入，对土地庙遗书性质的探讨，也被提上了议事日程。1984 年 8 月，敦煌研究院李正宇先生为探明这一疑案，专门走访了土地庙遗书出土时的两位当事人——窦占彪和常书鸿。

窦占彪告诉李正宇，他听当年上寺住持喇嘛易昌恕和中寺住持杨和尚说，他们的师祖师父讲，土地庙的五尊塑像，原在今莫高窟画店西侧一座不知建于何时的庙里，此庙年久倾圮，清代修建中寺才把那五尊塑像搬到中寺后园，另建土地庙予以安置供养。常书鸿先生告诉李正宇，他听易喇嘛说土地庙是道光十七年（1837 年）修建的。

李正宇先生根据访问的有关情况总结："参酌窦、常二位先生转述的口碑资料，我们大概知道，土地庙建于道光间，而土地庙中的五尊残塑，则是从别处搬来的，其塑造的时间又当在道光十七年之前很久。"并结合有关资料判断："土地庙不是王道士所修，五尊残塑中所出经卷也不是王道士藏纳的。当然这宗遗书也不是藏经洞散出之物。"⑤

---

① 载《文物参考资料》第 2 卷第 4 期，1951 年 4 月。
② 阎文儒：《莫高窟与敦煌》，载向达等著《敦煌》，学习书店 1951 年。
③ 发现的具体写经卷数，当时各家说法各有不同。
④ 施萍婷先生也认为土地庙遗书属藏经洞文书。详见施萍婷：《敦煌研究院藏土地庙写本源自藏经洞》，载《敦煌研究》1999 年第 2 期；又见施氏著《敦煌习学集》，甘肃民族出版社 2004 年。
⑤ 李正宇：《土地庙遗书的发现、特点和入藏年代》，载《敦煌研究》第 3 期，甘肃人民出版社 1985 年。

1951年出版的《敦煌》

日本著名敦煌学家池田温先生，也对土地庙遗书进行了详细探讨，他认为土地庙遗书皆属5世纪中叶，其内容多样而全为断片。如果王道士要挑选数十件残卷装入塑像的话，为什么他只挑选北魏中期的卷子，而且还都是零碎断片呢？因此，池田温先生"断定土地庙遗书之来源一定不由藏经洞遗书"，并根据各方面情况进行了推测："5世纪写经之类，除敦煌以外吐鲁番及龟兹地方均曾有发现。其内容及形式大概相似，并无明记抄写人地之跋文，辨别颇为困难。土地庙遗书之制作地，固然敦煌地方可能性大，但是未得明证以前，尚应考虑其他地域为妥。"①

既然土地庙遗书并非藏经洞旧物，那么作为整个敦煌遗书的有机

---

① 池田温：《1944年莫高窟土地庙塑像中发现文献管见》，载饶宗颐主编《敦煌文薮（上）》，台北新文丰出版公司1999年。

组成部分，它与藏经洞遗书相比，有何特点呢？

根据学者们对土地庙遗书的考察、研究，可以看出这样几个特点：

第一，时代。土地庙遗书都是唐以前的早期写本，它上起北魏，下至隋代，绝大部分属北魏中叶。而藏经洞遗书则以唐五代写本为主，北魏的资料比较缺乏，因此从年代上看，土地庙遗书具有较大的价值。

第二，内容。土地庙遗书中没有道教、景教、摩尼教经典，意味着这批遗书收藏之日，道教、景教、摩尼教在敦煌尚未盛行，表明在北朝时期莫高窟还仅仅是一座佛教圣地，不像到了唐代，莫高窟不仅是佛教圣地，而且还是中西文化交流和各种学术文化荟萃之地。因此，土地庙遗书品种单调、范围有限，不像藏经洞遗书包罗万象、应有尽有。另外，土地庙遗书全是汉文文书，没有一件西域文字和古代少数民族文字写卷。而藏经洞遗书除以汉文文书为主外，还有梵文、康居文、于阗文、龟兹文、突厥文、回鹘文、吐蕃文等各种民族文字的写卷。

第三，形式。藏经洞遗书除写卷外，还有印本、拓本，而土地庙遗书无一印本、拓本，装帧形式单一，它表明在北魏时代，拓印、印刷和装帧尚不发达，至少表明新的装帧技术尚未传到敦煌。

根据学界的研究，或认为土地庙文书源于藏经洞，或认为与藏经洞无关。如果是王道士所藏，其目的是什么？此前他私藏的一部分不是卖给斯坦因了吗？实际上，现在还没有直接的材料证明土地庙文书是王道士私藏的，其来源还需要进一步探讨。

如果不是王道士所藏，那就不是藏经洞之物，而将经卷藏于雕塑内的原因又是什么呢？2003年，宁夏中宁县文管所组织专家对石空大佛寺石窟内的佛像进行了清理修复，当时只清理了5尊，在其中4尊佛像腹内发现了内容和质地都不相同的经卷。经卷有汉文的，更多的是少数民族文字的。其中一尊塑像内还发现了用真丝扎制的红花和银制佛教用品。有些佛经与泥塑内的木制支架捆绑在一起，显然是在泥塑塑像时就放进去的。[①]这一情况与土地庙文书的收藏特别相似，对我们探讨土地庙塑像内经卷的来源有一定的启发。

---

① 《中宁县石空大佛寺泥塑腹内发现佛教残经》，《光明日报》2003年12月1日。

第二节

千古之谜谁解说
——敦煌藏经洞封闭之谜

敦煌藏经洞,即莫高窟第17窟,由于在该窟发现了5万余卷文献而得名,并震动世界。然而藏经洞的情况如何?其封闭于何时?原因何在?百余年来,中外学者进行了许多有益的探讨,可谓仁者见仁,智者见智。

一、藏经洞原为洪䛒[①]影窟

洪䛒其人,正史中少有记载。根据P.4640《吴僧统碑》、P.2913《大唐敦煌译经三藏吴和尚邈真赞》和敦煌研究院藏《唐敕河西都僧统洪䛒告身碑》及其他有关资料,可略知其生平。

洪䛒,俗姓吴,即吴和尚、吴僧统。祖籍不详,但并非敦煌旧族。其父吴绪芝,曾任建康军使,后成军甘、肃两州之间。吐蕃占领凉州后,河西节度使杨休明移镇沙州,并于唐代宗大历元年(766年)发建康军戍镇沙州。吴绪芝及其子也随军移驻敦煌。

唐德宗建中二年(781年),吐蕃攻占沙州,吴绪芝隐居不出,"靡践公门","曲肱处于仁里",拒不出任吐蕃官职。䛒之长兄滔,早逝。次兄季连,曾任"试太

[①] 䛒,音"辩"。

洪䛒像

子家令",后辞官归里,笃信佛教。

洪䛒"童子出家",以"约法化人,盛于佛事"。由于其悉心研读汉经梵典,兼习吐蕃语言文字,成为出色的译经僧,故被吐蕃赞普委任为"知释门都法律兼摄行教授"十数年,后又"迁知释门教授",主持寺院译场中贵族子弟学校的文化教育及其他宗教事务工作。

洪䛒虽"栖心释氏",但终不负父辈之众望,积极参加敦煌人民的抗蕃斗争。张议潮大中起事后,即遣弟子悟真随张议潮所派入朝使同赴长安。唐宣宗赞其"惟孝与忠,斯谓兼美",于大中五年(851年)敕授洪䛒为"京城内外临坛供奉大德"及"河西释门都僧统知沙州僧政法律三学教主",赐紫衣及各色信物,并亲示诏书,勉辞委婉、问慰"夏热",恩宠殊异。[①]唐懿宗咸通三年(862年),洪䛒"掷钵腾飞",逝于沙州。洪䛒去世后,其下属僧徒或吴姓本家,改寺庙"廪室"(存放粮食的地方)为影堂(洪䛒的纪念室)。这个影堂就是敦煌研究院今编第17窟,即藏经洞。

藏经洞是凿于第16窟甬道北壁上的一个小窟。它面积不大,窟内地面近于方形,地面四边的长度是:东壁2.75米,北壁2.84米,西壁2.65米,南壁2.83米。由于四壁向窟内略倾,故四壁顶部的长度较地面处为短:东壁2.49米,北壁2.55米,西壁2.57米,南壁2.46米。各壁的高度也略有参差。窟内除低坛占去的空间不计外,可利用的空间只有19立方米略多一点。

藏经洞原为洪䛒的纪念室,自然有一番布置。首先是塑了一尊洪䛒的真容,然后在北壁中部画有两棵枝叶交接的菩提树。东侧树枝上悬挂一个净水瓶,西侧树枝上挂着一个挎带。树东侧画比丘尼一身,着袈裟,双手捧持绘有对凤图案的团扇一柄。树西侧画执杖的侍女。壁画中的物品和人物,与僧人生活和供奉僧人有关。

西壁壁龛内,嵌有石碑一通,即洪䛒告身敕牒碑。1900年发现藏经洞时,此碑即在窟内,斯坦因、伯希和劫经时碑尚立于该窟,后被王道士移至第16窟甬道南壁。1964年,敦煌文物研究所复将此碑移入藏经洞,嵌于壁龛原处。碑高1.5米,宽70厘米。碑文三段,从上而下是:洪䛒告身,敕牒诏书,敕赐衣物录本。

藏经洞塑洪䛒像,画有关他的生活场面壁画,文前特别注明"当家告身依本镌石"和"诏书本",就在于显示唐王朝对洪䛒的器重和褒奖,"庶使万岁千秋不朽不坏",以作永久性纪念。[②]

由此可知,在洪䛒去世一百多年后,随着时间的推移,其高大的形象也慢慢消失在历史的烟尘中,人们对高僧大德的怀想也逐渐淡化。可能是遇到了外敌的入侵,也可能只是为了给佛经找个适当的地方安置,当地的僧人将大量的佛经和其他写本都放进了洪䛒的影窟,并封闭了起来。可能是封存洞窟的人离开了,也可能认为那是不再使用或不重要的东西,这个封存佛经的小洞窟也渐渐被人遗忘了。这一遗忘,就将近千年,直到1900年,由于一个偶然的机会,它才重见天日,并因收藏资料的丰富和珍贵而震惊了整个世界。人们才纷纷关注它,作为洞窟主人的洪䛒才重新成

---

① 参阅李永宁:《敦煌莫高窟碑文录及有关问题(一)》,载《敦煌研究》试刊第1期,甘肃人民出版社1982年。

② 李永宁:《敦煌莫高窟碑文录及有关问题(一)》。

从 16 号窟里面看到的藏经洞门口

藏经洞在第 16 号窟甬道北壁

为话题的中心,他的事迹也通过洞内所出写本重新为人所知。

1900 年,当王圆禄打开藏经洞时,洪䛒和尚的塑像并不在该窟内。而莫高窟第 362 窟内却孤零零坐着一尊和尚塑像,从其庄重矜持的神态可以看出他应是较有地位的僧人,但第 362 窟整体环境简陋狭小,也没有壁画装饰,与精美的僧像显得格格不入,且窟低像高,导致僧像的头部顶住了窟顶,很不协调,僧像明显不属于这里。敦煌文物研究所(现敦煌研究院)的研究人员认为这尊高僧像应该就是洪䛒的塑像,原本应放置在第 17 窟内,可能是在该窟封闭之前,为了存放经卷就将其从窟内搬出,寄存在第 362 窟内。1965 年 10 月,敦煌文物研究所对莫高窟崖面进行加固工程时,所长常书鸿等人将塑像重新移入藏经洞,放在了今天它所在的位置。

在搬迁洪䛒塑像时,研究所工作人员还注意到塑像背部有细泥封堵痕迹,打开封泥后,发现一件双层骨灰袋,外层是白色细绢,里层是紫色细绢。按照唐代制度,

嵌于藏经洞西壁的洪䛒告身碑

只有三品以上的官员才能用紫色,对高僧"赐紫"是一种特殊的褒奖,因此,紫色绢袋正符合洪䛒和尚被赐紫衣的身份。这也进一步证实该塑像就是洪䛒和尚之像,同时也说明,塑像完成时洪䛒和尚可能还在世,因而其骨灰只能在他去世后从塑像背部钻洞装入了。①

二、藏经洞封闭之谜

洪䛒的影窟为什么变成了藏经洞?它是何时封闭的?其原因何在?由于没有发现可信的文字记载,它的封闭时间及原因,就成了一桩历史公案。中外学者根据各种旁证材料,提出了许多假说,试图解开这一千古之谜。现将争论情况介绍如下:

1. 避难说

第一,宋初避西夏之乱说。

最早论及藏经洞封闭时间及原因者,可能是法国人伯希和。清末恽毓鼎1909年10月4日在北京六国饭店与伯希和见面后记述说:敦煌藏经洞内"藏碑有石晋开运、宋太平兴国年号,疑是宋初人避西夏兵乱,凿壁以藏其书,且彩饰画像于壁,以掩其迹耳"②。这一说法应该是源自伯希和,因为恽毓鼎并不了解敦煌藏经洞的信息。伯希和在考察期间,就不断给法国国内写信汇报其所得、所见和所闻,他在敦煌盗宝的当年,即与恽毓鼎在北京见面的前一年(1908年),就根据其信件整理发表了《敦煌石室访书记》③一文,其中就有这样的记述:藏经洞中的"卷本所题年号,其最后者为宋初太平兴国(976—983年)及至道(995—997年),且全洞卷本,无一作西夏字者。是洞之封闭,必在11世纪之前半期,盖无可疑。以意度之,殆即1035年西夏侵占西陲时也。洞中藏弆,至为凌乱,藏文卷本、汉文卷本、绢本画幅、缯画壁衣、铜制佛像及唐大中刻之丰碑,均杂沓堆置,由是可见藏置时必畏外寇侵掠而仓皇出此"。此后,我国学者罗振玉、姜亮夫等皆持此说。

---

① 参阅赵大旺:《"一方法主"洪䛒》,《文史知识》2021年第1期。
② 恽毓鼎著、史晓风整理:《恽毓鼎澄斋日记》第2册第453~454页,浙江古籍出版社2004年。
③ 载《法国远东学院院刊》第8卷,1908年安南出版。陆翔译文见1935年《北平图书馆馆刊》9卷5号。

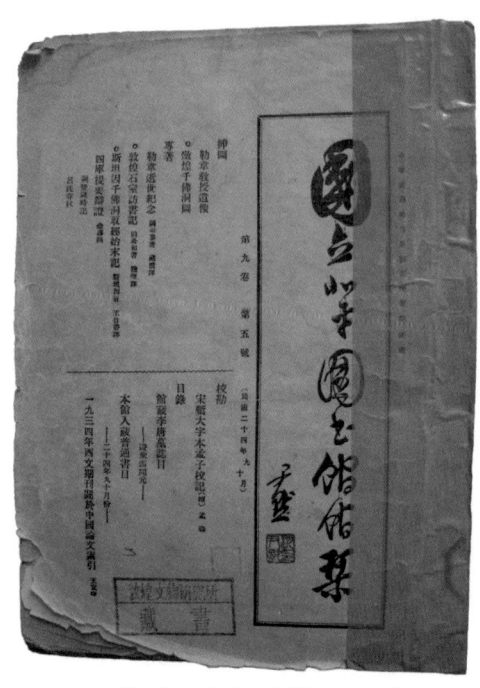

发表斯坦因、伯希和敦煌盗宝过程的
《国立北平图书馆馆刊》

1980年，阎文儒先生发表了《莫高窟的创建与藏经洞的开凿及其封闭》[①]一文，更全面地阐述了这一论点。认为藏经洞的封闭年代，应注意到统治敦煌的民族和洞内的藏经。敦煌曾受到非汉族的统治多年，在洞内保存着吐蕃人使用的藏文经卷，但另一少数民族西夏同样也统治了这一地区相当长的时期，这个民族是有自己文字的，而且也信奉佛教，但洞中却看不到西夏文字的经卷。这是因为1035年西夏占领瓜、沙时，藏经洞已被封闭了。

公元1035年，即宋仁宗景祐二年，亦即西夏入侵敦煌时，当地的人们不可能知道这个民族也信仰佛教，仓促之间，将各寺的写经，都集中起来，收藏在洪䛒的影堂内，并且将窟门封闭，重绘了16号窟壁

---

① 载《文物》1980年第6期。

画。据敦煌文物研究所对西夏洞窟的调查与排年，16号窟应该属于西夏早期的创作。因此，人们只能认为藏经洞是为避乱而封闭的。同时，按人情事理来推论，这种封闭一定是由于一个大的政治变乱而引起，而这个变乱，根据敦煌历史，最大的应是西夏占据瓜、沙、肃诸州，故藏经洞也封闭于此时，即1035年。

对于西夏侵扰说，马世长先生提出了不同意见。他在《关于敦煌藏经洞的几个问题》①一文中认为，伯希和的西夏侵扰说，其理由之一是藏经洞中的遗书纪年最晚是太平兴国和至道。其实并非如此，现在已发现了1002年的卷子，可能还有更晚者。伯希和的另一理由是藏经洞中未发现西夏文写本。这虽然是事实，然而据此一点，即肯定藏经洞在1035年前封闭，则未必妥当。西夏未创文字之前，使用汉文和藏文。西夏文字之创，在李元昊大庆元年（1036年）。一种文字，从初创到比较广泛地流行使用，必须经过一段相当长的时间。况且敦煌地区主要是汉族，以往一向使用汉文，因而敦煌地区西夏文的流行，则应当更晚一些。从莫高窟、榆林窟西夏文题记可知，西夏占有瓜、沙地区之后的二三十年内，西夏文在这一地区还没有流行起来，所以西夏侵扰说是值得商榷的。

第二，避黑韩王国（即喀喇汉王国）说。

荣新江先生《敦煌藏经洞的性质及封闭原因》②一文，通过对国内外所藏敦煌文书、绢画的考察，认为"最有可能促成藏经洞封闭的事件，是1006年于阗国灭于黑韩"。

众所周知，俄藏Ф32A记有"施主敦煌王曹宗寿与济北郡夫人氾氏，同发信心，命当府匠人，编造帙子及添写卷轴，入报恩寺藏讫。维大宋咸平五年壬寅岁五月十五日记"③。咸平五年（1002年）的这篇施入记是目前所知最晚的一件藏经洞出土文书，此前的纪年写本大体上持续不断，而此后有年代的写本迄今尚未发现（某些被认为是藏经洞出土的晚于1002年的材料，大多可以指出它们的其他来源或误解之处）。从现存写本年代的累计，可知藏经洞的封闭应在1002年以后不久，不应晚到伯希和提出的1035年西夏的到来。

从1002年往后，西北地区最重要的历史事件，首先就是1006年于阗佛教王国

---

① 载《文物》1978年第12期。
② 载《敦煌吐鲁番研究》第2卷，北京大学出版社1997年。
③ 图版见《俄藏敦煌文献》第一册第310～320页，上海古籍出版社1992年。

灭于信奉伊斯兰教的黑韩王国。因为于阗与沙州的姻亲关系，970年于阗国王曾致函其舅归义军节度使曹元忠，请求发兵援助抵抗黑韩王国。当于阗陷没后，大批于阗人东逃沙州。于阗僧人所带来的信奉伊斯兰教的黑韩王国军队将东进的消息，要比信奉佛教的西夏人到来的消息可怕得多，因为黑韩王国是经过近40年的血战才攻下于阗的，他们对于阗佛教毁灭性的打击，应当是促使三界寺将所得经卷、绢画等神圣的物品封存洞中的直接原因。而由于黑韩王国并未马上东进，所以，封存活动是主动而有秩序地进行的，并且在封存好的门前用壁画做了必要的掩饰，以致当事者离开人世后被人们长期遗忘。

2. 废弃说

在《西域考古图记》一书中，斯坦因根据他在洞中所藏一些包裹皮中发现的一批相当数量的汉文碎纸块，以及包皮、丝织品做的还愿物、绢画残片、画幡木网架等，认为这些东西是从敦煌各寺院中收集来的神圣的废弃物，藏经洞就是堆放它们的处所。这一看法，实际上就是今天我们所说的"废弃说"。斯坦因还根据其所见写本和绢画题记最晚者为10世纪末的情况，推测洞窟的封闭是在11世纪初叶。"废弃说"的代表人物是方广锠先生，

φ32A 的宋咸平五年（1002年）题记

藏经洞内的洪䛒像和洪䛒告身碑

他在《敦煌遗书中的佛教著作》[①]一文中,认为"避难说"实难自圆其说,提出"废弃说"的理由是:

第一,中国人一直有敬惜字纸的传统。在古代,纸张比较珍贵,对地处西陲的敦煌来说更是如此。据敦煌遗书中的抄经记录记载,当时抄经时,每人所领纸张均要记账,如果抄错,必须凭废纸换好纸。废纸并不抛弃,而是留待他用。第二,佛经经过长期使用之后,难免会破损,但对这种不堪再使用下去的经典是不允许抛弃的,而是另行收藏。第三,从现存遗书可以知道,敦煌寺庙经常清点寺内的佛典及各类藏书,查看有无借出而没有归还的,或有无残破而不堪使用的。第四,宋代,四川的刻本经典传到敦煌,朝廷又颁赐了金银字

---

① 载《文史知识》1988年第10期。

第二节 千古之谜谁解说——敦煌藏经洞封闭之谜

1965年搬进洪䛒像前的藏经洞内景

藏，敦煌的经典大为丰富。大概在曹宗寿当政时期，敦煌进行了一次比较彻底的大规模的寺藏图书清点活动，将清理出来的一大批无用的另部残卷和各种无用的文书与废纸，挑选了一个不太重要的洞窟，统统封存进去，然后在外面重新画上壁画。由于是一堆无用的东西，自然不会有人把它们放在心上，年深日久，也就被遗忘了。

方广锠认为，到了五代时，由于内地战乱，敦煌又偏处一隅，经典的来源是很困难的。从《沙州乞经状》可知，五代时，敦煌教团曾数次遣人赴内地各处搜寻配补敦煌所缺经典。进入北宋后，由于敦煌曹氏政权与北宋、辽、西夏等保持朝贡关系，对外交往较多，经典的来源也就比较丰裕。与此同时，纸张的生产、流通情况也有了变化。晚唐五代以来，敦煌地区一直自己造纸。经典来源的充裕产生了淘汰残旧经卷的需要，纸张状况的缓解又使人们不再想到其背面可资利用的价值。于是，非常可能的情况是："在曹氏政权的某一年，敦煌各寺院进行了一次寺院藏书大清点。清点后，将一大批残破无用的经卷、积存多年的过时文书与废纸以及用旧的幡画、多余的佛像等等，统统集中起来，封存到第17窟中。由于它们被认为是一堆废物，年深日久，就逐渐被人们遗忘。至于洞外抹的墙泥、绘的壁画，也许与这一封存活动直接有关，也许与这（次）封存活动并无直接关系，而是其后若干年的另一次宗教活动的结果。"①

关于洞窟封闭的时间，方广锠仍然从废弃说的前提出发，指出"就现有材料而言，把藏经洞的封闭年代暂且定在曹宗寿统治时期（1002—1014年）是适宜的"。因为既然是废弃，所藏的自然都是一些已经无用的东西。而在现实生活中还有用或还起作用的东西，当然不会抛弃。所以，藏经洞封闭之前的诸如契约文书、新抄的经典等，都不会放入。这样，藏经洞封闭之前，即1002年后的文献出现的概率就非常小了。②

对于"废弃说"，施萍婷先生提出了不同看法，她说："有的学者认为，藏经洞内存放的那么多的古写本是'废纸'，本人不敢苟同。"并以道真在三界寺的写经生涯为据，探讨了920年至987年间敦煌的写经活动，进而指出："藏经洞有年代题记的古写本，学术界目前公论的最晚为1002年，因而笔者认为，10世纪末孜孜以求的佛经，11世纪初叶绝对不会那么快就成为'废纸'。"③

3. 排蕃思想说

上山大峻在《敦煌遗书的吐蕃特色与藏经洞封闭之谜》④中指出，藏经洞中有大量的吐蕃文献，尤其珍贵的是保存了吐蕃时期的佛教首领法成和昙旷的著作。归义军时期比较著名的三界寺、净土寺，是840年左右才出现在敦煌遗书中的，而吐蕃时期的永寿寺、永康寺却不见了，故而土肥义和认为，三界寺、净土寺乃是由永寿寺、永康寺改额而成。

藏经洞本属吴家窟，其窟主洪辩，从吐蕃统治到张氏归义军时期，一直是敦煌佛教界的领袖。而与法成、洪辩这两个在吐蕃时期很活跃的人物相关的资料，由永寿寺、永康寺保存，后又为三界寺、净土寺所继承，并被封入吴家窟的耳窟中。

在佛教寺院中，有存放旧经典及旧文书的"故经处"。从吐蕃统治结束的848年到藏经洞的封闭，大约有160年，在这期间，"三界寺、净土寺积累的东西也加入其中。大概当时出于某种原因，需要把这些东西移放到其他地方去，由于旧经典、旧

---

① 方广锠：《敦煌藏经洞封闭原因之我见》，载《中国社会科学》1991年第5期。
② 方广锠：《敦煌藏经洞封闭年代之我见——兼论"敦煌文献"与"藏经洞文献"之界定》，载饶宗颐主编《敦煌文薮（下）》，台北新文丰出版公司1999年。
③ 施萍婷：《三界寺·道真·敦煌藏经》，载《1990年敦煌学国际研讨会文集·石窟考古编》，辽宁美术出版社1995年。
④ 载戒幢佛学研究所编：《戒幢佛学》第二卷，岳麓书社2002年。

文书中很多东西都与吐蕃有关系，所以就把吐蕃时期曾经很活跃的吴家家族的洞窟作为存放的地点了"。

当时存在着将佛典及与寺院有关的文书当作"神圣的东西"来保留的风俗。西藏就有"伏藏"的风俗习惯，即将经典，乃至写了字的东西都全部郑重保存、崇拜的传统。正因为如此，有可能"继承了吴家传统（可能属于吐蕃系）的残余势力选中与吐蕃有关的吴家窟，（把敦煌遗书）作为重要的东西保存起来，犹如'伏藏'一样"。

4. 佛教供养说

文正义《敦煌藏经洞封闭原因新探》[①]指出，寺院的经卷分为供养经与流通经两部分，它们之间并没有截然的界限，因为抄经既可以供养于佛寺，也可以自己奉诵或施舍他人。寺院的藏经楼，就供养有佛像和法物，当流通经卷残缺破损后，是不能随意丢弃的，而是归入供养经中。

敦煌藏经洞的供养经来自千家万户，又多出自社会下层民众，因此所藏就以常见经为主，而且墨色、字迹、格式也不一致。据不完全统计，藏经洞中的《妙法莲华经》就达3000多号，《金刚般若波罗蜜经》也有1600余号。这些都是供养经，而非流通经。至于洞中的佛像、画幡、法物，也与供养经的情形相同，都是官民僧俗所供养。

作者推测："藏经洞里供养的经书及法物，原来是分存在各个寺院或属地。经过隋唐以来佛教的大发展，各处的存量都逐渐增多，恰又遇到了某种因缘，教团便决定集中到17窟。这是一种易地供养的处所，而不是寺院抛弃废物。藏经洞既属供养的性质，自然只取供养经的部分，包括寺院不堪使用的经书法物。至于寺院的流通经，不能也不会包括在内。所以，洞中既没有寺院典藏的大藏经，也未见道真所集的完具经书。"

张先堂《古代佛教法供养与敦煌莫高窟藏经》[②]赞同"供养说"，并从莫高窟藏经洞佛经的形成根源、内部结构及其处置方式等三方面论证莫高窟藏经与佛教法供养活动密切相关，是法供养的产物。

张先堂《中国古代佛教三宝供养与"经像瘗埋"——兼谈敦煌莫高窟藏经洞的封

[①] 载戒幢佛学研究所编：《戒幢佛学》第二卷第241～246页，岳麓书社2002年。
[②] 载《敦煌研究》2010年第5期第1～11页。

闭原因》①综合利用了近三四十年来60余篇考古简报、论文中报道的在中国山东、河南、河北、山西、陕西、宁夏、甘肃、江苏、浙江、四川等多地发现的50余件"经像瘗埋"案例，进一步论证了莫高窟藏经洞与佛教供养的关系。提出佛像瘗埋有两类：一类是散乱埋藏，一类是对佛像有计划地进行礼仪性埋藏。北宋时期佛像瘗埋达到了高潮，如山西南涅水、山东青州龙兴寺、河北曲阳修德寺、甘肃泾川大云寺等。"莫高窟藏经洞瘗埋经像的情形其实与黑水城河边大塔瘗埋西夏、元代佛像经典、唐卡等艺术品的情况十分类似。""藏经洞封闭于北宋初年，这恰好是中原内地许多地方大规模瘗埋佛像之时，这也似乎暗示着它对内地当时佛教文化风潮的呼应关系。"

中国石窟自北朝时已出现塔形窟，莫高窟从被吐蕃占领之后就出现了窟塔垂直组合的石窟，"藏经洞所在的洞窟实际上具有塔的地宫的性质和意义"。在第16窟"建成的晚唐直到北宋时代，敦煌人是把它视作楼阁型塔形建筑的，因此在洪䇷示寂后将其塑像安置于第17窟，其实具有将其安葬于地宫的象征意义。而后来又将总数5万余件的佛教经典和相关文书、近千件绢画有计划地、规整地安放其中，并予以封藏，其实也具有将其瘗埋于塔的地宫的象征意义"，认为莫高窟藏经洞文物属于"经像瘗埋"现象。经像瘗埋"是在佛教三宝供养，特别是法宝供养、佛宝供养思想指导下，在长期的历史过程中形成的佛教信徒对于残破的、过时的佛教经典、造像予以有计划地、礼仪性地收集瘗埋，从而达到长久住持供养的一种特殊的佛教仪轨制度和佛教历史的文化现象"。

5. 末法思想说

沙武田在《敦煌藏经洞封闭原因再探》②一文中提出：莫高窟第16窟现存表层壁画的千佛变所反映的是末法思想。在佛教发展史上，流行将佛教分为正法、像法、末法三个时期。如北凉时期就有"正法五百年，像法一千年，末法一万年"的论断。隋代高僧吉藏、法琳都曾提出过"末法思想"。如法琳所著《破邪论》说："穆王五十二年壬申岁二月十五日平旦，暴风忽起，发损人舍，伤折树木，山川大地皆悉震动。……当此之时，佛入涅槃也。"又记："依经律云，释迦正法千年，像法千年，

---

① 载日本京都大学人文科学研究所编《敦煌写本研究年报》第十号第253～273页，2016年3月。
②《中国史研究》2006年第3期。

末法万年。"周穆王五十二年即公元前948年，后有像法一千年，由是推知公元1052年末法来临。

1052年的"末法住世"思潮在辽时有特别的反映。敦煌归义军曹氏政权与辽有交往，到了曹宗寿、曹贤顺初期，两地的关系更为密切，因此辽的末法思潮便传到敦煌。此时，曹氏归义军已成了回鹘人的傀儡，沙州回鹘成了敦煌的主导力量，同时还面临着甘州回鹘的不断侵袭，而西夏人进攻的消息也不断传来。"在此情形下占据着敦煌佛教核心的传统世家大族集团，无疑在心理上产生了极大的不安，对敦煌现实和前途无望的忧虑最终变成了对佛教理想世界的担忧，于是末法思想的产生便顺理成章，这一点集中反映在莫高窟归义军晚期回鹘洞窟营建的大大衰落，以及一些表现末法度人思想题材如千佛变的大量表现，还有洞窟中供养人画像的消失等诸多方面。"

另外，受辽人在塔中藏经做法的启示，敦煌人也"存经以备法灭"。藏经洞与佛教传统的"石室藏经"有关，即藏经洞宝物是佛教正常例行的"石室藏经"。佛教传统的一种做法是有专门的藏经之处，如寺院的藏经楼、藏经阁及石窟的藏经洞等，把经藏放置于一专设的地方，莫高窟藏经洞即为此做法的反映。

至于选择洪䛒的影堂即"吴家窟"作为藏经洞，那是因为洪䛒俗姓吴，此时他的影响力已成了历史，吴姓家族在敦煌也没有多大的势力；此窟是僧人洞窟，不存在对信仰的冲击，也就没有思想负担。另外它还是洞中洞，具有很强的隐蔽性。藏经洞封闭的时间可能在曹贤顺初期（1014—1020年）或稍后。

从以上所述可知，对藏经洞封闭的看法，真是众说纷纭，莫衷一是。而要真正解决这一问题，还有待新材料的发现，或进一步挖掘旁证资料，并进行全方位的综合研究。

第三节

斯坦因敦煌劫宝藏

03

  1862年11月26日,斯坦因出生于匈牙利首都布达佩斯一个犹太人家庭。洗礼后起名叫马尔克·奥莱尔·斯坦因。当时,犹太人是受迫害的民族,依照当时的法律,犹太人被限制居住在"盖特欧"(源于威尼斯的犹太人居住区,该区四周围着高墙,其居民日落以后和星期天都被封锁在里面,严禁外出)之内,不能上学,更不能上大学和从事各种专业工作,并且毫无法律地位。为了不因宗教信仰问题而受打击,许多人都采用接受新教(基督教)洗礼这种方式,其中特别值得一提的著名人物就是海涅和亚伯拉罕·门德尔松。海涅于1875年某个早上接受洗礼,当天下午就获得法学博士学位。

  斯坦因开始上学时,马扎尔语已成为匈牙利的官方语言。如果说讲德语是他今后步入仕途的敲门砖,同时也是他与家人往来通信的语言,那么对于斯坦因来说,马扎尔语还不仅仅是爱国主义的象征,也是他入学以前那欢乐、无忧无虑的童年生活的写照。那时他是全家的中心,年迈的父母,比他大19岁、时刻照顾着他的哥哥厄恩斯特,还有博学并有声望的伊格内斯舅舅,全都宠爱着他。因此,在斯坦因幼小的心灵中,他有三个"父亲"——亲生父亲、舅舅、哥哥。

一、斯坦因及其第一次考察

  10岁那一年,斯坦因被送到遥远的德累斯顿,进入有名的福音文理中学。由于远离亲人，与家里的联系就只有靠信件了。这倒培养了一个好习惯——写信。斯坦因在以后的考察活动中，写下了许许多多信件，详细描述了其考察所得所遇及见闻，为我们今天研究其考察活动留下了丰富的第一手宝贵文献。

还在福音文理中学上学时，斯坦因终生的宏伟蓝图就已形成了。年轻时，世界征服者亚历山大大帝成为他崇拜的偶像，激励他潜心致力于希腊、罗马历史的研究，后来又精通了古代印度、波斯语言和历史。他曾多次沿马其顿人东征的道路探险，试图考证重大战役发生的确切地址。

当斯坦因成为研究生后，又有两个人对他的宏伟蓝图产生了深刻影响，一个是7世纪的中国僧人玄奘，其巨著《大唐西域记》，由于资料丰富、记述精确，对于认识古代印度地理的指导价值为世人所公认，以至于斯坦因将他称为自己的佛教保萨尼阿斯。（弗雷泽爵士在保萨尼阿斯译本的导言中称："没有此人，希腊的遗迹将是一座没有线索的迷宫，一个没有答案的谜语。"）斯坦因第一次在中国探险期间，佛教的保萨尼阿斯——玄奘，简直就成了他的守护神。

另一位是13世纪的威尼斯旅行家马可·波罗，他的游记对世界认识东方，尤其是中国，有很大的参考价值。亚历山大、玄奘、马可·波罗三人正好构成一个三角形，其各边联结了古代与中世纪、东方与西方、国际商道与一种世界性的宗教——佛教。斯坦因认为自己的作用就是领会他们的内在联系，通过自己毕生的工作，通过多次考古探索去印证、考释文献记述和实物，进而为将来的研究工作奠定基础。

斯坦因为什么要从匈牙利、英国，到印度去探险呢？其直接的因素有二：一是19世纪后半叶中欧学者对语言学的重视。现代人们所说的比较语言学，诞生于1786年印度加尔各答亚洲学会的一次会议上。当时，已为该学科打下了基础的威廉·琼斯断言："无论梵语有多么古老，其谨严的语言结构仍比希腊语完整，比拉丁语丰富，比它们两者都优雅，并与两者有密切联系。"[①] 从此以后，梵语和波斯语就成为打开印欧史前历史的一把钥匙，引起了许多学者的兴趣与关注。

另一个促使斯坦因前往印度的因素便是匈牙利人乔玛的经历和工作。匈牙利人的摇篮据说是在中亚，人们深信他们与匈奴人有关。正是怀着一种渴望找到原始的中亚大匈牙利的梦想，1819年，当乔玛36岁时，开始了他的旅行。他经土耳其、埃

---

① 加兰·坎在：《东方仲斯》第141页，伦敦亚洲出版社1964年；转引自〔英〕珍妮特·米斯基著、田卫疆等译《斯坦因：考古与探险》第22页，新疆美术摄影出版社1992年。

1907年考察途中的斯坦因

及和波斯行抵布哈拉,随之又经喀布尔和拉合尔到克什米尔,并发现了长期不为欧洲人所知的藏文文献。乔玛传奇般的经历在当时的其国人心中成为爱国主义的象征,最终刺激起人们对于东方学研究的兴趣。他传奇式的旅行及最后死于遥远的喜马拉雅山下,激起了不止一个匈牙利人的想象力,以这样或那样的方式、这样或那样的理由前往东方。后来,当斯坦因在前往中亚的路途中,他不仅从"爱国者"的角度,而且还以一位教授的身份声明了自己与乔玛的关系:他们两人都为了理想而离开故乡,而且心甘情愿地接受孤独。只不过斯坦因比乔玛更幸运罢了。

斯坦因在福音文理中学毕业后,便返回家乡进入语言学校,为上大学做准备,并开始了东方学的研究。他曾翻遍了匈牙利科学院图书馆中有关印度、波斯和中亚的藏书,特别是熟读了地理学家洛克齐的东亚探险报告,其中谈到敦煌莫高窟。中学毕业后,依照中欧学生们的习惯，他去不同的大学听东方学家们的讲演，从中挑选将来从师的教授。

　　有两个人曾指导过斯坦因的学业，一个是图宾根大学印欧语言学和宗教史教授鲁道夫·冯·罗特，另一个是维也纳大学印度语言学和古代史教授、印度古文字学方面的权威乔治·比勒。他们不仅传授给斯坦因深奥的学识和当时最先进的知识，启发他在相互关联的学问里发现问题，而且还帮助他确定了研究方向。1883年，斯坦因在图宾根大学获得了哲学博士学位。

　　乔治·比勒像其他大多数欧洲梵文学者一样，在他被聘至维也纳大学任教，亦即斯坦因在他门下就学以前，一直居住和生活在印度。也许正是比勒在印度的这番经历使斯坦因建立了信念，他也可以通过在印度学院内相同的经历争取教授职位（早在斯坦因上中学时，他的雄心壮志就是打算在大学里为自己谋得一个东方学研究的教师职务）。但如何才能去印度呢？斯坦因知道，只能像乔玛那样，通过东印度公司这条途径。众所周知，1600年建立的东印度公司，是英国侵略印度的主要工具。它被授予垄断贸易、拥有武装、宣战媾和、设立法庭审判本国职员和属地居民等特权。后来又逐渐变成一个拥有强大军事力量和广大版图的殖民统治机构。英国通过东印度公司对印度领土蚕食鲸吞，到1849年，整个印度就沦为英国的殖民地了。从此，东印度公司便完成其历史使命，于1874年解散。正是由于这一原因，所以当时要去印度只能从英国启程。于是，到英国去，便成为斯坦因的第一个目标。

　　1883年斯坦因获得博士学位后，由于鲁道夫·冯·罗特的赞赏，斯坦因从匈牙利政府获得了在伦敦牛津大学、剑桥大学从事两年（1884—1886年）有关东方语言和考古研究的博士后研究津贴，并立即前往英国。

　　1885年，由于强制性的军事训练，斯坦因返回布达佩斯，中断了在伦敦的学习。在匈牙利，斯坦因被安排在卢德维卡学院、匈牙利军事测绘学院参加军训一年。他的导师卡罗里·库斯上校是一位杰出的地形测量专家，教给他们当时进行军事测量的最先进方法。斯坦因在军训中学到的地形测绘技术在以后的中亚探险中发挥了极其重要的作用。

　　一年的军训结束后，斯坦因立即返回英国，继续从事其研究工作。由于斯坦因的学业已近结束，英国著名东方学家亨利·罗林森向印度理事会提出，这位年轻的匈牙利人有资格充当旁遮普大学的注册员和刚刚建立的拉合尔东方学院的负责人。由于另一东方学家亨利·玉尔的认可，这个建议很快生效并付诸实行。随之，斯坦因便踏上了去印度的路程。

斯坦因《沙埋和阗废墟记》

可以说,斯坦因能去印度,罗林森和玉尔起了决定性作用。如果没有他们的推荐和帮助,就不可能成就作为探险家、考古学家和东方学家的斯坦因。对此,斯坦因也有清醒的认识,并通过特殊的方式表达了自己的感激之情。1907年,斯坦因出版了两卷本巨著《古代和田》[①],斯坦因的献词是:"为纪念中亚历史地理早期旅行情况伟大的阐述者和拓荒者亨利·玉尔爵士而作。他的有关古代文物的报告引发了我的旅行,并且是我旅途中最好的指南,谨将此书献给他,以表达对这位学者、作家和男子汉的诚挚的敬意和钦佩。"1928年,斯坦因在其出版的四卷本巨著《中亚腹地》中写道:"为纪念男爵亨利·罗林森将军而作。他在这一研究领域的工作和探索,说明了亚洲的古代历史,撰此报告以示对这位探险家、学者和男子汉深切的思念和由衷的敬重。"这些题词体现了斯坦因对这两位年迈而德高望重的前辈的尊重,同时也是回报两位前辈当年对他这个年轻、初涉世事的外国学生的帮助。

---

① 本书国内出版时书名为《古代和田》,现依出版实际。

斯坦因在旁遮普大学就任注册员和东方学院负责人共十年。在这十年间，他逐渐放弃了当教授的目标，而是要像亨利和罗林森那样创造自己的知识王国。

拉合尔位于印度河的巨大支流拉维河岸。1849 年，英国侵占旁遮普后，它就成为一省的统治中心，并由于战略和贸易上的重要性，又成为一个交通枢纽。当斯坦因到来时，拉合尔市已具备了开展教育和文化活动的设施，如大学、公共图书馆、博物馆和马约艺术学校等。此外还有行政机关建筑和官吏的住宅。在拉合尔，斯坦因结交了各个方面的人，其中最有趣的是拉合尔博物馆馆长洛克伍德·基普林格，馆长的儿子拉迪亚德在小说《基姆》中称博物馆馆长办公室为"奇迹之屋"，这是因为其中存放着"只有学者才知道的以前由不知名匠人创造的希腊佛教雕塑作品的杰作"。在基普林格的教诲下，斯坦因研究了博物馆的藏品，熟悉了希腊佛教艺术。

1896 年可以看作是斯坦因对未来生涯的看法发生根本转变的一年。在这以前，他一直在努力争取立足之地，即想在欧洲得到一教授职位，而从现在开始，他要致力于地理学，并将关注的重点放在中亚内陆，曾在犍陀罗地区建立政权的贵霜、塞人等部落的故乡，以及中国取经的僧人们前往印度的高原道路。随后，他渐渐将注意力集中到中国新疆地区，到了 1897 年，他已在考虑前往中国新疆进行"考古探察"。

正在这时，古文字学家 A. F. 鲁道夫·霍恩雷在《孟加拉亚洲学会杂志》上发表了一篇文章，叙述了他数年来致力于抄本残片研究的情况。这些文书据说都发现于中国新疆塔克拉玛干沙漠南缘的和阗①附近，其文字是印度婆罗谜文，但语言是人们还不知道的一种非印度语言。这些文书几乎都是由当地的觅宝人发现的。他们不能提供有关文书的任何信息，有些文书甚至被分割后流入不同国家的收藏机构。因此，"我比任何时候都感到有必要获得有关文物被发现的地点和环境的确切信息，而且也有必要获得新的资料使我能填补一些空白，解答一些谜"②。对于流入欧洲的一些文书，尤其是其中的一些雕版印品书，欧洲学术界对其真伪产生了怀疑。斯坦因曾这样认为："虽然这批最古老的印度写本的最初出土地点还没被确定，但种种迹象表

---

① 和阗，汉代是西域三十六国之一。《汉书》《后汉书》《旧唐书》《新唐书》《明史》皆称于阗。至清，于乾隆二十四年（1759 年），设和阗办事大臣。后行政区划及名称多有变化。1950 年，属和阗专区；1959 年和阗县改名和田县；1977 年，属和田地区；1983 年，设立县级和田市。
② 转引自王平先：《斯坦因第一次中亚探险的动机》，载《西北史地》1996 年第 2 期第 61 页。

明大沙漠以南的地方便是它们的发现地。在同样地方,新的在许多方面怪异的一批古写本由英国驻喀什噶尔①的政治代表马继业于1896年获得。他们被发现于和阗西北与东北的沙漠中间……据霍恩雷博士的最新报告说马继业写本是用一种迄今为止完全无人知晓的'陌生'文字写成……"在当时无法解读这些"陌生文字"的情况下,只有实地调查才能提供最可靠的证据。早在克什米尔时,斯坦因就见识过各种写本,因此霍恩雷认为:"斯坦因博士特别适合承担这项任务:他精通突厥语及其同族语言,同时他还是一个在克什米尔地区及其周围地区考古学的专家。他有进行考察的丰富经验。派他去和阗考察肯定能获得大量丰富的信息和非常重要的文物收集品。"②

总而言之,这些古文字文书的发现,引起了欧洲学者的极大兴趣,但许多人对其真伪却无法确定,因此对发现地区,即中国新疆和阗及其附近的考察,就成为确定其真伪的最可靠方法了。这些争论,更坚定了斯坦因前往中国新疆考察的决心。

1898年9月10日,斯坦因向印度政府提出了前往中国新疆考察的意见书,意见书中说:"我申请的项目是,要求地方政府和最高当局支持由我计划的一次对中国新疆和阗地区及其周围古代遗址的考古考察旅行。"③为什么要选择和阗地区呢?因为"据历史记载所知,今和阗地区曾经是古代的佛教文化中心——起源和特点明显受印度影响。近年来古代文书、钱币、雕刻等等的发现已充分说明,经过对这些古遗址的系统发掘,将会得到对于印度古代文化研究极为重要的发现"④。

意见书中还写道:"鉴于拟议中的考察很可能对于印度的历史研究具有重要意义,我希望旁遮普和印度政府能够共同承担总费用,使考察得以实现……我要指出,某些学术团体,如孟加拉亚洲学会、英国皇家地理学会等,也很可能资助这次考察。"作为回报,斯坦因提出,他找到的所有东西将交给印度政府以便存入英国博物馆⑤,另外一些经政府同意后,将送给曾提供资助的学术团体。

除此以外,斯坦因在意见书中还写道:"我还请求印度政府通过外交部与中国政府联系,为我获取在中国……旅行必需的护照或允许……我还要进一步指出,和阗

---

① 喀什噶尔,喀什。维吾尔语全称喀什噶尔。
② 转引自《西北史地》1996年第2期第63页。
③ 转引自《斯坦因:考古与探险》第83页。
④ 转引自《斯坦因:考古与探险》第83~84页。
⑤ 也曾译作大英博物馆,又名不列颠博物馆,现多译为英国博物馆;但文献原文或书名等中,保留原译名称。

斯坦因的护照

地方当局的支持,对于计划中的考察成功与否至为关键,因而希望印度政府能帮助解决这一问题,争取中国中央政府或省政府能给和阗的办事大臣发去指示,证实我已获准勘察或考察他辖区中所有古代遗址,在这类遗址上进行发掘,拥有其中出土的文物,如有人出售,还可购买这类文物。"[1]

经过斯坦因的奔走和不断努力,在英国和印度政府尤其是英国驻印度总督寇松勋爵的大力支持下,斯坦因的计划得到了批准。1899年1月11日,斯坦因给安德鲁斯写信说:"新年前夕,我接到了好消息,内务和财政部已批准我作和阗之旅,后来又听说外交部也已同意与中国当局交涉有关事项,这样计划就算是全妥了。我仍然希望此事尽可能不引人注目,因为某个俄国探险队可能正要前往同一个地方,过早泄露消息也许会促使他们采取行动。"[2]

---

[1] 转引自《斯坦因:考古与探险》第85页。
[2] 转引自《斯坦因:考古与探险》第89页。

1900年初，英国驻北京的公使应寇松勋爵之请，办好了斯坦因前往中国新疆的护照。

至此，斯坦因完成了一切准备工作，开始了第一次中亚探险。

斯坦因的第一次考察开始于1900年5月31日。经过一个多月的长途跋涉后，斯坦因考察团到达了塔什库尔干，从这里可以到达塔克拉玛干北缘的喀什噶尔和南缘的和阗。在塔什库尔干得到消息，北京爆发了义和团运动，但他们认为义和团运动不可能传到偏远的新疆，所以斯坦因并没有因此而改变计划。他们于7月10日离开塔什库尔干，向喀什噶尔进发。经过半个月的旅行，于7月30日到达喀什噶尔，马继业夫妇正在那里等着斯坦因。

马继业

说到马继业，却是一个很奇特的人。他1867年生于南京，父亲马格里为苏格兰人，曾随英军侵华，参加过第二次鸦片战争，后来协助李鸿章镇压上海、昆山、苏州等地的太平天国运动。据说马继业的母亲是马格里俘获的太平天国某位亲王的公主。10岁以前，他一直生活在南京，后来因他父亲被中国任命为驻英国公使馆的秘书兼翻译，他便随父亲到了伦敦。1887年，他与斯坦因同年到了印度，想在中国领事馆谋个职位，但未能如愿，仅仅被任命为孟买公署的中文翻译，成为印度政府的低级雇员。对此他非常不满意，一直在寻找机会改变这种生活。1890年，由于一个机缘，他随弗朗西斯·扬哈斯本的中文翻译来到喀什噶尔，并在这里生活了28年。喀什噶尔虽与南京不同，但毕竟是中国西部的一个地区，对他来说仍有回到故乡的感觉。而他又是作为英国的

英国驻喀什噶尔领事馆外景

代表任职于喀什噶尔,是在为他父亲的祖国服务。因此对于马继业来说,在喀什噶尔任职,可以照顾到父母双方,当然,这只是他心理上的一种平衡罢了。

从1890年开始,马继业便以英国政治代表的身份常驻喀什噶尔。当然,从法理上说,直到1908年清政府才正式承认英国驻喀什噶尔领事馆,但英国领事馆的职能实际上自马继业到喀什后就开始了。他在1890年至1908年间的官衔是"驻克什米尔负责中国事务的特别代表";1908年回英国度假时才被正式任命为英国驻喀什噶尔领事;1911年提升为英国驻喀什噶尔总领事,直到1918年退休。

马继业在喀什噶尔任职期间收集了大批西域古物,主要来自和阗、策勒和莎车的塔克拉玛干觅宝人吐尔迪、毛拉和卓、伊不拉辛以及伪造文物的商贩阿洪。马继业把收购的中亚文物全部送到印度,收入英国梵学家霍恩雷主管的加尔各答孟加拉亚洲学会收藏室,形成了所谓"霍恩雷收集品"。

霍恩雷收集品大部分被运回英国,入藏英国博物馆、印度事务部图书馆、英国皇家亚洲协会图书馆和牛津大学包德雷图书馆。斯

英国驻喀什噶尔领事馆旧址

坦因将阿洪的造假阴谋揭露后，马继业收藏的90件假文书便被撤出英国博物馆东方写本与印本部，装入两只贴中亚赝品标签的木箱，扔到一个地下室。1979年，扔在英国博物馆地下室的两箱假文书被人发现，编目后全部转交给了英国图书馆。目前这批假文书仍被扔在图书馆的一个角落里。[①]

斯坦因在喀什噶尔度过了盛夏的两个月。在这里，他请道台"向和阗按办发出明确指示"，要他提供必要的帮助，以保证运输、供应、劳工以及行动、发掘、考察的自由。当一切准备就绪后，他便于9月11日告别了马继业，途经叶尔羌向和阗进发。

斯坦因第一次考察的目的之一，便是探明用未知文字书写的"古书"的真相，因

---

① 参阅林梅村：《楼兰——一个世纪之谜的解析》第37～38页，中共中央党校出版社1999年。

此，在到达和阗的前一站——皮山，就开始了古文物的调查。自1895年以来，这些奇异的"古书"就已开始在西方被收藏，而来源则主要是和阗的"寻宝人"阿洪。阿洪说他的"古书"大多是在皮山、和阗之间沙漠中的古代遗址中发现的，其中有个喀拉库尔麻扎即黑湖墓葬群。斯坦因在这里进行了初步考察，但一无所获，接着就进入和阗。在和阗，斯坦因还是想澄清那些可疑文字的真相。他虽然没有亲自找到"古书"，但在和阗，寻宝已是当时该地的"时尚"，尤其是穷人们，更将其作为发财致富的一条途径。有一天，一个俄国亚美尼亚人带来一本古书：残剩的10页桦树皮纸，写着不认识的文字。在《沙埋和阗废墟记》中，斯坦因写道："我立即看出，这些桦树皮从未经过处理，与我在克什米尔常见而熟知的处理过的桦树皮手稿不一样，也没有试图仿造那种用于书写桦树皮的特殊墨水，当我应用'水试法'，湿指一触那奇怪的手写和刻印的'无名文字'，字迹就立即消失"。[1]这个伪造的古书与加尔各答霍恩雷藏品中的一些木版印刷品极其相似。随后在一次偶然的交谈中，斯坦因得知，将抄本卖给这个亚美尼亚人的"卖主"与阿洪有关，这更加深了斯坦因对这些古文书的怀疑。

在和阗，斯坦因还仔细研究了巴得奥迪汗派遣寻宝人找回的资料，并见到了富有经验的寻宝人吐尔迪。吐尔迪曾带回一些上面写有印度婆罗谜文字的壁画，还有佛像、浮雕的残片以及一些用中亚婆罗谜草体写成的纸文书残片。正是吐尔迪带回的样品，曾引起了斯文·赫定对塔克拉玛干古代城市的考察。为了确定斯文·赫定当年所"发现"的遗址是否即为丹丹乌里克，斯坦因便于12月7日向沙漠中的丹丹乌里克进发了。

位于和阗以北沙漠96公里处的丹丹乌里克遗址，有一座小建筑群。在一些残墙上，还保留着一些佛像和菩萨像。通过这些壁画的特殊形式，斯坦因估计，这些寺院与居住地的放弃、毁坏，是在伊斯兰教传入之前的最后数世纪。同时他还在遗址中捡到一些有"开元"年号的钱币。在挖掘其建筑时，发现了几页用婆罗谜文字书写的佛经，接着又发现了更多的文书。根据古文字学的知识，可以知道这些文书的年代在公元7世纪以前。同时还发现了一些汉文文书，其中有一件文书的年代相当于公元780年。

---

[1] 参阅〔英〕斯坦因著、殷晴等译：《沙埋和阗废墟记》第133～134页，新疆美术摄影出版社1994年。

1901年1月2日，斯坦因便写了一封短笺给印度政府："在沙漠里这个古遗址度过的最后数周中，古代梵文、突厥文和汉文手抄本的出土以及佛教壁画方面取得有趣的成果。它们都是从沙漠遗址中清理出来的。"他没有时间对其收获物进行全面研究，就又向另一个目的地——尼雅——进发了。

在尼雅，斯坦因偶然见到了两块佉卢文木牍。这使他非常惊奇，因为当时佉卢文虽已在中亚发现，但只是在早期的于阗钱币上，唯一的一份桦树皮抄本为法国旅行家杜特依兰于1892年所获。所以，斯坦因就急忙前往发现木牍的地方，并对其进行了清理，结果发现了100多枚木牍。从其用途和外表特征估计，似乎是一些信件，但其数量则与此之前印度国内外保存的所有用于研究的佉卢文资料的总数相等。随后又在另一建筑物中发现了60枚木牍，其内容大都是备忘录、账簿及便笺之类。

尼雅遗址规模宏大，无疑是某个古代城市所在地。但它究竟是中国史籍中提到的哪座古城呢？经中外学者的考察研究，可以断定它就是汉代西域三十六国中的精绝国所在地。

尼雅遗址主要由佛教寺院、官署、住宅群、种植园、冶铁作坊等古代建筑组成。遗址中心有一座巨大的佛塔，由此可见佛教在这里具有特殊的地位。从尼雅遗址内的建筑物装饰和家具纹样可以看出，它明显受犍陀罗佛教艺术的影响，这和遗址内发现的许多佉卢文犍陀罗语文书是一致的。另外，尼雅遗址中还有相当数量的汉文木简残片，其中一件记有西晋泰始五年年号，斯坦因把尼雅遗址的年代定在公元3世纪就是根据这件材料。

尼雅遗址的发掘，在考古学上具有重大的意义，它可以与西欧的庞贝古城相媲美。公元79年，意大利的维苏威火山突然爆发，罗马帝国的庞贝城被火山灰湮没。1754年，当考古学家重新发现这座罗马古城时，城内的宗教场所、街道、商店等建筑设施仍然保持着1700年前的原貌。1901年，当斯坦因闯入尼雅遗址时，流沙之下的佛寺、庄园、葡萄园等古迹也是1400多年前的原样，因而被誉为"中亚庞贝"[①]。

结束了尼雅古城的考古探险，斯坦因穿越东南方的沙漠，于1901年2月20日来到尼雅通往车尔臣的大道附近的安迪尔佛寺遗址，发掘了文物近百件，大多是美术品，也有少量汉文、吐蕃文、梵文写本残片。

---

① 参阅林梅村：《楼兰——一个世纪之谜的解析》第30～31页，中共中央党校出版社1999年。

随后，斯坦因便沿着克里雅河下游进入位于塔克拉玛干沙漠腹地的喀拉墩遗址进行考察。他对喀拉墩古城及其周围的民居和佛寺进行了发掘，认为这是一处通往塔里木盆地北缘通道上的驿站。

他们3月18日离开了喀拉墩遗址，于4月10日傍晚到达热瓦克废墟，在这里，斯坦因发现了很多灰泥雕塑巨像和一些彩色小壁画，此外还有百余枚汉代的铜钱。

在和阗期间，斯坦因还查清了过去那些"古书"的真伪。在斯坦因掌握的为数众多的佉卢文、印度文、于阗文（中亚婆罗谜文）、藏文和汉文抄本中，没有一种是"未知文字"，更进一步讲，就是在皮山之类地方根本没有见到据说曾出土过的那种文书。1895年至1899年间以印度政府名义购买的许多抄本可能都与和阗寻宝人阿洪有关。

阿洪在当地也算是一位有知识、有心计的人，作为一个小商人，专门从和阗乡村收集古钱币、印章等古物。在与阿富汗商人交易时他得知，印度人十分珍视抄本，即便是从丹丹乌里克发现的小纸片也很贵重。商人的冒险性和获利性使他对此十分感兴趣，但又不愿从事艰辛的寻宝生活，便开始了"制作"抄本的冒险活动。刚开始时，他还企图仿制真正的抄本，但很快就意识到，无论真假，反正那些欧洲的主顾们都看不懂，因此并不值得辛辛苦苦地仿制。当他卖出所有的仿制品时，又建立了一所作坊专门从事"未知文字"的制作，以满足日益增长的市场需求。但在当时世界的寻宝热中，这种随意书写的速度还是显得太慢、太累赘，因此他又将注意力转移到"木板"上，即用"木板"印刷。其工序是首先将纸染一下，使它看起来很脏。印刷之后，将纸放到壁炉中用烟熏，使之有一种很古老的感觉。然后胡乱模仿欧洲书籍的装订法将其装订。最后他们就在抄本上撒些沙子，以证明埋藏了很长时间。

斯坦因详细了解了阿洪的造假情况后，断定这种造假营生是很赚钱的，因为在霍恩雷的报告中就叙述、注释了大约45件大尺寸的木板印刷品。他想：如果阿洪知道，他"制作"的许多假文书被用细软的摩洛哥皮革包装，放在大图书馆，甚至在英国博物馆抄本部中，他将会多么"自豪"。

斯坦因回到伦敦后，专门拜访了霍恩雷。斯坦因与霍恩雷都是学者，在探求古物和追求学术真理方面有许多共同之处。当斯坦因向霍恩雷说明阿洪伪造文书一事后，霍恩雷非常失望，但他对斯坦因带来的写本十分感兴趣。作为一名有声望的印度学家，霍恩雷因解读伪造的文书而浪费了大量时间，为此他心中很懊恼。当斯坦因给他带来大量用未知文字写成的真文书时，他的心理才得到平衡，并重新开始解读，给久已失传的这一语言以生命，他最终断定，这是用印度字母书写的一种古伊朗语。

在中亚及中国新疆发现的古文字，情况比较复杂。佉卢文大概产生于古波斯帝国统治中亚时期（约公元前5世纪），但是目前还没有发现属于这个时期的佉卢文。现在所知最早的是公元前3世纪印度孔雀王朝的阿育王在古代犍陀罗（今巴基斯坦白沙瓦）用佉卢文颁布的摩崖法敕。中亚贵霜帝国（约公元1世纪前后）也把这种文字当作官方文字。公元2世纪以后，随着中亚贵霜帝国的灭亡，佉卢文也逐渐在中亚绝迹，并被另一种印度古文字——婆罗谜文所取代。值得注意的是，这种在印度和中亚被废弃的佉卢文古文字，直到公元3世纪至4世纪，仍然在中国新疆地区，尤其是楼兰作为官方文字使用。

从语言体系而言，佉卢文原来用于拼写犍陀罗语。而在新疆地区的考古发掘及研究证明，犍陀罗语原来只是楼兰人的宗教和官方行政用语，不是楼兰人的本族语言。就像英语只是印度人的官方语言而不是印度本族语一样。楼兰本族人使用的是"吐火罗语"。

被视为"欧洲甲骨文"的吐火罗语，是20世纪初在塔里木盆地发现的另一种中亚死文字。在库车（汉代的龟兹）、焉耆、吐鲁番等地都发现了一些吐火罗语文献。在敦煌藏经洞遗书中也有一些用吐火罗语书写的宗教、文学和医药文献。

犹如汉语在不同地区有不同的方言一样，吐火罗语也由于使用的地区不同而有不同的方言。由于发现的地点不同，又称为焉耆语（或吐火罗语A、甲种吐火罗语、东吐火罗语）和龟兹语（或吐火罗语B、乙种吐火罗语、西吐火罗语），A方言主要流行于焉耆和吐鲁番，B方言主要流行于库车。

斯坦因的第一次中亚探险于1901年7月在伦敦结束。他"很满意地把从沙漠中出土的古代文物，临时存放在英国博物馆这个安全的休憩之地。不论这些文物还是我的800余块拍摄好的玻璃底片，在长途跋涉中毫无损坏"，"由于我胜利带回的大量古文物急需整理和编写目录，原来印度政府委派在英国从事这项工作的6个星期远远不够，于是负责印度事务的国务秘书又给我延长了6个星期，我对此深表谢意……才能按期顺利地完成了对这次搜集到的古文物的整理工作，并为撰写'初步报告'做好了准备"。① 随后,斯坦因写了三本书来叙述他的第一次探险:一是《中国新疆考古:地理探险旅行初步报告》,是1901年回到伦敦后不久写成的;二是两年后出版的《沙埋和阗废墟记——个人笔记》;三是1907年问世的两卷本巨著《古代和田》。三本书虽然记述的是同一次探险,但侧重点不同。第一部是探险的简报。第二部"个人旅行笔记"则由日记、现场记录、给家人朋友的信函组成,其中讲述了全部情节:计划和日程、障碍、得到的教训、挫折和成功、当天的冒险和荒漠的艰难等,相当于给骨架(简报)添上血肉。《古代和田》是一部学术著作,详细记述了遗址发掘的情况,并附有大量文物图片。另外,《古代和田》还有7个附录:(1)《丹丹乌里克、尼雅、安得悦遗址所出汉文文书》;(2)《安得悦所出藏文手稿及陶器》;(3)《丹丹乌里克所出犹太—波斯文书》;(4)《出土、收买钱币目录》;(5)《和田藏文资料选辑》;(6)《和田遗址所出古代灰泥样本笔记》;(7)《和田地区沙粒、黄土样本笔记》。

二、斯坦因第二次中亚探险与千佛洞骗宝

早在1879年,匈牙利地理学会会长洛克齐在我国西北考察地质期间,偶然看到了敦煌石窟艺术,使他惊讶万分,赞不绝口。1902年,斯坦因参加了在汉堡举行的第十三届国际东方学家大会。大会作出决议,赞扬了斯坦因的中亚考察工作。同时,洛克齐在会上报告说,敦煌千佛洞艺术,博大优美。他的报告,大大地促进了斯坦因前往敦煌考察之决心。这正如斯坦因自己所说:"在第一次中亚探险队以后几年,我便计划从事第二次的探险,并很想将这一次的探险扩展到中国西北边界上的甘肃省去。我的朋友匈牙利地质调查所所长洛克齐教授曾同我说及敦煌东南的千佛洞佛教石窟寺,因此更大大地促进了我的愿望。"②

从1904年初斯坦因就开始策划第二次考察,并力争得到各方面的支持。他在给威尔逊的一封信中说:"在我的旅行取得成功的极大影响下,德国政府现已派遣格伦威德尔教授前往吐鲁番。我还得知他们已为该地区的发掘新拨款3500镑。俄国政府尽管面临困境(日俄战争),也正筹备由著名印度学家奥登堡教授率领,对库车进行

---

① 〔英〕斯坦因著、殷晴等译:《沙埋和阗废墟记》第306页。
② 《斯坦因西域考古记》第137页,中华书局、上海书店1987年联合出版。

考古探险。我在和阗的探险是对新疆进行的最早一次系统的考古工作。"①

德国和俄国拟派考察团确有此事,斯坦因提出来,则主要是为了引起英国政府有关部门和官员的重视。1904年9月4日,斯坦因向政府提交了考察的详细计划书,即赴和阗—罗布淖尔—沙州探险考察,政府有关部门对计划书进行了讨论,并表达了各自的意见。

英国外交部:"斯坦因继续对中国新疆进行研究,其巨大价值从科学观点看是毫无疑义的,也没有哪一位权威会像斯坦因这样胜任该项目的进一步实施。"

英国外交部——列举了斯坦因所需费用,实际上隐含着不满,并从其他方面提出问题,基本上不支持斯坦因的考察。而外交部意见的最后,有一句话泄露了天机:"但是我们对跨国界探察感兴趣。"

英国税务和农业部门这样估算开支:"英国博物馆允诺购买部分斯坦因博士发掘出土的文物,并负担总开支的大部分,他们并希望在此事上进行协商……大臣反对开支由各省资金支付(孟加拉省与旁遮普省)。作为对印度税收提供开支的偿付,拉合尔及加尔各答博物馆应得到斯坦因(从前)搜集文物的一部分……我以为,我们可以有把握地确定,各项费用总额将不超过80000卢比。"②

另外,英国财政部、印度考古调查部和印度总督寇松均发表了意见。经过各部门的讨论协调,斯坦因第二次赴中亚探险的计划于1905年底被批准。

1906年4月20日,由8人组成的斯坦因考察团从印度出发,他们首先穿越帕米尔高原。斯坦因在喀什噶尔聘请了一个中国师爷——蒋孝琬,作为他的翻译和助手。他们沿着丝绸之路东行,于8月份到达第一次考察过的和阗,然后对昆仑山的地形进行了勘

---

① 转引自〔英〕珍妮特·米斯基著、田卫疆等译《斯坦因:考古与探险》第211页。
② 转引自《斯坦因:考古与探险》第218~219页。

斯坦因聘请的中国师爷——蒋孝琬

测。9月份,找到了一个遗址,挖掘出婆罗谜文木简、保存完好的汉文文书(一卷长达2.5英尺,即约76厘米)和包括桦树皮文书在内的多种梵文文书。斯坦因在这个遗址得到了满满6大箱壁画残片,真可谓"旗开得胜",但他还是感到着急、紧张和不安,因为伯希和考察团已到了喀什噶尔。他这次考察的主要目的地是楼兰和敦煌,因此绝不愿意让伯希和在他前面赶到敦煌。

在若羌当地官员的帮助下,斯坦因雇了30个工人和两个曾跟随过斯文·赫定的猎人做向导,并备足了能维持到敦煌的补给品。他们在路上又挖掘了楼兰遗址,清理出了300至400件藏文文书;发现了米兰壁画。

1907年3月12日,斯坦因到达敦煌。当时他还不知道千佛洞发现藏经洞的事。他原准备只在敦煌逗留10天,简单地考察一下千佛洞,并在敦煌补充一些粮食和饮水,然后就去罗布泊沙漠进行考古发掘。但到达敦煌不久,他就从一位定居在敦煌的乌鲁木齐商人扎依德·贝格那里,听到了几年前王圆禄在莫高窟发现藏经洞遗书之事。他认为藏经洞发现的"这种宝物很值得去努力侦察一番",

斯坦因考察团在第二次考察途中（左二为蒋孝琬，左三为斯坦因）

所以就迫不及待地向千佛洞跑去。

3月16日，斯坦因到了千佛洞。当时，藏经洞已装上了门锁，钥匙由千佛洞住持道士王圆禄亲自掌管。而此时王道士带着两个徒弟外出化缘，只有一位小和尚在千佛洞。斯坦因进不了藏经洞，只得暂时离去。他拜见了敦煌新任知县王家彦及敦煌当地的驻军长官——沙州营参将林太清后，就去敦煌附近考察。[①]

斯坦因考察了敦煌附近的汉长城，并发现了100多枚汉简。

5月15日，斯坦因再次返回敦煌，由于此时千佛洞正值庙会，香客很多。为不引人注目，更怕众怒难犯，斯坦因未敢下手，只得又去了县城。5月21日，斯坦因带着考察队，再次来到千佛洞。据斯坦因说，这时"王道士已在那里等候。他看来是一个很奇怪的人，极其狡猾机警。他不知道他所保管的是什么，他对于有关神同人

---

① 参阅王冀青：《1907年斯坦因与王圆禄及敦煌官员之间的交往》，载《敦煌学辑刊》2007年第3期。

的事充满了畏惧，因此一见面就知道这个人不易捉摸……要想急于接近那一大屋藏书是不容易的"①。因为斯坦因第一次参观千佛洞时，藏经洞还用粗糙的木门锁着，而这次则完全用砖砌了起来，王道士解释说封砌洞窟是为了阻止香客们的好奇心。实际上斯坦因心里十分清楚，这是为了提防他。因此，斯坦因说他是来千佛洞拍摄壁画照片的，只字不提藏经洞的事，只让其翻译蒋孝琬去和王道士周旋。当蒋师爷与王道士初步接触时获悉，藏经洞遗书的发现已报告给了肃州的最高长官，并通过该途径报告给了甘肃的总督。蒋师爷猜想，甘肃的总督可能已下达了运送样本和安全保管整个收藏品的命令。如果官方已列出了卷子的目录，就会危及交易的进行。随后又从王道士处得知，确实将几卷汉文佛教文书呈交给了兰州的总督衙门，但并未开列目录。所有文书可以装满7车，但省会的官员们对它们并不十分感兴趣，尤其不愿承担运输的费用，因此这些手稿便未被触动地留了下来，由王道士负责管理。

蒋师爷在王道士处进行了较长时间的周旋，并在用捐功德钱等方式想得到藏经洞文书的计划失败后，斯坦因只得再想他策。当他请王道士领着参观洞窟及其维修工程时，王对斯坦因渐渐有了好感。斯坦因提到圣僧玄奘时，引起了王道士的共鸣。斯坦因一看有机可乘，便大讲特讲他是玄奘的忠实信徒，"我用我那

斯坦因拍摄的王道士（1907年）

斯坦因拍摄的王道士在唐僧取经故事壁画前

---

① 《斯坦因西域考古记》第142页。

很有限的中国话向道士述说我自己之崇奉玄奘，以及我如何循着他的足迹，从印度横越峻岭荒漠，以至于此的经过，他显然是为我所感动了"①。这样王道士特意把斯坦因领到画有唐僧故事的壁画面前，给他进行热情讲解。在那些壁画中，有一幅对斯坦因特别有利。画面上，玄奘站在一条湍急的河流岸边，他的坐骑驮着佛经站在旁边，一只大龟向着玄奘游去，要去帮助他把佛经驮过河去。

谈完玄奘的话题后，蒋师爷单独留下来，其目的是想早些从王道士手中弄到写本。但一谈到写本，王道士又变得胆怯起来，一直用含糊的方法应付。直到深夜，"蒋暗自高兴地带来了王道士刚刚偷偷借给他的一捆汉文卷子摸进我的帐篷，他小心地把第一次答应的一卷子'样本'藏在宽松的黑长袍下面。就书写和纸张而论，卷子清楚地显示出很古老，也许是佛教经典，但蒋需要时间来确认它们的属性"②。因此，蒋师爷就把那一小捆经卷带回他自己的小屋，连夜进行识别研究。

第二天天刚亮，蒋孝琬面带惊愕的神色向斯坦因报告，有些经卷上有题署，有的题署表明，佛经是玄奘从印度带回并亲自从梵文译为汉文的。听了这一消息，斯坦因也很惊讶，并让蒋师爷去报告王道士。王道士听后更是惊愕不已。蒋孝琬说，只有一种解释才说得过去，即阴曹地府的玄奘亲自选定这一时辰，把这些神圣的佛经展示在斯坦因面前，以便这位来自遥远印度的虔诚信徒

蒋孝琬在整理斯坦因所获汉简

---

① 《斯坦因西域考古记》第143页。
② 《斯坦因：考古与探险》第268页。

藏经洞空间结构图

和弟子能把它们带回印度老家去。在蒋孝琬这种半神话的影响下，王道士终于向斯坦因打开了藏经洞之门。斯坦因说："从道士所掌微暗的油灯光中，我的眼前忽然为之开朗。卷子紧紧地一层一层地乱堆在地上，高达十呎①左右，据后来的测度，将近有五百方呎。小室约有九呎见方，两人站了进去，便无多少余地了。"②

洞子太小太黑，不便翻检，甚至要将这些写本搬出去都很困难，再加上王道士害怕被其他人发现，所以很难在藏经洞内阅读。对斯坦因来说，幸运的是王道士在藏经洞旁修了一个小侧室。侧室有门和纸糊的窗户，这里可以遮挡任何好奇者的目光。因此，王道士就允许斯坦因在侧室内翻检卷子。而他则把卷子一捆一捆地搬到侧室里让斯坦因、蒋孝琬研究。

斯坦因翻检的卷子既有汉文、藏文的，也有梵文和中亚婆罗谜文的，另外还有用"未知"语言写成的，内容极其丰富。"我过去发现的婆罗谜文文书在这方面或妥善保藏方面没有一件比得上它们。因此第一天蒋和我自己没有间断地工作到很晚。"③

由于卷子越来越多，所以斯坦因放弃了原来准备叫蒋孝琬给卷子编目的计划。洞中除了佛经外，还有许多绢画和帛画。斯坦因自己说："余于开一大包裹时尤警……其包裹以粗棉布为之，中藏种种绢画、纸画、幡盖、锦缯、刺绣之供献物，不可胜计。其画绢画布，盖寺中之旌旗。卷藏甚谨，及展视之，皆为诸佛菩萨像，或纯用印度画法，或以印度画为本，而参以中国画。"④

王道士对"经"很重视，对佛画则兴趣不大。"所以我迅速地擅自将最好的丝、亚麻或纸画放在一边供进一步考察……仅在第一捆里就有一打之多——甚至在残片里也有精美的画面，而且每一丝片

---

① 呎，英尺旧也作呎。一英尺约等于 30.48 厘米。
② 《斯坦因西域考古记》第 144 页。
③ 〔英〕斯坦因：《沙埋契丹废址记》，转引自《斯坦因：考古与探险》第 272 页。
④ 〔英〕斯坦因述、王国维译：《中亚细亚探险谈》，载《王国维遗书》第 14 册，商务印书馆 1940 年。

刚刚取出的藏经洞文书经帙合一的情形

都有收藏和艺术价值……对这种遗物（王）道士似不感兴趣，内心希望用这些东西把我的注意从珍贵的经文卷轴上引开——他现在更殷勤地寻找并拿出那些已明显被他归入废物一类的东西。"①

斯坦因和蒋孝琬一面阅读，一面迎合王道士的心理说一些恭维话，又许诺捐纳一大批功德钱。斯坦因把挑选出来的一些佛经和佛画放在旁边，王道士看见后也没有提出异议。当天，他们三人一直干到天黑。离开洞窟时，斯坦因又和王道士进行了长谈。他们走到画有唐僧牵马驮经从印度返回的壁画前面时，斯坦因故意停住，以便再次引起王道士对该画的注意。蒋孝琬竭尽说客之能事，并再次强调，斯坦因将会给寺庙捐献非常可观的功德钱（在此之前，斯坦因已经给寺院捐奉过若干银两）。但王道士仍然犹豫不决，斯坦因明白，最好的办法是让蒋师爷一人去采取行动。

在蒋孝琬的一再劝说和欺骗下，王道士终于答应了斯坦因的要求。"到了半夜，忠实的蒋师爷自己抱着一大捆卷子来到我的帐篷

---

① 〔英〕斯坦因：《沙埋契丹废址记》，转引自《斯坦因：考古与探险》第272页。

之内，那都是第一天所选出来的，我真高兴极了。他已经同（王）道士约定，我未离中国国土以前，这些'发现品'的来历，除我们三人之外，不能更让别人知道。于是此后单由蒋师爷一人运送，又搬了七夜，所得的东西愈来愈重，后来不能不用车辆运载了。"①

这时，王道士越来越后悔自己所做的一切，越来越害怕失去那些他认为十分神圣的卷子。因而向斯坦因宣称，要把这些"经"交给他是完全不可能的。因为这些"经"如果缺少的话，施主肯定会发现，所以他必须去和施主们商量商量，在此之前，不得采取任何进一步的行动。

当晚王道士就把甬道上的经卷全部搬进藏经洞，并锁上了门。这使斯坦因大吃一惊，但感到庆幸的是，他已经到手的那些为数众多的珍贵绘画、非汉文写卷及其他文物仍在自己手里。在《沙埋契丹废址记》中，斯坦因这样写道："我们所具有的优势是已经掌握大量的手写稿和古文物，而且（王）道士明显的愿望是获得数目可观

斯坦因挑选经卷的场景

①《斯坦因西域考古记》第147页。

的款项,所以我有理由宣称在这次外交斗争中我取得了基本成功。除了我从各种各样的包捆中挑选出的珍品外,他还同意给我50捆非常完好的汉(文)经文卷轴和5捆吐蕃文的东西。为换得所有这些物品,约相当于500卢比的4块马蹄银递到了道士手中。"[1]他们用两个晚上的时间,将已经到手的宝藏从密室中搬到了斯坦因的帐篷里。

得到这许多宝藏后,斯坦因就开始打包,准备运走,由于要精心地装箱,共用了一周的时间。这时,王道士又该去敦煌绿洲化缘了,否则就会引起施主们的怀疑。另外,他也想到外面去探探风声。一周之后王道士返回千佛洞,由于其秘密仍未泄露,王道士的声誉也一如既往,所以王道士也不再胆小怕事了。斯坦因乘机欺骗王道士说:把这些经卷幽闭在这里,迟早是会散失的,他把它们救出来,以供西方学者研究,是很虔诚的举动。这样,斯坦因又从王道士手中得到了20个卷轴。随后,他们双方立约,"用施给庙宇作为修缮之需的形式,捐一笔款给道士作为酬劳"[2]。

斯坦因在藏经洞骗得的宝藏,数量庞大,仅文书就装满了7箱,绘画和刺绣品共300多幅,装满了5箱。

正在这时,斯坦因的信使吐尔迪从于阗来到千佛洞,给他带来了大批的邮件,包括170封信,都需他处理。另外,敦煌的地方官告诉斯坦因,兰州的总督来了命令,指示地方官奉劝斯坦因在考古发掘中一定要注意外交礼节。再加上斯坦因在敦煌待的时间过长,已引起了人们的警惕,因此斯坦因决定离开敦煌。6月13日,他率领由骆驼、马匹以及新增加的5辆马车所组成的浩荡队伍,满载着骗得的敦煌宝藏,离开了千佛洞,向安西进发。

斯坦因将盗劫的敦煌文物存放在安西,然后用两天时间走到万佛峡千佛洞,拍了两天照后,就向肃州(酒泉)进发了。因为他有一笔钱(2万卢比)托付给那里的道台保管。两周后,他到了肃州,考察了嘉峪关长城,并开始准备去新疆考察。

8月28日他到了甘州(张掖),这是他所走的最东界线。在甘州待了5天后,他又于9月25日回到安西。当斯坦因回到安西后,便给艾伦写信说:"非常高兴地完好收到了我6月份寄放在安西衙门的17箱古代手稿等。"由于斯坦因在敦煌的骗盗行为没有泄露,他便给王道士写了一张字条,蒋孝琬拿着字条又秘密地去了一次千佛洞,从王道士处得到了230捆手稿,其中包括3000件经文。在《斯坦因西域考古

---

[1] 转引自《斯坦因:考古与探险》第277页。
[2] 《斯坦因西域考古记》第148页。

斯坦因的信使吐尔迪

记》中,斯坦因说,这一次,王道士"还慨允蒋师爷代我所请,送给我很多的中文同西藏文写本,以供泰西学术上之需。十六个月以后,所有装满写本的二十四口箱子,另外还有五口内裹很仔细地装满了画、绣品以及其他同样美术上的遗物,平安地安置于伦敦不列颠博物院,我到那时才真正地如释重负","此乃余最终之慰藉也"。[1]

1907年10月斯坦因又诈骗了一批敦煌文物后,就率领他的考察队,满载着那些敦煌文物和其他从丝路上盗掘的文物,走上了从哈密直通喀什噶尔的大路,而他本人则抄近路向吐鲁番进发,想在吐鲁番再有收获。

11月2日到达吐鲁番,他大概勘测了一下吐鲁番的遗址,又获得了一些壁画、塑像碎块和注有日期的汉文、吐蕃文、回鹘文手稿。[2]斯坦因在吐鲁番待了16天,然后走了8天的商路到达焉耆。1908年1

---

[1]〔英〕斯坦因述、王国维译:《中亚细亚探险谈》。
[2] 转引自《斯坦因:考古与探险》第288页。

月 17 日他抵达库车。3 月斯坦因又到了和阗。

在回国前返回和阗，是斯坦因早就计划好了的。当他还在敦煌时，就于 1907 年 3 月 30 日写信给英国朋友要求其代购礼品，其中有一件织锦是准备送给潘大人的，一块表是计划送给蒋师爷的，并在盖子里面刻了字："M. A. 斯坦因博士将它作为对 1906 年至 1908 年为探险献身的学术贡献的感激和真诚敬重的纪念品赠予蒋师爷。"① 蒋师爷，是帮助斯坦因劫取敦煌文书的关键人物，他的大名是蒋孝琬，号资生，晚清湖南省长沙府湘阴县人，1883 年离家从军，1883 年至 1885 年在兰州府为驻省军装总局委员刘澄清当师爷。1885 年，随着大批甘肃省官员、师爷一起入疆谋发展，1885 年至 1906 年间先后给新疆各地、县官员当师爷。1906 年，马继业将其推荐给斯坦因当助手和翻译，蒋孝琬便随斯坦因在新疆、甘肃等地进行考察，并协助其进行各种盗宝、骗宝活动。

第二次中亚探险结束后，在斯坦因的保举下，蒋孝琬于 1908 年 8 月担任英国驻喀什噶尔领事馆汉文秘书一职，1911 年后身体抱恙，两耳听力衰退，无法跟随斯坦因进行第三次中亚探险。1918 年英国驻喀什噶尔总领事马继业退休前夕，考虑到蒋孝琬不懂英语，继任总领事又不懂汉语，很难合作共事，遂建议英属印度政府尽快物色懂英语的汉文秘书人选以替换蒋孝琬。虽经英国驻华公使朱尔典在北京多方寻觅，仍长期无人应聘。于是英国驻喀什噶尔总领事馆不得不一年一聘蒋孝琬，直到他于 1922 年 3 月 17 日去世。②

在斯坦因眼里，潘大人——潘震，作为一名中国的地方官，不仅是他的朋友，而且最主要的是他学术活动的支持者，因此他专门去了一次阿克苏拜访潘大人。当然他不仅仅是为了去感谢潘大人，而是还有所求。1908 年 6 月 9 日，他在给艾伦的信中就说，为了"得到我诚实的蒋奋斗了 25 年的官府雇用的机会……所以我拟就了蒋的服务和对我全部帮助的详细报告，呈递给乌鲁木齐的都督。潘大人认真地考虑了蒋的打算，并不怕麻烦地彻底修改信的内容和风格，他也同意用自己的名义和信封呈递给最高当局以明显表示支持"③。由此可见，斯坦因对帮他盗劫敦煌文物的蒋师

---

① 见《斯坦因：考古与探险》第 297 页。
② 参阅任曜新、王冀青：《蒋孝琬生年考证》，载《西域研究》2014 年第 1 期；王冀青：《蒋孝琬晚年事迹考实》，载《敦煌学辑刊》2013 年第 3 期。
③ 转引自《斯坦因：考古与探险》第 298 页。

潘震（1851—1926年）

爷是多么感激、关心，也从另一个侧面说明，蒋孝琬是敦煌文物外流的"关键人物"之一，如果没有他的大力"帮助"，斯坦因可能就不会那么顺利地诈骗、盗劫去大量珍贵的敦煌文物。

斯坦因去阿克苏，一方面是为了拜访潘震，另一方面是考察。当他4月19日到达麻扎塔格时，找到了一个遗址，"在堆积的麦草和难闻的垃圾层里，意外地出现了藏文木简和文书、汉文和古于阗文文书，甚至还有几件钵罗钵语（中世纪古波斯语）和回鹘文文书。总数达到900件……烂文书是常见的，但文书、过境通行证、征用令以及诸如此类的东西保存得相当完好。钱币和带有日期的文书，表明吐蕃人公元8世纪曾（将这里）作为一个边境守卫要塞占领过这个地方"[①]。在麻扎塔格挖掘后，斯坦因便于5月1日赶到了阿克苏。

在阿克苏办完事后，斯坦因用5天时间到了莎车，然后于6月9日到达和阗，他要在这里对其"发现物"编目、装箱，并在箱子上包马口铁。每一件"发现物"他都得登记、包装，每一块嵌板都要小心地"加固"，每一张易损的绢画都要谨慎地卷在棉胎里，而蒋孝琬则对文书按"题署"进行登记。到了7月中旬，"包装已全部完成，整个古物箱子凑成了47个相当重的马驮子。所有珍贵些的箱子包了锡皮。我希

---

① 转引自《斯坦因：考古与探险》第300页。

潘震和他的两个儿子

望它能够防水。30只箱子装满了手稿和其他木简等。蒋只完成了1/3的千佛洞文书"[1]。

装箱工作结束后,斯坦因于8月1日离开和阗回国,此时,蒋孝琬已被马继业任命为英国驻喀什噶尔领事馆的中文秘书了。斯坦因回国途中于10月12日到达列城[2],由于他的脚趾被冻坏,10月14日在列城做了手术,左脚脚趾上的皮肤虽然部分冻坏了,但不会留下瘢疾,右脚脚趾已开始变成坏疽,因此不得不将右脚两个中

---

① 〔英〕斯坦因:《沙埋契丹废址记》,转引自《斯坦因:考古与探险》第305页。
② 列城:南亚克什米尔东部城镇,位于喀喇昆仑山东麓,印度河右岸6公里处。现在的克什米尔实际上分别由印度和巴基斯坦控制。拉达克位于克什米尔东南部,属于印度控制区。当地官方语言为藏语(拉达克方言)和乌尔都语。列城(Leh)是拉达克地区的首府。

间的指头和其余指头前面的关节全部截去。大夫向斯坦因保证，留下3个指头的大部分，完全可以行走和爬山。在列城休养了一段时间后，斯坦因于11月底回到了印度。

在印度，斯坦因受到了政府有关部门的欢迎。有一天，皇家亚洲学会孟买分会通知斯坦因：新近刚为纪念约翰·坎贝尔爵士而设立的东方研究金质奖章，第一次将颁发给他。

1909年1月初，斯坦因离开印度，他先到维也纳看望嫂子，几天后到达"故乡"布达佩斯，最后经巴黎于1月下旬回到伦敦。这时他考古的"发现物"已运到伦敦，保存于英国博物馆。这样斯坦因的第二次中亚探险考察就算是"圆满"结束了。

回到伦敦后，斯坦因拜访了外交部秘书，请求印度政府向中国官员表示，感谢他们的帮助：

"如果中国各地方官——没有在运输、供应、发掘工人等各方面向我提供最有效的支持"，那就不可能"获得我有幸在内务部向印度政府报告的那些考古地理成果"。他列举出乌鲁木齐的新疆巡抚、兰州府的甘肃总督、阿克苏道尹潘大人、肃州县官、敦煌县尹等人，"我确信对他们的贡献予以适当评价，会对这些行政官员有利，同时间接地也有利于将来的英国旅行者"①。

第二次探险结束后，斯坦因于1911年11月写出了这次考察的个人笔记——两卷本的《沙埋契丹废址记》，1912年在伦敦出版；其正式的考古报告是《西域考古图记》，又译为《塞林提亚》，副题为"在中亚和中国西陲考察的详细报告"，共5卷，于1921年由英国牛津大学出版社出版。

《西域考古图记》近300万字，分为5卷，第1卷至第3卷为正文，详尽记录了其探险过程、重大发现和研究成果，第4卷为重要文物照片，第5卷为实测考察地图。本书还附有各相关专家对各专题的专门研究成果，因而在提供大量实物史料的同时，对中亚及中国西北历史地理、敦煌学、丝路学及中西交通史的研究也具有一定的参考价值。由于本书是斯坦因第二次中亚考察的考古报告，因此它又是其关于第一次探险的详细报告《古代和田》的续编。《西域考古图记》一书，已由中国社会科学院考古研究所主持翻译，广西师范大学出版社出版。

1914年，斯坦因第三次中亚探险时，于3月24日再次来到千佛洞，仍然受到王

---

① 《外交部卷（1909年6月，81号～87号）》，转引自《斯坦因：考古与探险》第326页。

道士"亲切、友好的接待"。《斯坦因西域考古记》曾这样记述:"王道士欢迎我有如老施主一般……王道士曾乘便将他的账目给我看,上面载明我所有施给寺院的银钱总数。"同时王道士还向斯坦因出示了其募化和接受捐赠的所有款项的开支账目。由此账目可知,"当日得之于余者,皆已作修葺庙宇之用。彼以马蹄银在洞庙前所筑之新佛堂及香客下院,已骈列成排,一一为余指示,有自得之意"①。王道士这一行动本身,就说明他仅仅将斯坦因作为施主来对待,让他看捐赠银两的用途。

斯坦因这次来敦煌,没有蒋师爷的帮助,使他痛感失去了蒋师爷那种愉快、亲切、打动人心的能力。而接替蒋师爷的李师爷,在斯坦因看来,是一个冷峻、粗暴、毫无趣味的人,还不如王道士友好和善谈。因此斯坦因不得不直接面对王道士。当他又向王道士提出索要卷子要求时,王道士说,伯希和来后一年,北京下令交出剩下的东西,他和寺院没有得到一分钱的补偿。1914年4月13日,斯坦因给艾伦写信说道:王道士"足够聪明,当转交北京的命令下达时,私自藏下了不少纪念品。从中,我获得整整四大箱文书。当然,这需要好一阵讨价还价,但即使不幸没有蒋师爷的帮助,最终我还是成功了"②。

斯坦因这次所得卷子,大部分是敦煌遗书运送北京时,王道士密藏起来未交者。少部分是当地官僚窃去和散佚在民间的,当时就已经有人在出售。《斯坦因西域考古记》说:"一整捆的唐代佛经卷子,在1914年即曾有人拿来向我兜售过。我到甘州去的途中以及在新疆沿途便收到不少从石室散出的卷子。"斯坦因这次所劫夺卷子的数量,在其自述中说:"我第二次巡礼此地的结果,许我带去的还足足装满五大箱,有六百多卷佛经——自然,又得布施相当的数目。"③

三、斯坦因的收获与英藏敦煌文书

斯坦因对敦煌文物的劫夺,使他获得了很大的实惠与极高的声誉。英国皇家地理学会授予他"发现者金质勋章";牛津大学和剑桥大学都赠予他名誉博士学位;而

---

① 〔英〕斯坦因著、王竹书译:《斯坦因千佛洞取经始末记》,载《国立北平图书馆馆刊》第9卷第5号。
② 转引自《斯坦因:考古与探险》第366页。
③ 《斯坦因西域考古记》第149页。

斯坦因（摄于1929年）

德国则给他一笔巨额的现金以祝贺他的成就；在布达佩斯，他被奉为立了大功的"好儿子"。当他重访"故里"时，布达佩斯沸腾起来，"午餐、宴会，还有晚餐应接不暇"。比利时科学院选举他为名誉院士，并且成为"亚平宁俱乐部"的成员。1909年8月10日，他给艾伦写信说："听说，与我同获此殊荣的有12个人，其中包括约瑟夫·胡克尔爵士（皇家植物园创始人）、南森（北极探险家、海洋学家、人道主义者）、杨哈思本、柯曾等，全都是些令我望尘莫及的名字。"[1] 另外，还使他高兴的是，那个为他帮了大忙，对盗劫敦煌文物立了"殊勋"的蒋师爷——蒋孝琬，也由于斯坦因的积极推荐，得到了他本人所渴望得到的奖励，当上了喀什噶尔英国领事

---

[1] 转引自《斯坦因：考古与探险》第333页。

馆的汉文秘书。

当然，对斯坦因来说，最高兴的是终于加入了英国国籍，实现了他梦寐以求的愿望。最使他高兴和出乎意料的是得到了官方的承认——1910年6月斯坦因被授予"印度帝国骑士"称号。英国相关部门专门给他发了通知，并说明了在皇家觐见厅接受陛下封爵时的礼仪、穿戴等问题。斯坦因绝对没有想到，在中国敦煌所窃得的宝藏，会把他带进皇家觐见厅参加受封仪式。

斯坦因对敦煌文物的劫夺，得到了欧洲学术界的极力赞扬。中亚细亚旅行家和历史学家欧文·拉铁摩尔教授曾经把斯坦因称作是"他的同时代人当中的一位集学者、探险家、考古学家和地理学家于一身的最伟大的人物"。铀元素的发现者伦纳德·伍利爵士把斯坦因在中国西北的探险，说成是"一个考古学家对古老世界所进行的一次最大胆和最冒险的突击"①，并说斯坦因对敦煌遗书的劫夺，"是一个前所未有的、考古学上的大发现"。英国《泰晤士报·文学副刊》宣称，"任何一个考古学家都没有作出比这更多的惊人的发现"②。

然而，中国人民和世界各国友好人士对斯坦因的劫夺，却有正确的看法，并表示极大的愤慨。早在1935年，英国埃里克·泰克曼爵士就在其《土耳其斯坦旅行记》一书中说："运输队把中国……的寺院、石窟、坟墓和废墟中的无价之宝，一批一批地运往外国的博物馆，从而使中国永远地失去了这些珍宝。对此，中国人无不怨声载道，而外国人也无法加以否认。"③英国东方学专家阿瑟·韦利对于斯坦因的劫夺，"表示强烈的不满，认为这无疑是对'敦煌书库的劫掠'行为"。并说要了解中国人民对敦煌遗书被盗的情感，其"最好方法是去设想一下，假使一个中国的考古学家来到英国，在一座废弃的寺院内，发现了中古时代文书的一个窖藏。他贿赂这里的看守人，把这些东西拿出来运到北京去，那时我们将作何感想。"④

众所周知，敦煌遗书发现不久，甘肃学政叶昌炽就建议当局全部运到兰州保管。后因运费无力筹措，才于1904年命令敦煌县府先行检封，并由王道士就地保管。

---

① 转引自〔英〕彼得·霍普科克著、杨汉章译、宋子明校：《丝绸之路上的外国魔鬼》第62页，甘肃人民出版社1983年。
② 转引自《丝绸之路上的外国魔鬼》第165页。
③ 转引自《丝绸之路上的外国魔鬼》"作者前言"。
④ 转引自《丝绸之路上的外国魔鬼》第175页。

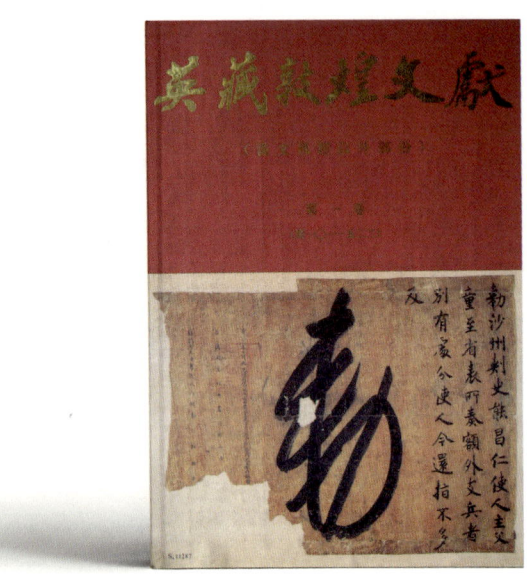

《英藏敦煌文献》封面

"从法理上说,从那时开始,这批文物已是中国政府的财产,王道士是无权出卖的。斯坦因若不知底细,误买了,乃是买了赃物,事发之后,仍应交出。何况斯坦因不仅明了王道士无权卖,实际上根本是他和蒋孝琬'说服'王道士演出这幕'监守自盗'的。"①

当然,斯坦因是付了一些钱,但并非他自称的那样"公平",因为他只付了200两银子。斯坦因明白,这是低得近乎荒谬的价钱。在把东西运抵安西后,他就得意地给朋友写信说,这批文物只花了130英镑,买一个梵文贝叶写本和一些古旧物品就要这些钱了。②

斯坦因在中国所窃去的全部收藏品,按照资助他的印度政府和英国博物馆在其出发前所签署的分配方案:写本部分,凡用汉文、粟特文、突厥文和回鹘文书写者,归英国博物馆保存;凡用于阗文、龟兹文、藏文书写者,归印度事务部图书馆保存;梵文写本,用佉卢文书写者归前者,用婆罗谜文书写者归后者。其他发现品如钱币、

---

① 金荣华:《斯坦因——敦煌文物外流关键人物探微》,载台湾《汉学研究》第4卷第2期《敦煌学国际研讨会论文专号》。
② 1906年4月14日斯坦因致艾伦函,参阅金荣华《斯坦因——敦煌文物外流关键人物探微》。

绘画等，在印度德里中亚古物博物馆和英国博物馆之间平分。但斯坦因回国后却改变了分配办法：为了研究方便，文书部分归英国博物馆收藏，印度方面只取得若干样品；图画部分归印度博物馆所有，英国博物馆只取得若干做样品。据有的学者检视两地博物馆所藏斯坦因所窃文物，"发觉大英博物馆所谓的留取若干，实际上是尽取精华；印度博物馆的留取若干，则无论质、量，都无足轻重"[①]。1973年，英国图书馆东方部与英国博物馆[②]分立，保存在原博物馆东方图书与写本部的斯坦因所获文献，移入了新建的英国图书馆藏书楼保存。

　　关于英国所藏敦煌遗书，长时间不知其详细情况和数量。因为斯坦因三次中亚考察所获文献，刚开始编号时，仅仅按照语言和出土地点大体上作了一些归类，就被编为 Or.8210～8212 三个总号之中。Or.8210 主要是敦煌藏经洞出土的汉文写本和印本，后来就缩写为 S.。1954年，英国博物馆图书馆将所藏敦煌卷子制成缩微胶卷公开出售，这套胶卷共收录了6980个卷子，即 S.1～S.6980 号，它不仅未包括古藏文及其他民族文字的卷子，就是汉文卷子也是不完全的。1962年，商务印书馆出版的《敦煌遗书总目索引》中的《斯坦因劫经录》，就是我国学者刘铭恕根据中国科学院图书馆收到的缩微胶卷编制的。当时还有2000多件没有编目。1957年翟理斯编成了《大英博物馆藏敦煌汉文写本注记目录》。该目录共收录了8102个敦煌汉文卷子，但并没有完全反映英国所藏敦煌汉文卷子的收藏情况。21世纪以来，英国图书馆修复部又陆续从敦煌绢画、写经、经帙等已编号文物或文献上揭出许多残片，在总编号后顺序增加，目前已编到13677号。[③]S.1～S.13677 号敦煌写本，不论长短，一纸一号。从总体上看，S.6980号以前的写本比较完整，有不少长达10米以上者，缩微胶卷和

---

① 金荣华：《斯坦因——敦煌文物外流关键人物探微》。
② 以前多译为英国国家图书馆和大英博物馆，本书使用现使用较多的英国图书馆、英国博物馆。
③ 关于英藏敦煌文献文物的编目、收藏情况，详见荣新江：《海外敦煌吐鲁番文献知见录》第一章"英国收藏品"，江西人民出版社1996年。

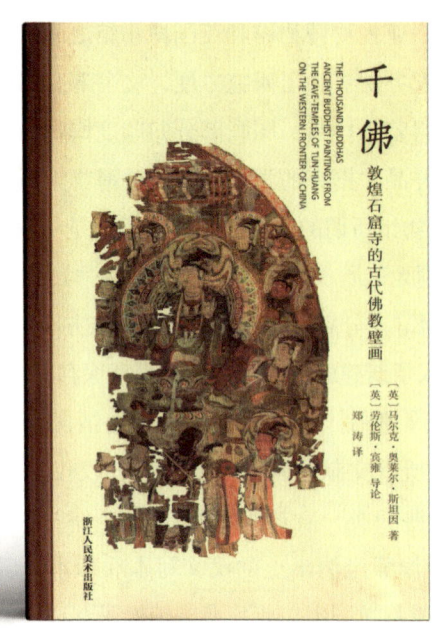

斯坦因《千佛》封面

台湾黄永武先生编的《敦煌宝藏》已将它们全部收录。而自 S.6981 号起以后的写本,主要揭自经帙或绢画,残片较多,大多数为一两尺长,还有许多只有巴掌大小,因此在一个号下,各残片又细分为 A、B、C 等,如 S.6998A、S.6998B 等。

Or.8211/1～Or.3326 号主要是斯坦因第一次考察所获文献,但也有一部分是第二次考察时所获敦煌汉简等。这一组文献,除了 Or.8211/1～Or.3326 号这种博物馆编号外,还有斯坦因根据文书来源而标的原始编号,如 T.编号指在敦煌长城烽燧所获汉简,N.表示尼雅出土佉卢文文书,M.T 表示麻扎塔格出土文献,L.A 或 L.B 指楼兰遗址所获文献等等。

Or.8212/1～Or.195 是民族语言或民族语言文字混在一起的文书,其中有梵文、佉卢文、藏文、粟特文、于阗文、吐火罗文、突厥文、回鹘文和汉文,出土地点则有敦煌藏经洞、敦煌长城烽燧、吐鲁番、和田等地。Or.8212/196～Or.199 为预留空号,迄今未用。Or.8212/200～Or.855 是木简或纸本汉文文书。Or.8212/856 以下,是汉文或其他语言文字残片。

如前所述，根据斯坦因考察前提供经费的多少而签订的协议，其中一部分文献、文物归印度事务部图书馆所有。该馆原是英国占领印度后，由东印度公司设立的，1947年印度独立后，便归英联邦对外关系部所属，后来又划归英国图书馆参考部管理。1991年与英国图书馆东方部合并为东方与印度事务收集品部。斯坦因三次中亚考察所获梵文、于阗文、藏文、吐火罗文等语言文书，大多收藏在这里，其中包括敦煌藏经洞文书，如斯坦因所获敦煌藏文文书的大部分就收藏在该部图书馆。

斯坦因所劫夺的敦煌文物，主要收藏在英国博物馆。早在1921年，斯坦因就选取了其中的精美绢画48幅，编成《千佛洞：中国西部边境敦煌石窟寺所获之古代佛教绘画》一书在伦敦出版，2019年浙江人民美术出版社出版的中文译本名为《千佛：敦煌石窟寺的古代佛教壁画》。后来，韦陀对英国博物馆所藏美术品进行了系统整理与研究，选取了其中的精品，编成三卷《西域美术：英国博物馆藏斯坦因收集品》，于1982年至1984年由英国博物馆和日本讲谈社用英、日两种文字在东京联合出版。

敦煌文物与文献一样，都是敦煌学研究的重要资料。绢画上的题记、纸画旁边或背面的文字，都具有重要的文献价值，我们应当将它们与藏经洞遗书一样对待，给予应有的重视。

四、斯坦因藏品及整理情况

斯坦因藏品数量大，种类多，分别收藏于英国图书馆、牛津大学博德利图书馆、英国博物馆、维多利亚与艾尔伯特博物馆等机构。其中文书、手稿主要收藏于英国图书馆和牛津大学博德利图书馆，文物部分主要收藏在英国博物馆、维多利亚与艾尔伯特博物馆。

英国图书馆藏斯坦因文书编目情况前已述及，此不赘述。关于收藏情况，据图书馆工作人员统计，共有汉文文书2万多件，其中出自莫高窟藏经洞的有14000件经卷和残片，分别是斯坦因第二、三次考察期间所获，另外5000件是在其他遗址所获之纸质碎片。此外，还有约4000件简牍和元代纸币等，其他遗址所获藏文纸质残片700件、在马扎塔格和米兰遗址所获简牍2300件、额济纳河及黑城所获纸质残片1000件。

除汉文文书外，还有西夏文文书6000件，于阗语文书50卷、2000件残片和100件简，藏文文书3100卷，皆为斯坦因第二次考察期间在敦煌所获。吐火罗语文书约1300件，粟特语文书150件，突厥回鹘语文书400件，梵文、婆罗谜文、佉卢文文书约7000件。[①]

需要说明的是，英国图书馆的斯坦因藏品除了斯坦因四次考察所获文书、木简等，还包括"霍恩雷收藏品"（Hoernle collection）。所谓霍恩雷收藏品，是指1893—1899年英属印度政府授权德裔英籍印度学家、语言学家鲁道夫·霍恩勒（Augustus Frederic Rudolf Hoernlé，1841—1918年）收集的西域文物与文书，此部分主要由戈弗雷（Stuart Hill Godfrey，1861—1941年）[②]、马继业（George Macartney，1867—1945年）[③]、塔尔博特（Adelbert Cecil Talbot，1845—1920年）[④]收集所得，还有少部分收藏来自菲茨莫里斯（Nicholas Fitzmaurice，1887—1960年）[⑤]、哈丁（Harold Ivan Harding，1883—1943年）[⑥]、谢里夫（George Sherriff，1898—1967年）[⑦]、斯克林（Clarmont Skrine，1888—1974年）[⑧]、托马斯（Frederick William Thomas）[⑨]、威廉姆斯（Frederick Williamson，1891—1935年）[⑩]。[⑪]

此外，印度事务部图书馆藏有大量斯坦因所获民族语言文字类文书，包括古

[①] Helen Wang, John Perkins, "Handbook to the Collections of Sir Aurel Stein in the UK", *The British Museum,* 2008, pp. 3～4.
[②] 1896年为拉达克地区联合专员，1897—1899年为克什米尔驻地助理。
[③] 1890年起任印度政府驻喀什噶尔代表，1908年任领事，1910—1918年任总领事。
[④] 1896—1900年为驻克什米尔成员。
[⑤] 1918—1922年任喀什噶尔副领事，1922年以及1931至1933年任总领事。
[⑥] 1922—1923年任驻喀什噶尔副领事。
[⑦] 1927—1930年任喀什噶尔副领事，1930—1931年任总领事。
[⑧] 1922—1924年任驻喀什噶尔总领事。
[⑨] 1903—1927年为印度办事处图书管理员。
[⑩] 1927—1930年为驻喀什噶尔总领事。
[⑪] Helen Wang, John Perkins, "Handbook to the Collections of Sir Aurel Stein in the UK", *The British Museum,* 2008, p. 4.

藏文、于阗文、梵文、吐火罗语、蒙古文等。其中古藏文文书的整理，早在1914年，斯坦因就已邀请比利时的印度学家瓦莱·普桑（Louis Étienne Joseph Marie de La Vallée-Poussin，1869—1938年）整理并编目，完成了《印度事务部图书馆藏敦煌藏文写本目录》[①]。该目以佛典为主，凡765号。20世纪60年代，日本学者榎一雄购入印度事务部图书馆藏藏文文书的缩微胶卷，藏于东洋文库。此后，日本学者山口瑞凤组织东洋文库西藏研究委员会，以所购入的缩微胶卷为基础，并汇集各个博物馆、图书馆藏藏文文书，编著新的目录。1977—1988年，东洋文库编著出版《斯坦因搜集藏语文献解题目录》共12册，其中前8册按照瓦莱·普桑所著目录顺序，对765件佛典重新编目；后3册收入普桑目录中未收入的藏文写本；最后一册则是根据对原卷的调查结果，对前11册的补正，其后还附有《斯坦因收集敦煌藏语文书各种编号对照表》《藏汉文书所在一览表》等。

关于梵文、于阗文文书的整理工作，主要由英国语言学家、梵学家贝利（Harold Walter Bailey，1899—1996年）完成，包括《于阗语抄本：印度事务部图书馆》[②]中包含的3件于阗语文书，分别是CH.ii 002《悉昙娑罗》、CH.ii 003《时缚迦书》、CH.00274《佛本生赞》；四卷本《塞语文书》和由贝利主编的《于阗语文献集》中也包含了部分藏品。此外，普桑曾于1911至1913年在《英国皇家亚洲学会会刊》上发表《斯坦因第二次中亚考察收集的梵文文书》《斯坦因新获梵文残卷》，也补充了梵文文书的内容。

印度事务部图书馆藏蒙古文文书数量较少，由蒙古学家鲍培（Nikolaus Poppe，1897—1991年）整理，汇集在《关于印度事务部图书馆收藏的一些蒙古文手稿碎片的报告》[③]中。

此外，在英国牛津的伯德利图书馆也藏有斯坦因1888至1905年在印度的斯利

[①] Louis de La Vallée Poussin, *Catalogue of the Tibetan Manuscripts from Tun-huang in the India Office Library*, London: Oxford University Press, 1962.

[②] Harold Bailey, *Codices Khotanenses : India Office Library : CH.ii 002, CH.ii 003, CH.00274*, Copenhagen : Levin & Munksgaard, 1938.

[③] Nichololas Poppe, "On some Mongolian Manuscript Fragments in the library of the India Office," *Central Asiatic Journal*, Vol.5, No.2, 1959.

那加（Srinagar）收集的161件手稿，后由英国梵学家克劳森整理编目。[①]

斯坦因所获文物主要收藏在英国博物馆的亚洲部、钱币勋章部和中东部。其中亚洲部所藏藏经洞的绘画、版画和纺织品等皆来源于斯坦因第二次探险时所获，包括240多幅绢画和纸本画、60多组彩绘绢帛残片、30多幅木版画以及200件纺织品。

钱币勋章部藏有斯坦因在前三次中亚考察期间获得的4000多枚钱币，其中四分之三是中国汉至清朝的官方发行货币，还有四分之一为察合台汗国、莫卧儿王朝以及克什米尔、花剌子模的钱币，另外还有少量混有中西风格的钱币，如汉佉二体钱等，以及1枚带有粟特文的突骑施钱币。这些钱币分别在1901、1909、1924年运抵伦敦，其中前两次考察所获钱币直接运抵伦敦，第三次考察所获钱币是在印度经鉴定后才转运到英国博物馆。

中东部的藏品主要包含斯坦因于1931至1936年对印度河流域和伊朗考察所获，包括陶瓷制品和小型出土文物。这部分文物最初放置在西亚文物部（现中东部），其后按照文物所获地点划分，将其转入亚洲部，将钱币转入钱币勋章部。后来，又按照文物性质划分，将其移回到中东部。

关于英国博物馆藏斯坦因所获文物的整理、刊布工作，除了前文所述的斯坦因《千佛洞：西部边境敦煌石窟寺所获之古代佛教绘画》以及韦陀《西域美术：英国博物馆藏斯坦因收集品》外，1931年东方学家亚瑟·魏礼（Arthur David Waley，1889—1966年）根据1918年英国博物馆和印度中亚古物博物馆还未分配这批文物之前的整体情况，编成《斯坦因敦煌所获绘画品目录》[②]，书中按照分配方案分为两部分，其一是英国博物馆藏品目录，其二为印度古物博物馆藏品目录，包括绢画、版画、纸画、纺织品等500余件。1984年韦陀主持编目的《西域美术》三大卷出版后，韦陀又从中挑选部分内容，出版《千佛洞：丝绸之路上的中国艺术》[③]，书中分为敦煌绢画和纸画、敦煌丝织品、丝绸之路上的古代文物三部分，作为三大卷的普及本。

---

① MacDonell, Gerard L. M. Clauson and A. A. "Catalogue of the Stein Collection of Sanskrit MSS. from Kashmir", *The Journal of the Royal Asiatic Society of Great Britain and Ireland*, Vol.1, No.1-2, Cambridge University Press, 1834-1990.

② Arthur Waley, *A Catalogue of Paintings Recovered from Tun-Huang by Sir Aurel Stein, K.C.I.E.* London: The Trustees of the British Museum and of the Government of India, 1931.

③ Roderick Whitfield, Anne Farrer, *Caves of the Thousand Buddhas: Chinese Art from the Silk Route*, London: Trustees of the British Museum, 1990.

维多利亚与艾尔伯特博物馆的亚洲部藏有650余件纺织品碎片，是斯坦因第二次考察所获，出土地点包括敦煌莫高窟、敦煌附近的遗址，及尼雅、米兰、阿斯塔纳等遗址。此外，牛津大学阿什莫尔博物馆（Ashmolean Museum）藏有十几件与斯坦因相关的物品，其中几件为斯坦因生前赠送给牛津大学印度所博物馆，该博物馆于1897至1962年正常开放，是阿什莫尔博物馆的前身。另外几件由斯坦因的遗嘱执行人分配给该博物馆。包括斯坦因在巴基斯坦伊什科曼河谷发现的一件坎图尔造型青铜来通和一个青铜小鼎（EA 1936.28、1976.122），另外还有5件残缺的犍陀罗片岩雕像，包括三个头像和两块浮雕（EA 1953.202-206）；一个巴基斯坦阿卡拉地区所获半身陶俑女像（EA 1969.77）；斯坦因在于阗收集的乐舞陶俑（EA 1958.116），以及两张纸质手稿和封面（EA X.2473-2475）。

斯坦因所获帛画、纸画、版画等作品，从内容上看绝大部分为佛教题材，涉及佛菩萨像、佛国净土世界、佛本生故事、变相图等，极富宗教性和艺术性，是珍贵的研究资料。

在菩萨像中，以观音菩萨图像为多。观音菩萨，梵文Avalokiteśvara，又作观世音菩萨、观自在菩萨、光世音菩萨等，从字面解释就是"观察世间民众的声音"的菩萨，是四大菩萨之一。他相貌端庄慈祥，经常手持净瓶杨柳，具有无量的智慧和神通，大慈大悲，普救人间疾苦。当人们遇到灾难时，只要念其名号，便前往救度，所以称观世音。在佛教中，他是西方极乐世界教主阿弥陀佛座下的上首菩萨，同大势至菩萨一起，是阿弥陀佛身边的胁侍菩萨，并称"西方三圣"。如英国博物馆藏编号Ch.liv.006绢画"观世音菩萨像"，长77厘米，宽48.9厘米。这幅画描绘的是观音菩萨站在一朵漂浮在溪流上的绯红色和白色相间的莲花上。菩萨举起的右手拿着柳叶，左手拿着净瓶。头戴阿弥陀佛像冠。他的左侧是一位供养人，右侧是一位僧人。值得注意的是佛像上方有三段文字，其中菩萨右侧的是："众生处代如电光，须臾业尽即无常。慈悲观音济群品，爱何苦痛作桥梁。舍施净财成真像，光明曜晃彩绘庄。惟愿亡者生净土，三涂免苦上天堂。时天复拾载庚午岁七月十五日

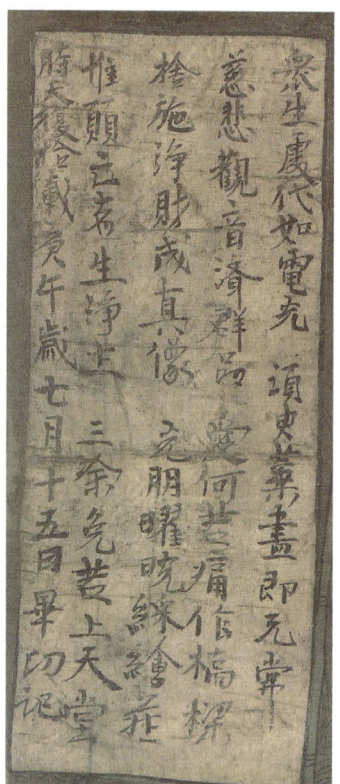

观世音菩萨像　编号：Ch.liv.006[1]

---

[1] 赵声良主编：《藏经洞敦煌艺术精品（大英博物馆）》第191页，浙江古籍出版社2024年。

观世音菩萨像　编号：Ch.liii005[1]

---

[1]《藏经洞敦煌艺术精品（大英博物馆）》第169页。

观世音菩萨像 编号：Ch.00167[1]

[1]《藏经洞敦煌艺术精品(大英博物馆)》第193页。

毕功记。"从中可知观音菩萨的作用以及时人对观音菩萨的崇拜情况，希望通过祈求供养菩萨的方式，使亡者往生极乐。

由于观音菩萨的崇拜受众范围广，上至达官显贵，下至平头百姓，供养的绢画既是供养人对美好愿望的表达，又是其精神的寄托，因此对菩萨的绘制也多显精美，如另一幅绢画观世音菩萨像，编号 Ch.liii.005，长 148.3 厘米，宽 55.9 厘米。画面中观音菩萨右手持柳枝，左手持净瓶。头戴精美宝冠，其后高束发髻；头部外缘有双云涡纹头光。身着璎珞、天衣，黄色、橙色的裙裳无不透露着美感，显然是受到印度风格的影响。画面绘制明暗交替，整体打底运用淡淡的赤色，当然在脸部的明显部位则施浓墨加以强调。

当然随着时代的变化，菩萨的绘制特点也有所改变，如英国博物馆藏编号为 Ch.00167 的北宋开宝四年（971 年）的绢画观世音菩萨像，长 91.5 厘米，宽 59.1 厘米。这是一幅较小的供养画，内容代表着敦煌 10 世纪后期佛教美术的特征。画面从总体而言，以绿色和橙色为主调，主尊观音菩萨右手执柳条，左手持净瓶，上方有华盖，头戴佛陀冠，身着天衣、璎珞，下半身着橘黄色裙裳，结跏趺坐在莲花台上。身边围绕六菩萨，或双手合十听法，或举盘呈物供养。左右上角分别为天人。下方供养人基本上是相同尺寸大小，男供养人并列站立在垫子上，对面的女供养人头戴鲜艳的黄色配饰，衣着华丽，从其身旁题记可看出供养人的身份。

此外，在斯坦因收集品中较为代表性的还有引路菩萨。引路菩萨，即引导亡者往生净土的菩萨，在佛典中并未见其名号，传世典籍中对其记载较少，而英国博物馆藏编号 Ch.lvii.002 的引路菩萨图制作精美，是留存下来的宝贵资料。此绢画长 80.5 厘米，宽 53.8 厘米。画面描绘菩萨引领一信女前往往生极乐世界。画面中菩萨为男性形象，袒露胸膛，手持长柄香炉和垂挂幡的莲花枝。他身穿色彩缤纷的天衣和璎珞，造型华丽。左上方的红色云层里可见净土的宫殿。右上方的榜题框中有"引路菩"三字。为了显示菩萨的庄严，画者又把菩萨身后的亡者比例大大缩小，亡者外形雍容华贵，一身典型盛唐时期流行的妇女装束。虽然无法得知亡者的身份，但是她无疑代表了当时社会某一阶层的女性佛教供养人。引路菩萨信仰在唐代开始流行，在敦煌藏经洞就发现数幅此题材的绘画，但这幅是唯一带有榜题并标明内容的。另外一件五代时期的引路菩萨图虽没有榜题，但画面清晰展现了引路菩萨的功能及其信仰内容。此件藏于英国博物馆，编号为 Ch.lvii.003，画幅长 84.8 厘米，宽 54.7 厘米。画面中引路菩萨站在云朵支撑的莲花上，手持幡和香炉。从头冠上的阿弥陀佛

引路菩萨像　编号：Ch.lvii.002[1]

[1]《藏经洞敦煌艺术精品（大英博物馆）》第125页。

引路菩萨像　编号：Ch.lvii.003[1]

[1]《藏经洞敦煌艺术精品（大英博物馆）》第 127 页。

可以辨认出，菩萨正在引导亡者魂归极乐世界，画面顶部的三条中式小宫殿建筑带则被寓意为极乐世界。菩萨身着饰有彩色圆环的唐式长袍，衣着典雅，上半身扭转，稍稍面向其后的妇人。

另外，经变画内容的题材在斯坦因藏品中也较为典型。佛教注重用"形象"的艺术手段为宗教目的服务。通过艺术造型，引导民众对佛、菩萨诸神偶像膜拜，达到使世俗社会众生理解佛教教义的目的，以此寓教义于像，达到教和像的统一。所谓经变画，即以相关经义为主要内容，将其变为图像形式绘制，依经典和绘制内容的不同，又分为弥勒经变、维摩诘经变、西方净土变、观音经变等。

以编号 Ch.lvii.001 为例，此幅图长 86.1 厘米，宽 54 厘米。整体画面分为上下两部，上面描绘观音菩萨救苦救难的场景，下面为供养人画像和榜题。在上半部分内容中，主尊四臂观音菩萨以半跏姿势坐于莲花座上，上方的左右二手捧着日月。莲花座旁边站立着善恶二童子。在观音菩萨的两侧描绘着《法华经》内容，即观音菩萨救助各种危难的图绘。整体观之，色彩以青和赤二色为主调。从图中表现看，是对《法华经》第 25 品《观世音菩萨普门品》之后添加的偈语的描绘。

需要说明的是，《观世音菩萨普门品》在内容上集中记录了诸多观世音菩萨大慈大悲、救苦救难的事迹，由长行和偈语两部分组成。长行以散文形式出现，叙述无尽意菩萨和佛的两次问答。初次问答观世音菩萨得名因缘，记录消除七难、离三毒等内容；二次问答观世音菩萨为众生说法的方便，记载普现三十三应身内容；末段特别赞叹观世音菩萨弘誓、慈力，劝众生当忆念归敬观世音菩萨。此二问前一问答讲"拔苦"，后一问答讲"与乐"。拔苦为大悲心之体现，与乐为大慈心之体现。二者合二为一表现大慈大悲即观世音菩萨之功德。偈语以韵文形式出现。五言为 1 句，共 104 句，重述长行文字的内容含义，另有"或在须弥峰，为人所推坠"，"或被恶人逐，坠落金刚山"等内容，表现观音菩萨救苦救难的内容。在这幅绢画的右上方，是酷吏正要处决之际，剑碎掉落的场面，正是经文中"或遭王难苦，临刑欲寿终，念彼观音力，刀寻段段坏"的表现。其下方正是"假使兴害意，推落大火坑，念彼观音力，火坑变成池"的描绘，图中蓝衣者被红衣者

法华经普门品变相图　编号：Ch.lvii.001[1]

---

[1]《藏经洞敦煌艺术精品（大英博物馆）》第201页。

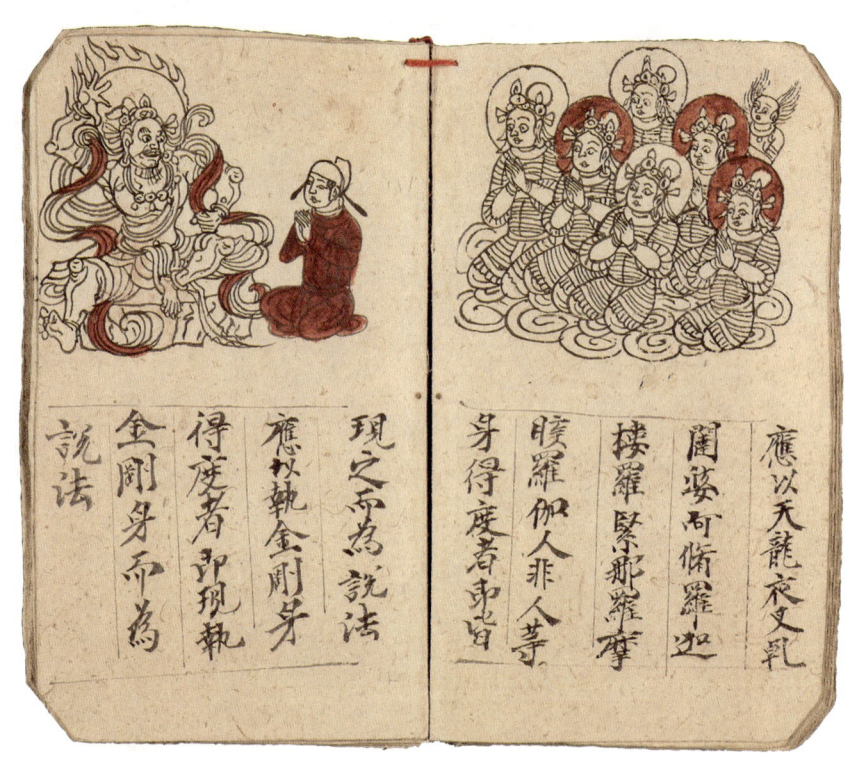

《观音经》册子纸本 编号：S.6983/Or.8210[1]

推入火坑中，心中念起观音，火坑就忽然变成了水池。此幅图关于观音救难的偈语画面与莫高窟第45窟南壁的观音变相图有相似之处。当然，关于《观世音菩萨普门品》的内容不仅表现在壁画、绢画上，还有纸本的《观音经》册子。英国图书馆藏编号S.6983的《观音经》册子就完全展现了《观世音菩萨普门品》的内容，包括长行及偈语。此册子每页长17.3厘米，宽10厘米，为上图下文形式，上半部分描绘图案，下半部分书写具体内容。

除此之外，英国博物馆藏编号为Ch.lii004、Ch.lxi008的绢画，描绘"父母恩重经变相图"。此图上端为佛说法图，包含主尊释迦牟尼、二菩萨、二弟子、二天王，以及周围环绕捧花的四个菩萨。这幅绢画的中间部分，是以图绘解《父母恩重经》的场面。右边的画面是少年受教于父亲的表现，母亲正怀抱小孩。其侧边榜题为"父

---

[1]《西域美術第2卷：大英博物館スタイン・コレクション敦煌絵画II》，（东京）株式会社讲谈社，1982年，图版65-1。

父母恩重经变相图 编号：Ch.lii004、Ch.lxi008[1]

---

[1]《藏经洞敦煌艺术精品（大英博物馆）》第69页。

母怀抱,和和弄声,含笑未语,饥时非母不哺,渴时非母不乳",反映了父母亲喂养、教育孩子之辛劳。左边的场景:上方是结婚后自己有了小孩,孩子们沉醉于享乐中,并未给年老的父母亲请安。中间的莲花座现已缺失,但残存部分右侧有坐在莲花座上的阿难,还有随侍的僧侣,下方则是合掌跪坐的俗家男女。这个正是《父母恩重经》结尾的场景。在侧边红色题榜中,记有"释迦告阿难说,人透过焚香、读经、布施僧侣食物、饮料等的信仰行为,可报受教父母的恩惠",以此劝告展现《父母恩重经》的内容,劝诫人们要多行孝道。《父母恩重经》是五代到北宋时在敦煌深受欢迎的一部伪经。此幅绢画内容丰富,反映了当时经变画的状况,是研究绘画史的珍贵资料。

《金刚经》卷首画 编号:Or.8210/P.2[1]

---

[1] 吴芳思(Frances Wood)、马克·伯纳德(Mark Barnard)著,袁玉译,崔翔校:《寻踪敦煌古书〈金刚经〉:世界纪年最早的印本书籍》"导言"第4页,广西师范大学出版社2019年。

除了绢画外，斯坦因所获藏经洞文物中，还有一批雕版印刷的版画，内容非常丰富，这些版画对版本刊印史研究具有很大价值，对佛教图像研究也有帮助。其中有一件现藏于英国图书馆，编号为 Or.8210/P.2 的雕版印制《金刚经》，是我国现存最早的标有明确刊刻日期的印刷品，刊刻于唐咸通九年，即公元868年。此卷由卷首画、经文、刊刻者三部分组成。

卷首画是现存最早的版画作品之一，左上角榜题记"祇树给孤独园"，表明其主题为释迦牟尼在舍卫城的"祇树给孤独园"（Jetavanavihāra）向众弟子宣讲《金刚经》。画面中释迦牟尼身着通肩袈裟，结跏趺坐于莲花台上向众人讲法。顶部有华盖，其旁有两天女盘旋散花，以示祇园之华丽。在释迦牟尼左右各有一护法，身后有众弟子、国王、大臣、女众、僧人、菩萨；前面为一小桌，盖布垂地，中铺长条花毡，桌上放置香炉等供养物；前方有一位比丘脱鞋跪于台前，旁边的榜书显示其身份为"长者须菩提"。众人双手合十听法，还有双狮躺卧在桌前听佛说法。

说法图之后是《金刚经》经文。此经印在6张纸上，每纸约70厘米，四周单边，框高23.7厘米。《金刚经》，或称《金刚般若经》，梵文为 vájracchedikā prajñāpāramitā sūtra，其中 vájra 为金刚、钻石之意，是金中精坚者，具有猛烈的威力，能断万物，破除一切障碍。此经是释迦牟尼在祇树给孤独园为弟子须菩提宣说的经典。开篇指出说法的时间、地点、听法的人员等，正文包含释迦牟尼与须菩提的多次问答对话。佛陀指出一切事物本体皆具空性，若要成就无上正等正觉，就要破除四相，破除我执、法执，乃至一切执着，应在"不执着一切"的基础上生出菩提心，继而广度众生。结尾为众弟子听法后受教欢喜。《金刚经》是大乘佛教的重要经典，一经问世便受到重视并广为流传。在我国古代，鸠摩罗什、玄奘、义净等皆译此经，除了梵文、汉文本外，还出现了藏文、粟特文、回鹘文、蒙古文、满文等版本，足见其重要程度。据统计，在斯坦因所带走的藏经洞文献中，《金刚经》写本就有大约1020件，总数仅次于《妙法莲华经》。①

这件《金刚经》的卷首印有约78个字，凡5行，开头为"凡欲读经先念净口业真言一遍"，指出想要诵念这部《金刚经》，必须要先净口。其后为奉请八大金刚，分别为"除灾""辟毒""黄随求""白净水""赤声""定除厄""紫贤""大神"。此部

---

① 《寻踪敦煌古书〈金刚经〉：世界纪年最早的印本书籍》第58页。

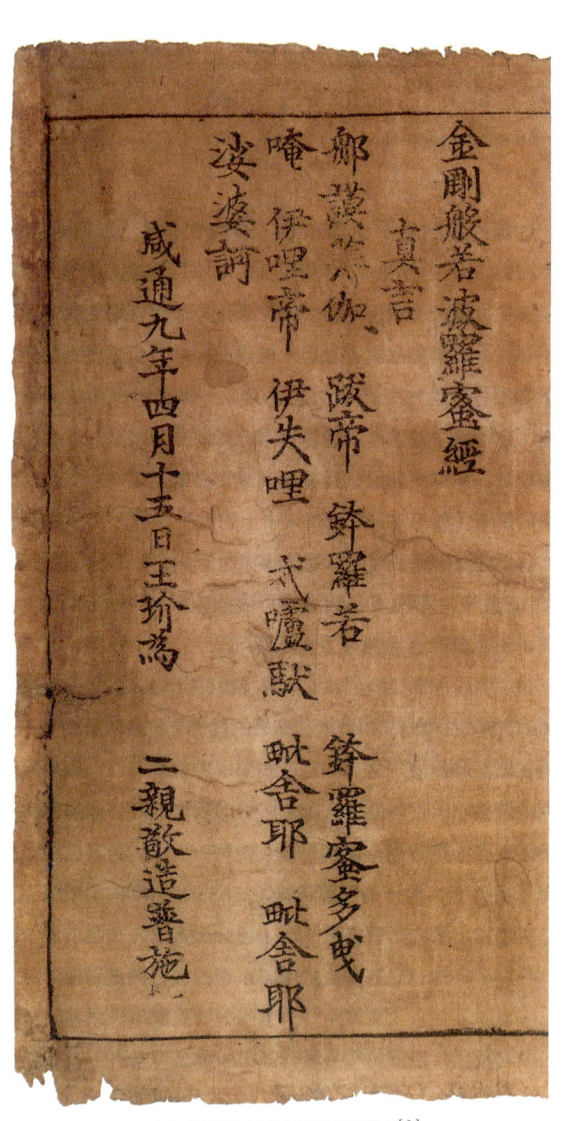

《金刚经》卷首净口[1]　　　　　《金刚经》卷尾真言和题记[2]

---

[1]《寻踪敦煌古书〈金刚经〉：世界纪年最早的印本书籍》第47页。
[2]《寻踪敦煌古书〈金刚经〉：世界纪年最早的印本书籍》"导言"第5页。

《金刚经》1[1]

《金刚经》2[2]

分内容在其他梵文本《金刚经》中都未曾出现。① 其后便以"如是我闻:一时,佛在舍卫国祇树给孤独园,与大比丘众千二百五十人俱"的描述场景方式开始。结尾处写明

---

[1]《寻踪敦煌古书〈金刚经〉:世界纪年最早的印本书籍》"导言"第47页。
[2]《寻踪敦煌古书〈金刚经〉:世界纪年最早的印本书籍》"导言"第46页。
① 吴芳思(Frances Wood)、马克·伯纳德(Mark Barnard)著,袁玉译,崔翔校:《寻踪敦煌古书〈金刚经〉:世界纪年最早的印本书籍》第60页。

《金刚经》3[1]

佛告須菩提莫作是說如來滅後後五百歲有持戒修福者於此章句能生信心以此為實當知是人不於一佛二佛三四五佛而種諸善根已於無量千萬佛所種諸善根聞是章句乃至一念生淨信者須菩提如來悉知悉見是諸眾生得如是無量福德何以故是諸眾生無復我相人相眾生相壽者相無法相亦無非法相何以故是諸眾生若心取相則為著我人眾生壽者若取法相即著我人眾生壽者何以故若取非法相即著我人眾生壽者是故不應取法不應取非法以是義故如來常說汝等比丘知我說法如筏喻者法尚應捨何況非法

須菩提於意云何如來得阿耨多羅三藐三菩提耶如來有所說法耶須菩提言如我解佛所說義無有定法名阿耨多羅三藐三菩提亦無有定法如來可說何以故如來所說法皆不可取不可說非法非非法所以者何一切賢聖皆以無為法而有差別

須菩提於意云何若人滿三千大千世界七寶以用布施是人所得福德寧為多不須菩提言甚多世尊何以故是福德即非福德性是故如來說福德多若復有人於此經中受持乃至四句偈等為他人說其福勝彼何以故須菩提一切諸佛及諸佛阿耨多羅三藐三菩提法皆從此經出須菩提所謂佛法者

《金刚经》4[2]

即非佛法 須菩提於意云何須陀洹能作是念我得須陀洹果不須菩提言不也世尊何以故須陀洹名為入流而無所入不入色聲香味觸法是名須陀洹 須菩提於意云何斯陀含能作是念我得斯陀含果不須菩提言不也世尊何以故斯陀含名一往來而實無往來是名斯陀含 須菩提於意云何阿那含能作是念我得阿那含果不須菩提言不也世尊何以故阿那含名為不來而實無不來是故名阿那含 須菩提於意云何阿羅漢能作是念我得阿羅漢道不須菩提言不也世尊何以故實無有法名阿羅漢世尊若阿羅漢作是念我得阿羅漢道即為著我人眾生壽者 世尊佛說我得無諍三昧人中最為第一是第一離欲阿羅漢世尊我不作是念我是離欲阿羅漢世尊我若作是念我得阿羅漢道世尊則不說須菩提是樂阿蘭那行者以須菩提實無所行而名須菩提是樂阿蘭那行

佛告須菩提於意云何如來昔在然燈佛所於法有所得不不也世尊如來在然燈佛所於法實無所得 須菩提於意云何菩薩莊嚴佛土不不也世尊何以故莊嚴佛土者則非莊嚴是名莊嚴是故須菩提諸菩薩摩訶薩應如是生清淨心不應住色生心不應住聲香味觸法生心應無所住而生其心 須菩提譬如有人身如須彌山王於意云何是身為大不須菩提言甚大世尊何以故佛說非身是名大身

須菩提如恒河中所有沙數如是沙等恒河於意云何是諸恒河沙寧為多不須菩提言甚多世尊但諸恒河

---

[1]《寻踪敦煌古书〈金刚经〉：世界纪年最早的印本书籍》"导言"第49页。
[2]《寻踪敦煌古书〈金刚经〉：世界纪年最早的印本书籍》"导言"第48页。

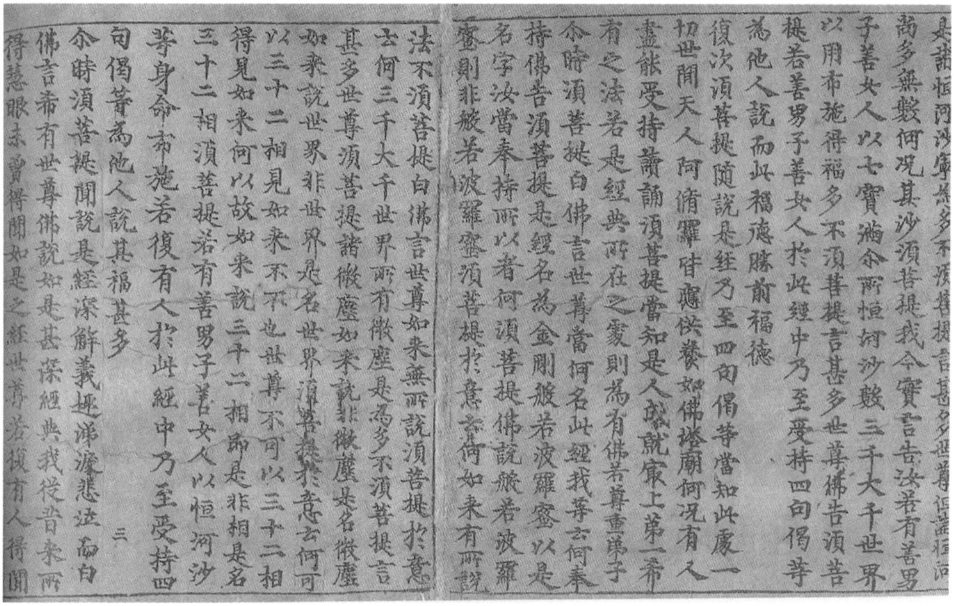

是諸恒河沙寧為多不須菩提言甚多世尊但諸恒河
尚多無數何况其沙須菩提我今實言告汝若有善男
子善女人以七寶滿尒所恒河沙數三千大千世界
以用布施得福多不須菩提言甚多世尊佛告須菩
提若善男子善女人於此經中乃至受持四句偈等
為他人說而此福德勝前福德
復次須菩提隨說是經乃至四句偈等當知此處一
切世間天人阿脩羅皆應供養如佛塔廟何况有人
盡能受持讀誦須菩提當知是人成就最上第一希
有之法若是經典所在之處則為有佛若尊重弟子
尒時須菩提白佛言世尊當何名此經我等云何奉
持佛告須菩提是經名為金剛般若波羅蜜以是
名字汝當奉持所以者何須菩提佛說般若波羅
蜜則非般若波羅蜜須菩提於意云何如來有所說
法不須菩提白佛言世尊如來無所說須菩提於意
云何三千大千世界所有微塵是為多不須菩提言
甚多世尊須菩提諸微塵如來說非微塵是名微塵
如來說世界非世界是名世界須菩提於意云何可
以三十二相見如來不不也世尊不可以三十二相
得見如來何以故如來說三十二相即是非相是名
三十二相須菩提若有善男子善女人以恒河沙
等身命布施若復有人於此經中乃至受持四
句偈等為他人說其福甚多 三
尒時須菩提聞說是經深解義趣涕淚悲泣而白
佛言希有世尊佛說如是甚深經典我從昔來所
得慧眼未曾得聞如是之經世尊若復有人得聞

《金刚经》5[1]

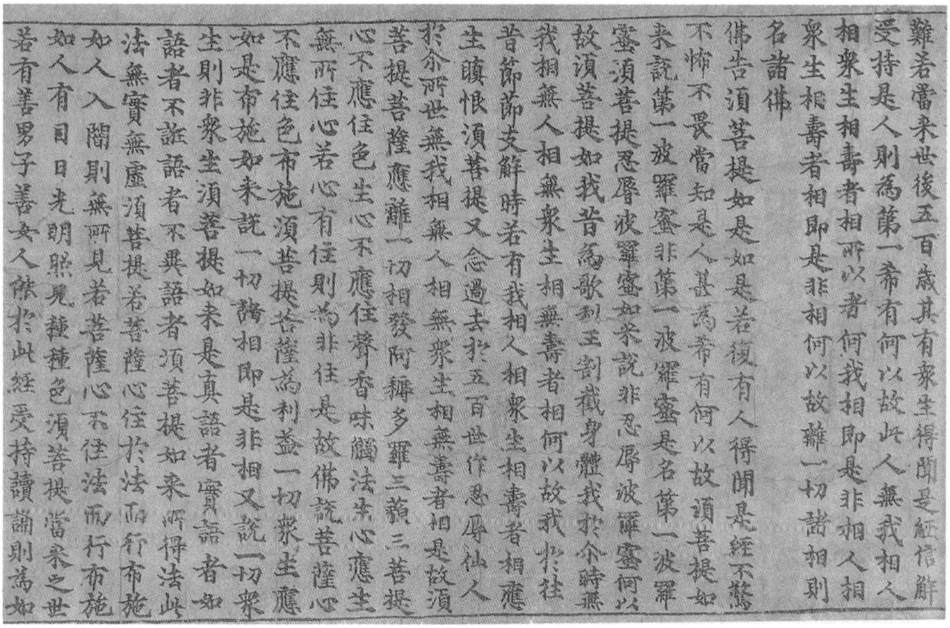

難若當來世後五百歲其有衆生得聞是經信解
受持是人則為第一希有何以故此人無我相人
相衆生相壽者相所以者何我相即是非相人相
衆生相壽者相即是非相何以故離一切諸相則
名諸佛
佛告須菩提如是如是若復有人得聞是經不驚
不怖不畏當知是人甚為希有何以故須菩提如
來說第一波羅蜜非第一波羅蜜是名第一波羅
蜜須菩提忍辱波羅蜜如來說非忍辱波羅蜜何以
故須菩提如我昔為歌利王割截身體我於尒時無
我相無人相無衆生相無壽者相何以故我於往
昔節節支解時若有我相人相衆生相壽者相應
生瞋恨須菩提又念過去於五百世作忍辱仙人
於尒所世無我相無人相無衆生相無壽者相是故須
菩提菩薩應離一切相發阿耨多羅三藐三菩提
心不應住色生心不應住聲香味觸法生心應生
無所住心若心有住則為非住是故佛說菩薩心
不應住色布施須菩提菩薩為利益一切衆生應
如是布施如來說一切諸相即是非相又說一切衆
生則非衆生須菩提如來是真語者實語者如
語者不誑語者不異語者須菩提如來所得法此
法無實無虛須菩提若菩薩心住於法而行布施
如人入闇則無所見若菩薩心不住法而行布施
如人有目日光明照見種種色須菩提當來之世
若有善男子善女人能於此經受持讀誦則為如

《金刚经》6[2]

[1]《寻踪敦煌古书〈金刚经〉：世界纪年最早的印本书籍》“导言”第51页。
[2]《寻踪敦煌古书〈金刚经〉：世界纪年最早的印本书籍》“导言”第50页。

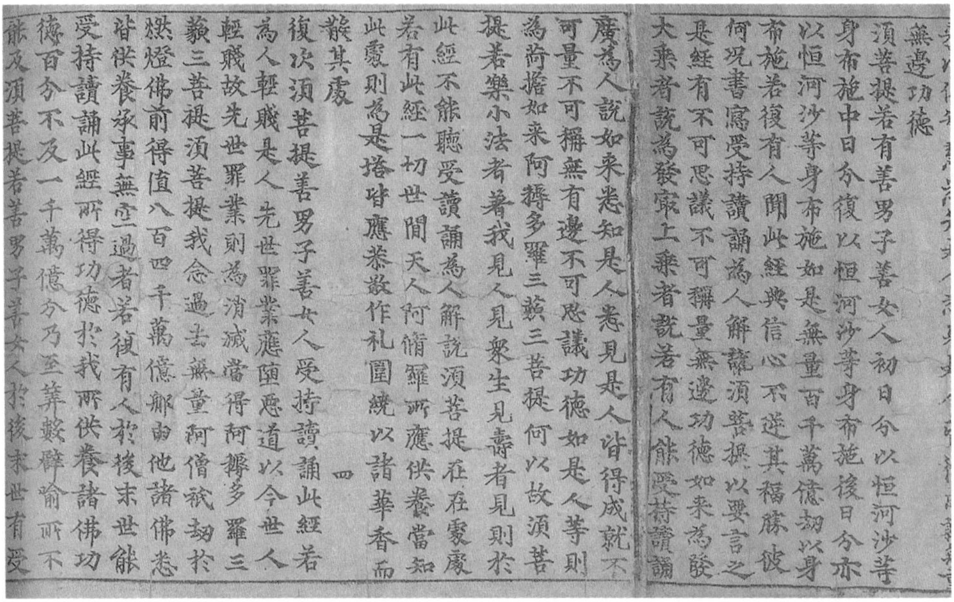

無邊功德
須菩提若有善男子善女人初日分以恒河沙等
身布施中日分復以恒河沙等身布施後日分亦
以恒河沙等身布施如是無量百千萬億劫以身
布施若復有人聞此經典信心不逆其福勝彼
何況書寫受持讀誦為人解說須菩提以要言之
是經有不可思議不可稱量無邊功德如来為發
大乘者說為發最上乘者說若有人能受持讀誦
廣為人說如来悉知是人悉見是人皆得成就不
可量不可稱無有邊不可思議功德如是人等則
為荷擔如来阿耨多羅三藐三菩提何以故須菩
提若樂小法者著我見人見衆生見壽者見則於
此經不能聽受讀誦為人解說須菩提在在處處
若有此經一切世間天人阿脩羅所應供養當知
此處則為是塔皆應恭敬作礼圍繞以諸華香而
散其處 四
復次須菩提善男子善女人受持讀誦此經若
為人輕賤是人先世罪業應墮惡道以今世人
輕賤故先世罪業則為消滅當得阿耨多羅三
藐三菩提須菩提我念過去無量阿僧祇劫於
然燈佛前得值八百四千萬億那由他諸佛悉
皆供養承事無空過者若復有人於後末世能
受持讀誦此經所得功德於我所供養諸佛功
德百分不及一千萬億分乃至筭數譬喻所不
能及須菩提若善男子善女人於後末世有受

《金刚经》7[1]

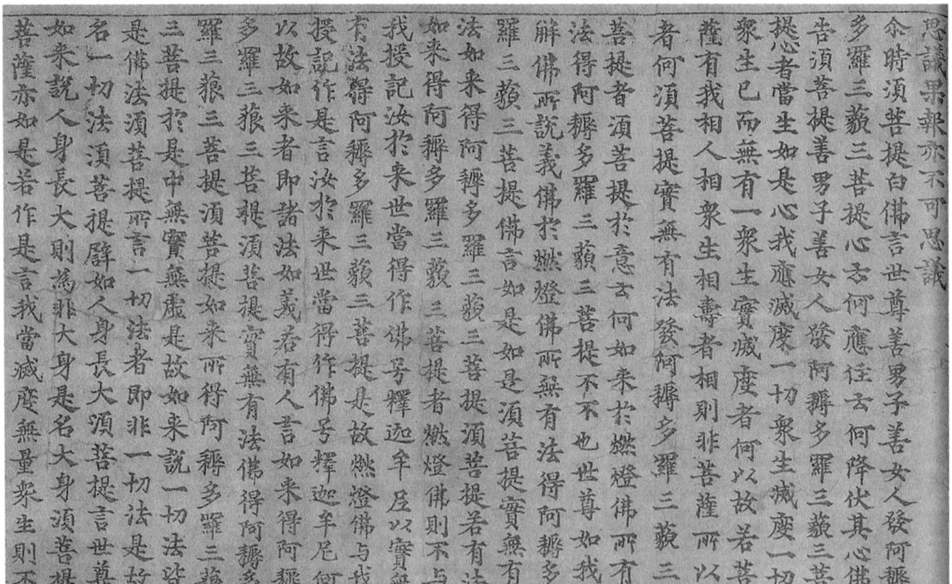

思議果報亦不可思議
尒時須菩提白佛言世尊善男子善女人發阿耨
多羅三藐三菩提心云何應住云何降伏其心佛
告須菩提善男子善女人發阿耨多羅三藐三菩
提心者當生如是心我應滅度一切衆生滅度一切
衆生已而無有一衆生實滅度者何以故若菩
薩有我相人相衆生相壽者相則非菩薩所以
者何須菩提實無有法發阿耨多羅三藐三
菩提者須菩提於意云何如来於然燈佛所有
法得阿耨多羅三藐三菩提不不也世尊如我
解佛所說義佛於然燈佛所無有法得阿耨多
羅三藐三菩提佛言如是如是須菩提實無有
法如来得阿耨多羅三藐三菩提須菩提若有法
如来得阿耨多羅三藐三菩提者然燈佛則不与
我授記汝於来世當得作佛号釋迦牟尼以實無
有法得阿耨多羅三藐三菩提是故然燈佛与我
授記作是言汝於来世當得作佛号釋迦牟尼何
以故如来者即諸法如義若有人言如来得阿耨
多羅三藐三菩提須菩提實無有法佛得阿耨多
羅三藐三菩提須菩提如来所得阿耨多羅三藐
三菩提於是中無實無虛是故如来說一切法皆
是佛法須菩提所言一切法者即非一切法是故
名一切法須菩提譬如人身長大須菩提言世尊
如来說人身長大則為非大身是名大身須菩提
菩薩亦如是若作是言我當滅度無量衆生則不

《金刚经》8[2]

[1]《寻踪敦煌古书〈金刚经〉：世界纪年最早的印本书籍》“导言”第53页。
[2]《寻踪敦煌古书〈金刚经〉：世界纪年最早的印本书籍》“导言”第52页。

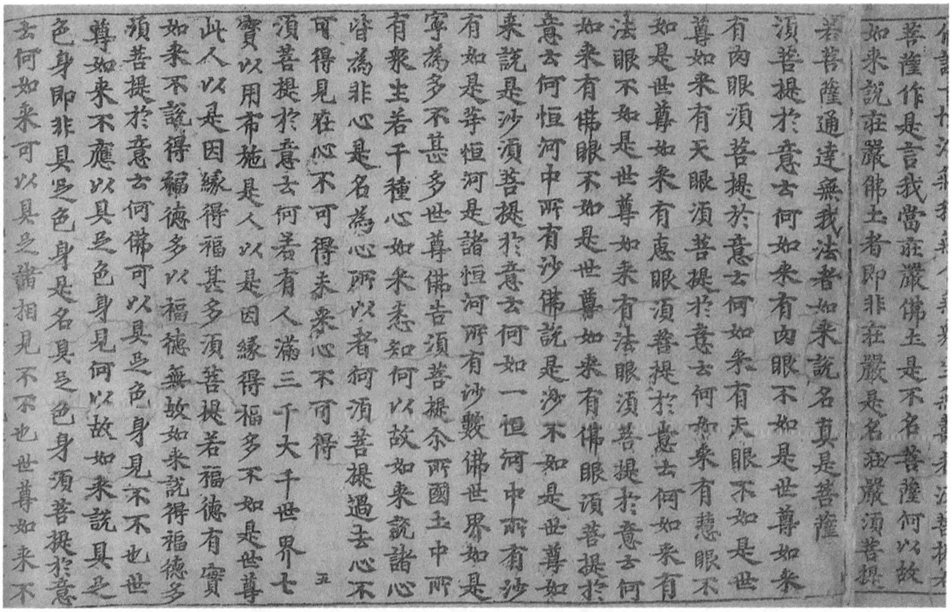
菩薩作是言我當莊嚴佛土是不名菩薩何以故
如来說莊嚴佛土者即非莊嚴是名莊嚴須菩提
若菩薩通達無我法者如来說名真是菩薩
須菩提於意云何如来有肉眼不如是世尊如来
有肉眼須菩提於意云何如来有天眼不如是世
尊如来有天眼須菩提於意云何如来有慧眼不
如是世尊如来有慧眼須菩提於意云何如来有
法眼不如是世尊如来有法眼須菩提於意云何
如来有佛眼不如是世尊如来有佛眼須菩提於
意云何恒河中所有沙佛說是沙不如是世尊如
来說是沙須菩提於意云何如一恒河中所有沙
有如是等恒河是諸恒河所有沙數佛世界如是
寧為多不甚多世尊佛告須菩提尒所國土中所
有衆生若干種心如来悉知何以故如来說諸心
皆為非心是名為心所以者何須菩提過去心不
可得見在心不可得未来心不可得
五
須菩提於意云何若有人滿三千大千世界七
寶以用布施是人以是因緣得福多不如是世尊
此人以是因緣得福甚多須菩提若福德有實
如来不說得福德多以福德無故如来說得福德多
須菩提於意云何佛可以具足色身見不不也世
尊如来不應以具足色身見何以故如来說具足
色身即非具足色身是名具足色身須菩提於意
云何如来可以具足諸相見不不也世尊如来不

《金刚经》9[1]

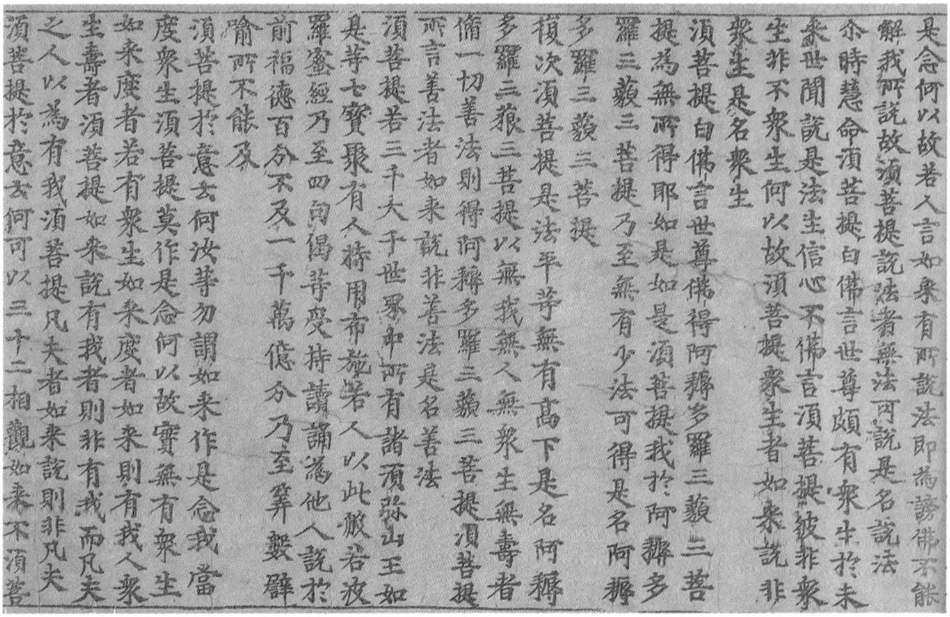
是念何以故若人言如来有所說法即為謗佛不能
解我所說故須菩提說法者無法可說是名說法
尒時慧命須菩提白佛言世尊頗有衆生於未
来世聞說是法生信心不佛言須菩提彼非衆
生非不衆生何以故須菩提衆生衆生者如来說非
衆生是名衆生
須菩提白佛言世尊佛得阿耨多羅三藐三菩
提為無所得耶如是如是須菩提我於阿耨多
羅三藐三菩提乃至無有少法可得是名阿耨
多羅三藐三菩提
復次須菩提是法平等無有高下是名阿耨
多羅三藐三菩提以無我無人無衆生無壽者
修一切善法則得阿耨多羅三藐三菩提須菩提
所言善法者如来說非善法是名善法
須菩提若三千大千世界中所有諸須弥山王如
是等七寶聚有人持用布施若人以此般若波
羅蜜經乃至四句偈等受持讀誦為他人說於
前福德百分不及一千萬億分乃至筭數譬
喻所不能及
須菩提於意云何汝等勿謂如来作是念我當
度衆生須菩提莫作是念何以故實無有衆生
如来度者若有衆生如来度者如来則有我人衆
生壽者須菩提如来說有我者則非有我而凡夫
之人以為有我須菩提凡夫者如来說則非凡夫
須菩提於意云何可以三十二相觀如来不須菩

《金刚经》10[2]

[1]《寻踪敦煌古书〈金刚经〉：世界纪年最早的印本书籍》“导言”第 55 页。
[2]《寻踪敦煌古书〈金刚经〉：世界纪年最早的印本书籍》“导言”第 54 页。

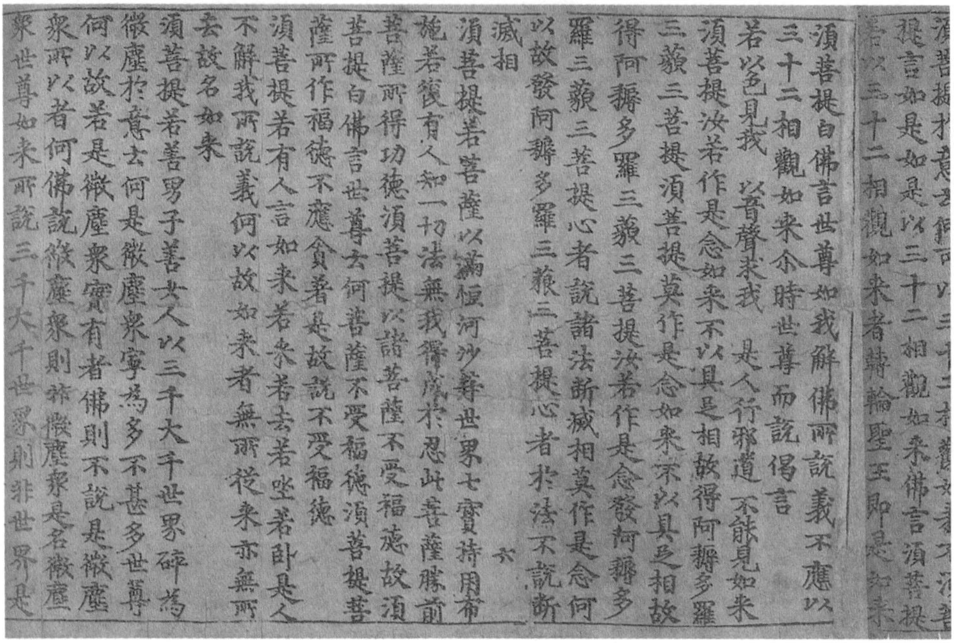
須菩提於意云何可以三十二相觀如來不須菩
提言如是如是以三十二相觀如來佛言須菩提
若以三十二相觀如來者轉輪聖王即是如來
須菩提白佛言世尊如我解佛所說義不應以
三十二相觀如來尒時世尊而說偈言
若以色見我　以音聲求我　是人行邪道　不能見如來
須菩提汝若作是念如來不以具足相故得阿耨多羅
三藐三菩提須菩提莫作是念如來不以具足相故
得阿耨多羅三藐三菩提汝若作是念發阿耨多
羅三藐三菩提心者說諸法斷滅相莫作是念何
以故發阿耨多羅三藐三菩提心者於法不說斷
滅相
須菩提若菩薩以滿恒河沙等世界七寶持用布
施若復有人知一切法無我得成於忍此菩薩勝前
菩薩所得功德須菩提以諸菩薩不受福德故須
菩提白佛言世尊云何菩薩不受福德須菩提
菩薩所作福德不應貪著是故說不受福德
須菩提若有人言如來若來若去若坐若卧是人
不解我所說義何以故如來者無所從來亦無所
去故名如來
須菩提若善男子善女人以三千大千世界碎為
微塵於意云何是微塵衆寧為多不甚多世尊
何以故若是微塵衆實有者佛則不說是微塵
衆所以者何佛說微塵衆則非微塵衆是名微塵
衆世尊如來所說三千大千世界則非世界是

《金刚经》11[1]

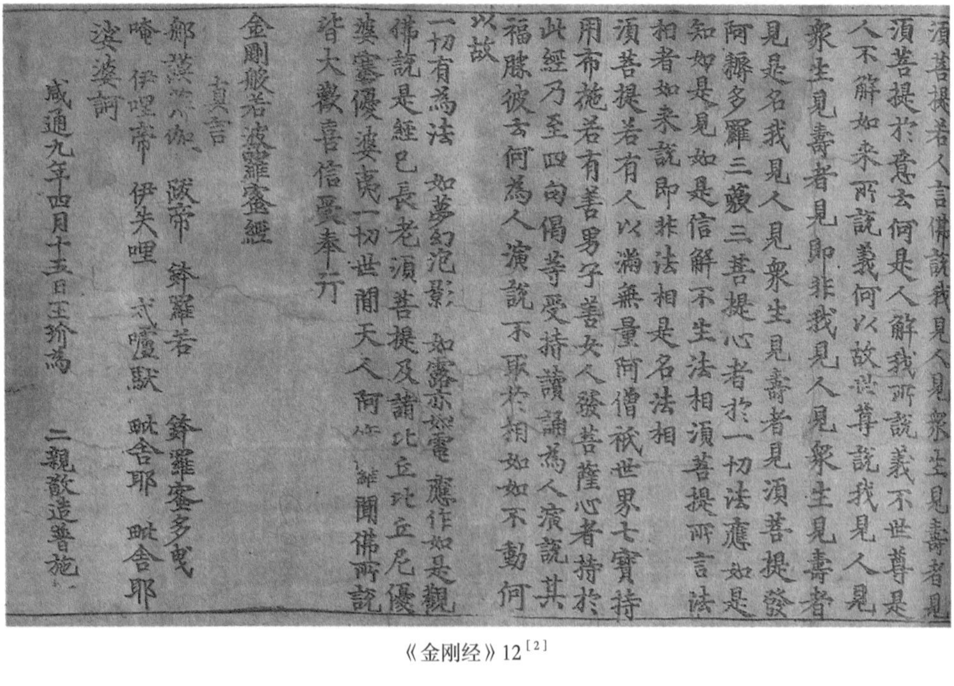
須菩提若人言佛說我見人見衆生見壽者見
須菩提於意云何是人解我所說義不世尊是
人不解如來所說義何以故世尊說我見人見
衆生見壽者見即非我見人見衆生見壽者
見是名我見人見衆生見壽者見須菩提發
阿耨多羅三藐三菩提心者於一切法應如是
知如是見如是信解不生法相須菩提所言法
相者如來說即非法相是名法相
須菩提若有人以滿無量阿僧祇世界七寶持
用布施若有善男子善女人發菩薩心者持於
此經乃至四句偈等受持讀誦為人演說其
福勝彼云何為人演說不取於相如如不動何
以故
一切有為法　如夢幻泡影　如露亦如電　應作如是觀
佛說是經已長老須菩提及諸比丘比丘尼優
婆塞優婆夷一切世間天人阿修羅聞佛所說
皆大歡喜信受奉行
金剛般若波羅蜜經
真言
那謨薄伽跋帝　鉢羅若　鉢羅蜜多曳
唵　伊哩帝　伊失哩　式嚧馱　毗舍耶　毗舍耶
莎婆訶
咸通九年四月十五日王玠為　二親敬造普施

《金刚经》12[2]

[1]《寻踪敦煌古书〈金刚经〉：世界纪年最早的印本书籍》“导言”第 57 页。
[2]《寻踪敦煌古书〈金刚经〉：世界纪年最早的印本书籍》“导言”第 56 页。

《金刚经》的经名，随后有"真言"二字，凡真言4行，最左边题记1行，"咸通九年四月十五日王玠为二亲敬造普施"，记录了此经卷形成年代或接受此项功德的日期在咸通九年四月十五日，以及形成原因，即王玠为双亲祈福所刻。

这卷《金刚经》内容完整，具有明确纪年，是我国乃至世界现存最早有纪年的版画之一。从内容来看，这件印刷经文，刻板面积大，雕刻精美，线条精细有力，字体苍劲厚重，墨色清晰鲜明，说明当时印刷技术已逐渐成熟。另外，此经中将文字和插图相结合，为我国雕版印刷品的研究提供了资料，在宗教、印刷、造纸历史研究方面皆有重要意义。

因此，此卷受到英国图书馆的良好保存与修复。1919年这件《金刚经》连同斯坦因获得的其他探险品一起被移交至英国图书馆；二战期间，为了防止在战乱中有损

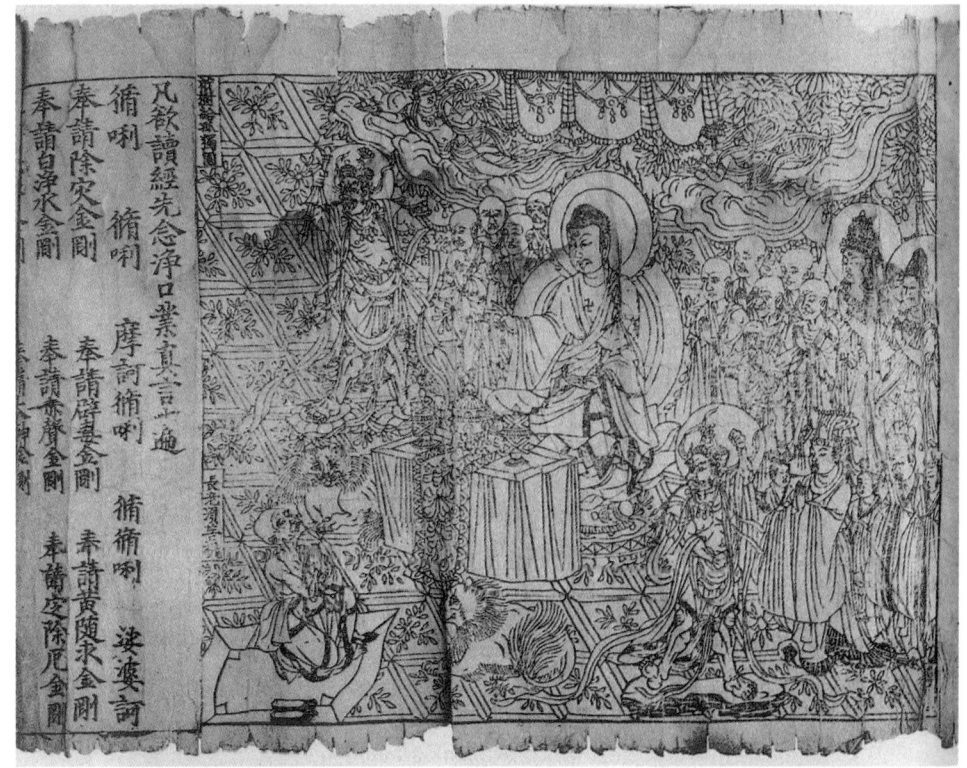

《西域考古图记》中的《金刚经》[1]

---

[1] 斯坦因：《西域考古图记》。

经过修复后的《金刚经》[1]

毁,被移至威尔士国家图书馆,之后又被重新转移至英国图书馆。当然,在多次的运输、存放、参观过程中,文物不可避免地出现了褶皱和裂痕,限于技术,修复人员只能在经文纸的背面进行一遍又一遍的托裱,多层托裱纸的叠加导致原卷隆起并形成更多纵向褶皱。为了更科学地修复亚洲藏品,1972年英国图书馆专门成立修复工作室,其中斯坦因的收集品被单独列出作为专项进行修复,足见其重要性。经过详细观察与多次讨论,修复组最终决定"揭下原来修复时贴在褶皱背部的那些托裱纸,用中国宣纸再重新对其进行托裱"①,此后又对卷子缺失或破损的地方加以局部裱

---

[1]《寻踪敦煌古书〈金刚经〉:世界纪年最早的印本书籍》第111页。
① 吴芳思(Frances Wood)、马克·伯纳德(Mark Barnard)著,袁玉译,崔翔校:《寻踪敦煌古书〈金刚经〉:世界纪年最早的印本书籍》第107页。

马、骆驼图 编号：Ch.00207[1]

补，这使得卷子得以完整保存。另外，修复组还针对卷首页水渍、纸张颜色变淡等问题制定了长期的修复计划，并引进新技术，分为两阶段完成，包括揭取老旧又厚重的裱补纸、黏合剂，以及处理水渍和画面颜色。最终，经过约20年时间的工作，此卷才得以更好地呈现与保存。在修复过程中，整个卷子曾被拆分为几个小部分，最终再拼接，所以修复后的经卷由7张纸拼接而成，每张纸互不连接，单张平整存放。这样虽然改变了原有的卷轴形式，但却可以更为安全地保存。

  斯坦因劫走的这些文物制作技法高超、色彩充实、内容丰富，是研究中国艺术、宗教、历史不可或缺的珍贵资料。当然，除了宗教题材外，其中还包括世俗、历史类画作等，例如编号Ch.00207是文书背面的马、骆驼素描图，画得非常生动，而且都有马辔，各由一名马夫牵着，左侧的马夫手上可见持着马鞭。此图或为商队，或为朝贡场景，是研究丝绸之路历史的重要资料。

  总之，斯坦因所获文物种类丰富、内容多样，涉及历史、宗教、民俗、艺术、经济等，是研究中国古代历史、文化的珍贵资料。需要特别说明的是，除了斯坦因所获文物外，英国博物馆中央档案馆、英国国家档案馆、维多利亚与艾尔伯特档案馆、英国国家肖像美术馆海因茨档案图书馆、皇家亚洲学会、皇家地理学会、伦敦大学学院图书馆、伦敦大学学院彼特里埃及考古学博物馆、剑桥大学基督圣体学院档案馆、牛津大学出版社、剑桥大学图书馆手稿部，也藏有一些斯坦因档案、日记、书信等；另外，在伯德雷恩图书馆还藏有斯坦因考察期间绘制的关于中国西北部的地图。这些都是研究斯坦因考察活动的重要资料，利用这些资料，可从学术史角度出发，更好地掌握丝路文物被盗劫的背景。

---

[1]《藏经洞敦煌艺术精品（大英博物馆）》第304～305页。

第四节

"汉学大师"取精华

斯坦因捷足先登后，紧接着来了法国人伯希和。由于伯希和是世界上著名的汉学家（"汉学"又称"中国学"），所以盗去了敦煌遗书中最精华的部分。

一、法国的"汉学"研究

保罗·伯希和于1878年5月28日出生于巴黎，父亲是企业家、商人，他是家中最小的孩子。在伯希和学习成长的过程中，有三位老师对他产生了重要影响，分别是沙畹、列维和考狄。沙畹是法国中国学权威，曾在法国驻华使馆工作五年，其间翻译了司马迁的《史记》；列维是梵文专家和印度学大师，他熟知汉语和藏语，曾遍访亚洲的印度、中国和日本等地；考狄创办了世界著名的学术刊物《通报》，该刊在荷兰莱顿发行，同时刊发用法语、英语、德语和汉语撰写的论文，他向伯希和教授了亚洲地理和历史。正是在前辈学者的影响下，伯希和积极投身于中国学研究的行列，开始了他研究东方学的传奇一生。[①]

伯希和中学毕业后入法国汉学中心之一的现代东方语言学院学习汉语，并成为法国中国学权威沙畹的高足和追随者，投身于中国学研究的行列。1899年被选拔为

---

① 参阅〔法〕菲利普·弗朗德兰著、一梧译：《伯希和传》第10～12页，广西师范大学出版社2017年。

印度支那古迹调查委员会的寄宿生，到了河内。从此，便踏上了其漫长的汉学研究征途。1900年，该会改为法兰西远东学院，伯希和成了该院的首批成员。

1900年2月，他被派往中国北京，为法兰西远东学院图书馆和博物馆收集藏书。在北京时，伯希和遇到了义和团起义的激烈战斗，他在海军上尉达尔西的指挥下保卫由义和团包围的法国公使馆，在某次行动中勇敢冲出去夺取了对方的一面军旗，从而使他在22岁时荣膺荣誉军团骑士勋章。据传闻，当时法国驻北京公使馆正被义和团的一支部队所围困，许多法国人隐身于一堵枪眼密布的墙壁后面，荷枪负弹，准备抵抗。在这千钧一发之际，伯希和挺身而出，开始对将公使馆团团围定的义和团将士喊话。团兵们非常敬佩……由于伯希和表现出如此勇敢的精神，所以荣膺法国荣誉勋章。① 当时正值帝国主义八国联军侵入我国北京的混乱时期，伯希和利用这一时机在北京购买了一批我国古籍和文物，形成法兰西远东学院图书馆和博物馆的核心收藏。

"1901年，伯希和受聘为法兰西学院汉语教授。同年6月，他抵达河内，从中国带回了一套精致绝伦的青铜器、景泰蓝和雕刻品，尤其是一批他所搜集的汉文、藏文和蒙（古）文典籍珍本。1904年，这批珍贵的刊本与写本存入了巴黎国立图书馆，而他所搜罗的绘画则入藏卢浮宫。在伯希和所搜集的珍本中，包括百科全书性质的《图书集成》的最初版本，还有明代出版的一部道教经典《道藏》的残卷，这两部书至今仍是欧洲的孤本。除此之外，还有18世纪出版的藏文红字本的《丹珠尔》和《甘珠尔》以及蒙古文的《甘珠尔》等文献。"②

1901年，伯希和受聘为远东学院教授时，年仅23岁。当他在集中研究印度支那乃至整个东南亚历史地理的同时，还潜心汉文古籍目录版本的检讨，开始尝试使用历史语言学的比较考证法来研究用汉语转写的外国人名及地名，并关注中国的外来宗教和异教派别，以后又钻研中国佛教的起源与道教的关系，由此注意到中原地区与西域，以及中国和印度的联系。

1904年，伯希和回到法国，不久又返回河内。这时，欧洲及俄国的一些"考察家""探险家"纷纷涌入中国西北地区，连续发现了许多古代遗址，并窃走了我国大量的稀世珍宝。对此，法国的中国学研究者十分眼红，也不甘落后。于是由法国金

---

① 〔法〕M. 罗克：《伯希和诞生一百周年》，载《中国史研究动态》1980年第8期。
② 〔法〕M. 罗克：《伯希和诞生一百周年》，载《中国史研究动态》1980年第8期。

石和古文字科学院以及亚细亚学会出面，组织了一个"考察"中国西北地区的法国考察团，伯希和被选拔为这个考察团的团长。

法国组织考察团，并派伯希和来我国西北地区"考察"，是与法国国内中国学的发展分不开的。欧洲人对中国的全面了解，最早来自《马可·波罗游记》。到了 16 世纪后半叶，葡萄牙、西班牙人相继来到我国东南沿海地区，在进行其所谓"商业"活动的同时，写作了许多有关我国的著作，如《中华大帝国史》《鞑靼史》《中国新地志》《中国最早期的历史》等等。这些书比较系统地介绍了中国的历史、地理和语言，很快在欧洲流行起来，引起了欧洲人研究中国的极大兴趣，对欧洲汉学的发展，起到了重要的推动作用。

这些著作在欧洲被译为各种文字，很快传播开来，其中尤以法文译本出版最快、最全。早在 1588 年，法国大作家和哲学家米凯莱·戴·蒙泰涅在校阅《中华大帝国史》的法文译本时，就曾写道："尽管我们没有接触中国，也不了解它，中华帝国的政体和艺术在许多方面都超过了我们。中国的历史告诉我们，世界该是多么辽阔而变化无穷，无论是我们的前人，还是我们自己，都没有彻底了解它。"[①] 17 世纪，法国有人把孔丘奉为"哲学之王"。由此可知，法国的知识分子一接触中国，就表现出了极大的热情。因此，到了 17 世纪末，欧洲的汉学中心就由意大利移到了法国。

19 世纪，法国的汉学研究有了新的发展。自从 1814 年 12 月 11 日在法兰西学院设立汉学讲座之后，法国汉学研究的面貌便焕然一新。它不仅对法国的汉学研究，而且对整个欧洲的汉学研究都有决定意义，这是西方高等院校第一次把汉学列为正式学科（俄国于 1851 年设立汉学课程，英国于 1876 年设立，其他欧洲国家更晚，美国是最后一个）。

法兰西学院的主要特点是自由，可以"自由地确定研究领域，自由地选择各自领域中最有才能的人员，自由地进行教学和研究，人人都可以自由地听课，无须交付学费，无须经过考试。教授们的唯一任务就是介绍他们年复一年地进行的研究；在这种条件下，他们不可能在法兰西学院里重弹老调。比如，如果在天文学和数学等方面开辟了新的研究领域，如果某位杰出的学者有能力进行这方面的研究，法兰西学院的教授们就可以在他们中的某一位因故出缺时把他选进来。科学领域里各个讲

[①]《戴密微汉学论文选》，1971 年荷兰莱顿出版，译文见《中国史研究动态》1980 年第 1 期。

座的主持人就是通过这种程序不断得到更新,当然其他讲座的主持人也是这样产生的"。"在整个 19 世纪,法兰西学院是法国唯一研究中国历史、文学、语言和文明的学术机构,到 20 世纪,它在这些领域发挥了领导作用。"①

法兰西学院中国学讲座的第一个主持者是雷慕沙,当时他年仅 27 岁,其代表作是对法显《佛国记》的译注。1893 年,沙畹被选入法兰西学院,主持中国学讲座。这件事不但可以被看作是法国汉学,而且是西方汉学史上的一件大事,从此以后,法国的汉学研究更是大放异彩。沙畹的研究领域很广泛,诸如考古、碑文、图画、艺术、唐代中国与中亚的交往、中国的宗教等。他是第一位应用欧洲的考证方法研究中国文献的学者。沙畹一生培养了许多汉学专家,其中有三位成绩最为卓著,即伯希和、马伯乐和葛兰言。

由此可知,在近代国际"汉学"界,法国人扮演了非常重要的角色。1935 年 6 月,张元济在法国捐赠东方图书馆书籍赠受典礼上讲道:"在这中西文化沟通的过程中,虽然有各国学者做我们的中介,但我们可以断言,此种工作要以法国耶稣会的学者和现代法国的汉学家为最有功。"②傅斯年曾这样介绍法国的汉学:"说到中国学在中国以外之情形,当然要以巴黎学派为正统。""而近八十年中,以最大的三个人物的贡献,建设出来中国学上之巴黎学派。这三个人物者,最早一位是茹里安(Stanislas Julien),此君之翻译《大唐西域记》及其对于汉语等之贡献,在同时及后人是有绝大影响的。其后一位是沙畹,中国学在西洋之演进,到沙畹君始成一种系统的专门学问,其译诸史外国传,今日在中国已生影响。最后一位,同时是更伟大的,便是伯希和先生。我们诚不可以中国学之范围概括伯先生,因为他在中亚各语学无不精绝。然而伯先生固是今日欧美公认之中国学领袖,其影响遍及欧美日本,今且及于中国。"③以上张元济与傅斯年的言论,或在伯希和当面所讲,或为伯希和而看,因此,不可避免地有过誉之处,但客观上仍是当时实际情况的反映。

---

① 〔法〕谢和耐:《二战以来法兰西学院的中国学研究》,载《中国史研究动态》1995 年 3 期。
② 张元济:《在法国捐赠东方图书馆书籍赠受典礼上的讲话》,见《张元济诗文》第 243 页,商务印书馆 1986 年。
③ 《法国汉学家伯希和莅平》,1933 年 1 月 15 日《北平晨报》,转引自桑兵:《国学与汉学——近代中外学界交往录》第 110～111 页,浙江人民出版社 1999 年。

二、伯希和敦煌劫宝藏

伯希和的"考察团"只有三个人：路易·瓦扬博士分管地形、地质、植物、动物；伯希和负责考古、语言和历史；另一个是远征队的摄影师查尔斯·努埃特。

1906年6月15日，伯希和率领的考察团离开巴黎，搭上火车经由莫斯科和奥伦堡，10天之后抵达塔什干，然后经俄国等地进入我国。路途中伯希和学会了突厥文，熟练了俄语。

同年8月底，伯希和到达我国喀什。在喀什，他们居住在俄国的总领事馆内，同时，还对当地官员进行了外交和礼节上的拜访与问候。由于伯希和的主要目标之一，是库车绿洲中的佛教石窟，因此他在喀什短暂逗留后，便向库车进发。6星期后，他们到达库车，考察了这里的几座佛教石窟。

伯希和考察团在库车共进行了8个月的考察，虽然"那里的石窟在几个月前已经被德国、日本、俄罗斯等国的考察团勘探过，伯希和只是考察了一些'次要的遗址'，如库木吐拉附近的都勒都尔－阿护尔（Douldour-ăqour）、苏巴什寺庙（Soubachi）和夏尔特朗遗址（Saldirang）"。但伯希和的收获仍然不小，"他在那里发现了目前保存在伯希和库车收集品和伯希和梵文收集品内的几乎全部的文献资料"①。

伯希和在库车的收获，具体说来："在托姆疏克村，他首战告捷，第一次获得了考古学上的重大发现，在那里发掘出了一座巨大佛寺。他还搜集了一些希腊佛教艺术品，如小雕像和小浮雕等，这些发掘物证明了当地曾深受希腊和印度文化的双重影响。在库车以东的马槽地，他发掘了一批梵文和古代龟兹文写本，

伯希和考察团合影
（从左到右：瓦扬、伯希和、努埃特）

---

① 〔法〕郭恩：《法藏敦煌西域文献·序言》，上海古籍出版社1995年。

还有一批龟兹文木简和商队通行证等。"①

在库车考察之后，他们就转移到乌鲁木齐，以便补充生活必需品，准备越过沙漠前往敦煌。这时，他们还不知道敦煌藏经洞发现遗书之事，更没有听说斯坦因对敦煌文物的劫夺。只是计划去敦煌进行拍照，并研究千佛洞的壁画和塑像。

一个非常偶然的机会，伯希和得到了敦煌发现藏经的消息。当他们在乌鲁木齐停留时，伯希和偶然遇见了清朝官员载澜。此人原是北京警察总监，义和团运动时在北京与伯希和等外国侵略者相互为敌，后来被终生流放到乌鲁木齐。伯希和后来写道："在1900年，我们彼此之间是不共戴天的仇人，但是随着岁月的流逝，宿怨已早冰释，我们借着饮酒谈心，重温旧谊。"② 这个时候，伯希和在乌鲁木齐街头已听到了传说，在千佛洞发现了一个藏着手稿的秘密洞窟。这个被流放的官员拿了一份据说是来自敦煌的手稿让他看，"伯希和刚一打开这个卷子，他就认出了这是8世纪以前的东西"③。伯希和见到这个卷子后，大为惊喜，于是放弃了考察吐鲁番的计划，急迫地离开了乌鲁木齐，马不停蹄地兼程东行，往敦煌赶去。

1908年2月12日，伯希和一行终于到达敦煌。这时藏经洞的门紧紧锁着，王道士不在千佛洞。但伯希和不甘于在寂寞中等待，他"请瓦扬绘制地形图，请努埃特照相，他自己细心抄录作为断代鉴定主要根据的题识，描绘每个石窟内的壁画"④。过了不久，伯希和就在市镇上找到了王道士。这时，伯希和还不知道斯坦因已在一年以前从这里盗走了大量经卷，所以根本没有提到斯坦因。这对王道士来说，无疑是吃了一颗定心丸，说明斯坦因是信守誓言的。"他发现这些'洋鬼子'对于这项秘密，都能守口如瓶，使他感到非常放心。而且他已经开始用斯坦因的捐献来进行他的修复工作。当前，无疑是他寻找另外一笔捐助的时候了。"⑤

经过20多天的努力，王道士才允许伯希和进入密室。当然，和斯坦因相比，伯希和已很顺利了。3月3日，伯希和进入藏经洞后，"惊得呆若木鸡"。据他粗略地估计，洞内的手稿大约在1.5万至2万之间。伯希和在其《敦煌石室访书记》⑥中说：

---

① 〔法〕M.罗克：《伯希和诞生一百周年》，载《中国史研究动态》1980年第8期。
② 转引自〔英〕彼得·霍普科克著、杨汉章译、宋子明校：《丝绸之路上的外国魔鬼》第181页。
③ 转引自《丝绸之路上的外国魔鬼》第181页。
④ 〔法〕郭恩：《法藏敦煌西域文献·序言》。
⑤ 转引自《丝绸之路上的外国魔鬼》第182页。
⑥ 陆翔译文载《国立北平图书馆馆刊》第9卷第5号。

"（1908年）3月3日侵（清）晨，入此扃秘千年之宝库。发露迄今，已逾八载，往来搜索，实繁有徒，藏弃之数，意必大减。迨入洞扉，令人惊愕！洞之三隅，积累之深达二迈当又五十，高过人身。卷本二三大堆，至巨大之藏文写本，则以板挟之，堆置洞隅。"如果要将每个卷子都打开，并进行适当翻阅的话，至少也得花6个月时间。伯希和自己说："余私自忖度，洞中藏弃，尽加展览，其事至繁，将万五千卷至二万卷，自首至尾展览一过，六月余乃能竣事，非余所能胜任也，然欲悉其内涵，考其关系之重轻，又不得不每卷展开。"因此他并没有犹豫，立即作出决定，"一定要把整个书库检查一下，哪怕是粗略地检查也好"。"至少我必须打开每一件，认识一下它的性质，同时看一看，它是否提供过任何新的东西"。[1]

伯希和在藏经洞进行了整整3个星期的挑选。在挑选中，他把卷子分为两堆：一堆是其中的精华，不论多么艰难，也要不惜一切代价弄到手；另一堆为凡品，也是需要的，但不是必不可少的。经过每天大约1000份的紧张挑选，他基本上将石室遗书检查了一遍。伯希和在敦煌期间，曾将重要的发现用书信的形式报告给"中亚与远东历史、考古、语言、民俗考察国际协会"法国分会会长塞纳。后来这些书信编为《甘肃发现的中世纪书库》一文，发表在《法国远东学院院刊》第8卷上，陆翔译为《敦煌石室访书记》（载《国立北平图书馆馆刊》第9卷第5号）。在《敦煌石室访书记》中，伯希和说："余之展览虽极神速，然历时亦在三星期以上。开始十日，日阅千卷，自诩以为神奇，盖蛰居岩洞，每小时阅百卷，浏览典籍之速，堪与行程中之汽车比拟矣。迨十日后，而进行稍缓，盖精神困疲，尘埃塞喉，且接洽购买，耗时颇多，猛进之后，宜稍舒徐，此亦事理之常，无足怪者。然余亦不敢轻心从事，每遇一卷，即破碎不堪者，亦不率尔放过，洞中卷本，未经余目而弃置者，余敢决其无有。"在别的场合，他还说："我并没有放过任何一件主要的东西。我不但接触了每一份手稿，而且还翻阅了每一张纸片——天知道，共有多少断片碎页……"[2]

在藏经洞的20多天中，伯希和将洞中藏品全部翻阅一遍。凭借其对中国和中亚历史文献的丰富知识，伯希和选取文书的重点是：佛教大藏经未收的佛教文献，带有年代的文书，非汉语文书。值得特别一提的是，伯希和还在莫高窟北区的第181窟～182窟（敦编464窟～465窟）的积沙中，发现了许多西夏文、回鹘文、藏文文

---

[1] 转引自《丝绸之路上的外国魔鬼》第182页。
[2] 转引自《丝绸之路上的外国魔鬼》第183页。

伯希和考察团在莫高窟

献。

挑选工作结束后,伯希和所遇到的最大难题,就是如何征得王道士的同意,把挑选出来的手稿卖给他。为此,伯希和与王道士在极其秘密的情况下进行了多次会谈。瓦扬在回忆中说:"会谈的结果是,我们自己也必须在极端保守秘密的情况下才能提到有关发现书库的事,即使在我们的信件里也必须如此。"① 在伯希和保守秘密的前提下,王道士最后同意了这笔交易,其代价是伯希和仅仅付给他五百两白银(约90镑)。5月30日,伯希和考察队带着丰富的宝藏离开了莫高窟。② 伯希和将所得到的文物仔细包装后,就用船运往法国。"只是当努埃特带着满装我们的选品的箱子上了轮船之后,伯希和才公开地谈到这些东西,并携带着一箱手稿的样品前往北京。"③

① 《丝绸之路上的外国魔鬼》第184页。
② 参阅荣新江:《海外敦煌吐鲁番文献知见录》第41、42页。
③ 《丝绸之路上的外国魔鬼》第184页。

除了写本以外，伯希和还劫去了一部分艺术品，《敦煌石室访书记》载："余在乌鲁木齐，即闻千佛洞自写本外，尚有画轴……余获画若干幅：纸本、绢本、麻本、着色胶漆本无不具备，考其笔致似皆匠者为之，而非艺士所制，盖名画绝不流至西陲也。自画轴外，又有着色之画卷，余得其二，皆地狱变相图。"①1909年10月，当伯希和收集品运回巴黎后，艺术品便于1910年入藏卢浮宫博物馆，共有220多幅绘画品、21件木雕、丝织品残片和画幡、经帙等。随后，又将部分艺术品转存于吉美博物馆。1947年，伯希和所获艺术品全部转归吉美博物馆收藏，并由此建成三个大展览室，放置在敦煌和新疆发现的画卷和画幡。②1909年12月10日，在巴黎索邦大学大演讲厅内为伯希和举行的隆重欢迎会上，他曾这样表达自己的心情："诸位不难想象我当时的心灵受到何等的震撼，我面对的是最了不起的中国手稿大发现，这在远东历史上还是前所未有的。从今以后，欧洲汉学家可以像历史学家那样，根据文献进行研究工作……"③

伯希和得到敦煌宝藏后，显然不敢掉以轻心。他取道兰州、西安、郑州，于1908年10月5日抵达北京，在这里他将所获藏品运往巴黎，然后南下上海、无锡，拍摄两江总督端方和裴景福所藏金石书画百余种，于12月中旬返回河内。1909年5月，伯希和再度来中国为巴黎国家图书馆购书，经上海、南京、天津，于8月中旬抵达北京。实际上在这个时候，伯希和对劫获敦煌宝藏之事仍秘而不宣，并不想告知中国学者，因为其行动的确是不光彩的盗劫。然而正当其完成购书使命，准备启程回国之际，伯希和在敦煌得宝之风，已开始在北京学术界传扬，端方"闻之扼腕，拟购回一部分。不允，则谆嘱他日以精印本寄与，且曰：此中国考据学上一生死问题也"④，并拍照了伯氏携带的《沙州图经》残卷。⑤

伯希和至北京时，"行箧尚存秘籍数种"，北京士大夫中学者，于古典具趣味者纷纷造访，见此赍来之珍品，无不惊者。⑥首先知道此事者，乃是与端方、缪荃孙等

---

① 沈纮译：《伯希和氏演说》，见罗振玉辑《流沙访古记》。
② 参阅荣新江：《海外敦煌吐鲁番文献知见录》第62页。
③〔法〕芳若望：《法藏敦煌西域文献·前言》。
④ 参阅桑兵：《伯希和与近代中国学术界》，载《历史研究》1997年第5期。
⑤〔日〕神田喜一郎：《敦煌学五十年》，载台湾敦煌学会编辑出版《敦煌学》第6辑(1983年6月出版)。
⑥〔日〕神田喜一郎：《敦煌学五十年》。

伯希和拍摄的王道士（1908年2月于敦煌）

伯希和（后排右二）与新疆当地人士合影（1907年秋，乌鲁木齐）

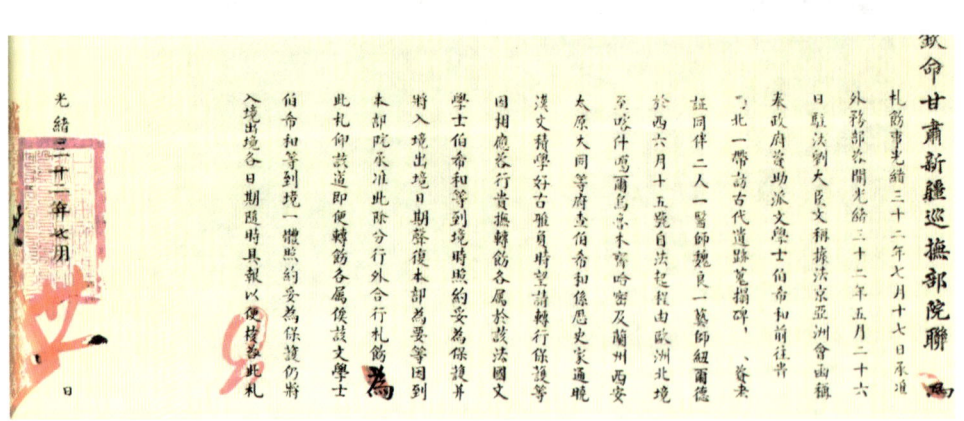

伯希和等人赴新疆游历的札文

伯希和在藏经洞中挑选遗书精品

关系密切的董康，经他介绍，罗振玉、王国维等赴伯希和住处拜访参观，同时还影印伯氏所携文书8种，传抄1种。并与伯希和协商，准备将其已运回巴黎的敦煌经卷全部照相印刷。9月4日，北京的部分学者及官员在六国饭店设宴招待伯希和。出席招待会的有学部侍郎宝熙、京师大学堂总监督刘廷琛、经科监督何劭忞、侍读学士恽毓鼎、学部参事官江翰、京师大学堂教授王仁俊、国子丞徐坊以及董康、蒋黼、吴寅臣等。罗振玉因病未能参加。在招待会上，恽毓鼎举杯致辞，并希望伯希和"归后择精要之本照出，大小一如原式，寄还中国"。伯希和随即表示："今卷子虽为法国政府所得有，然学问应为天下公器，其希望摄影誊写者，自可照办。"

在伯希和盗劫藏经洞遗书的同时，还让努埃特拍摄了数百幅黑白照片，给莫高窟当时已发现的所有洞子都照了相，共376幅。考虑到这些照片的重要性，伯希和坚持要把它们首先公布，因为对没有去过千佛洞的人来说，只有利用照片对其进行感性认识，并结合照片，才能对敦煌文书进行较深入的研究。"对于这些文书的考释需要自由地互相参阅。但只有到所有图片都发表之后方可以这样做……对各个石窟的描述、时代考证、各个画面的鉴定和对题识的解读等等，这一切今后不久就可以开始。"① 因此，努埃特拍摄的这些照片，便以《伯希和考察团档案》第一卷《敦煌石窟》为名，分为6册，于1920年至1924年在巴黎出版。这是关于敦煌佛教艺术图录的最早出版物，对我们今天研究敦煌石窟艺术仍有很大的参考价值。这是因为在伯希和离开敦煌几年之后，当白俄士兵被拘留在那里时，千佛洞的石窟艺术曾遭到严重的破坏。

另外，伯希和还详细查看了千佛洞的洞窟，对每个石窟都作了描述，特别是详细记录了洞中的壁画题记。"他沿着石窟的内壁反复察看，清理了全部可以解读的题识，并且还仔细研究了全部画面。"在他的考察笔记里，"除了记载有关每个石窟的位置及其在整个石窟地区的分布方位外，还指出了每条题识、每幅画面、每尊彩塑和每座石碑的具体位置。对洞壁和洞顶的内容也常常进行考证。有时候，某些内容无法进行精确的考证，则可借助于题识来进行解释。当遇到复杂的组成情况时，作者还画了草图以说明画像的布局，这种周密的考虑大大方便了后人对各

---

① 〔法〕旺迪埃—尼古拉：《伯希和敦煌石窟笔记》第1卷序言，耿昇译文载《中国敦煌吐鲁番学会研究通讯》1984年第2期。

王国维与罗振玉

种场面的理解"①。

伯希和除了对壁画的描述之外,还很详细地记录了洞窟中的各种题识,如带有各种神像名称的题识、佛经或变文中的摘录以及用不同文字(蒙古文、回鹘文、婆罗谜文)所刻写的题识。众所周知,伯希和是第一个对敦煌石窟作全面描述的人,他在笔记中对当时参观过的182个石窟(有的洞中又附有一个或几个耳室)都作了全方位描述。即使之后很久,我们也会发现伯希和的记录相对来说,是比较完整的。另外,长期以来,由于莫高窟不断遭受人为的和自然的破坏,洞窟中的许多题记已模糊不清,甚至什么也看不见,因此,伯希和的这些记录就成了很宝贵的第一手资料,是研究敦煌学,特别是研究敦煌石窟艺术的重要参考资料。

如伯希和在第5(敦编第143)号窟中发掘出了一块黑底面上白色文字的泥碑。他录下了尚可辨认的碑文,并认为该碑与洞中菩萨和千佛装饰画有关。后人在编敦煌石窟内容时,该泥碑的文字已全部剥落了。

第10(敦编第148)号窟中有李太宾碑和另一块李氏碑(即《唐宗子陇西李氏再修功德记》和《大唐陇西李府君修功德碑记》),伯希和对碑中一些难以释读和残缺的字作了解释。该窟中有大量的供养人题记,尤其是有"弟子银青光禄大夫检校国子祭酒守凉□左司马兼御史大夫上柱国陇西李明振一心供养","弟宣举郎守左武卫长史赐绯鱼袋上柱国弘益一心供养"。由于该题识中出现了894年碑中涉及的"李弘益",故伯希和认为该洞系894年之后曹氏家族时代重修过。这对于敦煌石窟的断代及佛教艺术史研究是很宝贵的。

第63(敦编第196)号窟有题记:"敕归义军节度沙瓜伊西等州管内观察处置押蕃落营田等使守定将军检校刑部尚书兼御史大夫钜鹿郡开国公食邑贰阡户实封二百户赐紫金鱼袋上柱国索勋一心供养。"由此可知,该窟乃索勋当政时期修建,而且题记将索勋的本、兼官职一一具备,这对于研究唐五代职官制度具有一定的参考价值。另外,从该石窟进门方向右侧前壁上的供养人题记可知,显然全是何氏家族的成员,其中有"故父绵匠都□何员住一心供养""故弟子绵匠何员定一心供养"。有关"绵匠"的材料,在敦煌文书中也有少许反映,将它们结合起来,就是研究归义军经济史的绝好材料。

---

① 〔法〕旺迪埃—尼古拉:《伯希和敦煌石窟笔记》第1卷序言,耿昇译文载《中国敦煌吐鲁番学会研究通讯》1984年第2期。

伯希和在第77（敦编第209）号窟洞口处，"辨认出一条开元二年（714年）四月的游人题记。因此，在这个相当小的洞子中可能具有某些唐代之前的装饰图案。令人遗憾的是壁画残损甚重，塑像已不复存在了"。此洞已经过重修，"开元二年的游人题记肯定是写在重修过的这一部分的"。这一发现，有助于该窟的断代研究。

在第118D（敦编第5）号窟中，伯希和重点研究了壁画颜色的变化。他认为顶脊上的椭圆饰最早可能为白色，现在"大部分地方都几乎变成了黑色"。其原因是"由于物理—化学变化而改变了色调"。这一记录，对于今天莫高窟保护和壁画复原研究，具有一定的借鉴作用。

综上所述，伯希和敦煌石窟考察笔记，具有非常重要的史料价值。1945年伯希和去世后，他的全部笔记都交给了吉美博物馆保存。笔记共两本，全是活页簿，有单页的，也有数页的。当时，博物馆的图书管理员埃斯特·列维曾经看过这本手稿并将其全部仔细

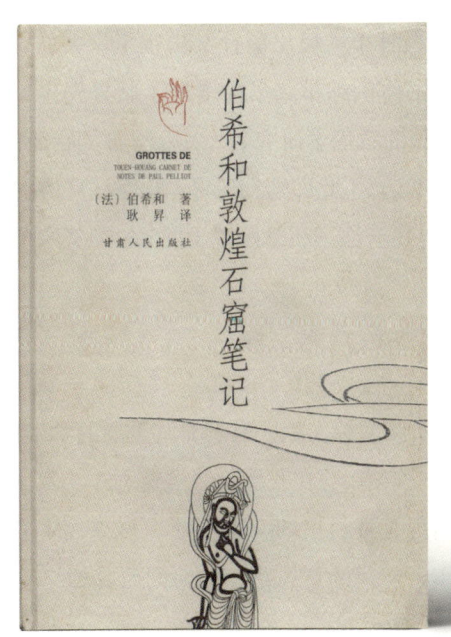

《伯希和敦煌石窟笔记》封面

精确地复制了下来。1950年日本的秋山光和得到了该笔记本的复制件,并在其论著里引用了有关资料。

后来,法国方面指定韩百诗负责出版伯希和考察团的成果,为此,吉美博物馆将伯希和手稿和埃斯特·列维的手稿复制本都交给了他。但由于韩百诗繁重的行政、教学和研究工作,直到他1978年去世时,伯希和笔记还未能整理出版,但已做好了许多具体的前期工作。随后,由法国国立科学研究中心资助,法兰西学院亚洲研究所中亚和高地亚洲研究中心从1981年开始,以《伯希和敦煌石窟笔记》为名分6卷陆续出版。《伯希和敦煌石窟笔记》的每卷开始部分都是旺迪埃—尼古拉写的序言和莫尼克·玛雅尔夫人写的前言,并附有伯希和、张大千、史岩和敦煌艺术研究所各家对敦煌石窟的编号对照表及其时代。每卷笔记的第一部分都是整理后的排印文字,第二部分是手稿的影印件,最后附一批伯希和当时拍摄的千佛洞外貌及各洞壁画的大幅照片图版。

为了给国内敦煌学研究者提供资料,耿昇、唐健宾翻译了法国出版的笔记,以《伯希和敦煌石窟笔记》为名,由甘肃人民出版社于1993年出版了中文本。中文本前面是莫尼克·玛雅尔的前言、旺迪埃—尼古拉的序言、译者的话,最后还附有伯希和、张大千、史岩、敦煌艺术研究所所编敦煌石窟各家编号对照表。

2007年,甘肃人民出版社又出版了该书新版,增补了原书前五卷322张照片资料,并按原书体例编排。书前增加了耿昇先生4万余字的代序——《伯希和西域敦煌探险与法国的敦煌学研究》,书后增加了伯希和当年考察敦煌的两篇见闻——《敦煌藏经洞访书记》(此即陆翔所译《敦煌石室访书记》的重译本)和《高地亚洲三年探险记》,另外还有法国科学院院士路易·勒努所撰《伯希和的传奇学术生涯》一文。

三、巴黎藏敦煌文献

伯希和所获敦煌文献,有着非常重要的学术价值,正如他在敦煌写给埃米尔·塞纳尔的信中总结道:"在我看来,这些写本为汉学研究带来两个新发现。首先,汉文写本是我们现有资料里的一项空缺。第二,从某种意义上讲,我们可以首次利用文献进行工作了。我的意思是,此前的研究始终受制于已有成果……我们从未掌握原始、独立的文献。"①

伯希和回巴黎后，其考察团携带回去的物品分别归几个机构所得。自然历史博物馆得到了岩石标本，800 种草木标本，200 只鸟类标本，还有哺乳动物和昆虫标本；考古文物和考察沿途发现与搜集的数千枚钱币几乎全部交给卢浮宫博物馆；在库车绿洲克里希发现的 100 来枚钱币则入藏法国国家图书馆钱币、纪念章、古玩部；法国国家图书馆抄本部（写本部）在 1910 年 4 月 26 日得到了东方收藏品中最丰富的一次赠藏，即伯希和所获的敦煌文献。②

根据目前法国国家图书馆的收藏，现将伯希和搜集品的编号和数量简介如下：

1. 汉文，以"伯希和汉文"编号，从 2001～6040 号，中间有多段空号，还有少量失号（"失号"往往与拼合、改编等有关，不一定是真正遗失），实存 2747 号。

2. 藏文，由马赛尔·拉露整理，以"伯希和藏文"编号，0001～2224，实存 2224 号；未经整理的文献暂编号为 3500～4500。共计 3175 号。

3. 梵文，敦煌所得 13 件，又有得自新疆地区的梵文文献，总计 1000 余件。

4. 焉耆—龟兹语，总计近 1000 件。

5. 于阗文，共计 75 件。

6. 粟特文，共计 30 件。

7. 回鹘文，30 件；另有从 181（敦编 464）号窟发现的回鹘文文书 363 号。

8. 西夏文，出自伯希和编第 181、182 号窟，共计 211 件。

9. 希伯来文，1 件。

10. 伯希和新疆都勒都尔·阿护尔汉文文献 249 件。③

综上所述，法藏敦煌西域文献共约 9000 件，其中敦煌文献约 7000 件。

伯希和来敦煌盗劫文书，虽然比斯坦因晚一年，但比斯坦因有着更优越的条件。他懂得汉文、俄文、藏文、突厥文等 10 多种文字，特别是他多次来中国，并于 1902 年至 1904 年在法国驻华使馆任职，对汉文尤为熟悉，是法国，乃至整个欧洲著名的汉学家。正是由于伯希和的汉学知识渊博，所以，他窃去的敦煌遗书，在数量上虽然没有斯坦因多，甚至没有俄国人盗走的多，但却是敦煌遗书中最精华的部分，其

---

① 《伯希和传》第 205 页。
② 参阅〔法〕郭恩：《法藏敦煌西域文献·序言》。
③ 参阅李伟国：《法藏敦煌西域文献》"导言"。

敦煌汉藏文写本

中有许多孤本。

敦煌遗书中标有年代的卷子本来就不多,却大部分为伯希和所得。据有的学者统计,在伯希和原编的 2700 号草目中,标有年月的有 515 件,占 19%,即将近 1/5;斯坦因所窃部分,有年月的卷子占 4.3%,不到伯希和的 1/4;中国国家图书馆所藏敦煌遗书中,有年月的卷子仅占 0.58%,是伯希和的 1/32;俄罗斯所藏敦煌遗书中,有年月的卷子为 1.36%,是伯希和的 1/14。"人所共知,卷子上的年月记载完整多半表示卷子的首尾较少残缺,有纪年的卷子对于科研的价值自然大为增高。只此一端,人们也可以体会巴黎所藏卷子的重要性。"[①]

敦煌遗书中佛教卷子约占 90% 以上,所以有人称敦煌遗书为佛教遗书。世俗文书,即直接关系社会政治经济的非佛教经典,数量很少,但伯希和盗去的卷子中这部分的比重却很大。目前法国所藏的世俗文书数量最多,研究价值最大。据统计,现在北京的中国国家图书馆所藏敦煌遗书中,95% 以上为佛经卷子;英国所藏的

---

① 张广达:《国外近年对敦煌写本的编目工作》,载《中国史研究动态》1979 年第 12 期。

佛经卷子约为85%；俄罗斯所藏的佛经卷子也为85%；而在巴黎所藏的汉文卷子中，佛经仅占65%左右。① 由此可知，伯希和所盗劫的敦煌遗书中，佛经的数量最少，世俗文书的数量最多。

伯希和最后于1909年10月24日回到巴黎，其后他立即与老师沙畹等共同研究他所带回的文书。并在《法国远东学院学报》上发表了《甘肃发现的一座中古书库》，详细介绍了其获取敦煌遗书的经过。同时，伯希和还着手编写所窃敦煌遗书的目录。20世纪20年代初他就把其中的一部分编成了一本目录，共著录了1532个汉文卷子，即从2001号～3511号，以及从4500号～4521号，在20世纪60年代以前，这个目录一直是我们参考巴黎敦煌遗书的一部最好、最有用的目录。为什么伯希和的目录从2001号开始呢？这是因为他所窃遗书中有许多藏文卷子，当时估计有2000卷。故2000号以前的序号是他生前留给藏文卷子的估计数字。

事实上，藏文手稿不止2000号，因此法国国家图书馆在后来的编目中，便采用了写本部通行的原则，即以收藏品的文种分类。为了保持总体的统一性，每种前都冠以伯希和的姓氏，即P。

法国国家图书馆在编目工作中发现，有一部分文献是用两种文字书写的，通常正面是汉文，背面是藏文。他们在为伯希和藏文收集品编目时，改动了编在汉文收集品中藏文文献的原来编号，将这些文献归入藏文收集品中。

其他文字如粟特文、于阗文或回鹘文文献，数量不多，很早就编在3509号以后了。因为当时伯希和认为，有1500个编号就足够汉文文献使用了，所以就将2001号～3500号留给了汉文文献。

除了文献外，伯希和还窃去了一部分艺术品，包括220余幅图画、21尊木雕、丝绸和其他纺织品残片。由于伯希和窃去的文书都是精品，价值极大，而艺术品数量少，价值也没有斯坦因盗去的大，因此人们对法藏敦煌艺术品都不大留意。实际上，伯希和所获艺术品虽然数量不多，但也不乏珍品。如吉美博物馆中有两幅关于阿弥陀净土的画和许多断片，其中一幅可能是最古老的可移动的图画，与英国博物馆内一幅出自8世纪的佛说法画十分相似。吉美博物馆的这幅画，堪与日本奈良法隆寺正殿内的画媲美，是现存敦煌唐代绘画中最美丽的作品之一。另外，法藏水月

---

① 参阅周丕显：《敦煌佛经略考》，载《敦煌学辑刊》1987年第2期。

观音、救苦救难观音、降魔变等画和一些木刻、木雕像，也是很有艺术价值的。[1]

第一次世界大战爆发后，伯希和应征入伍，整理、研究敦煌遗书的工作暂时停顿。大战期间他曾出任法国驻北京公使馆武官，1918年回到西伯利亚。战争结束后，他又回到巴黎，在法兰西学院工作，该院专为伯希和开设了中亚语言、历史和考古学讲座。1921年5月6日，他被选为法国碑铭与古文字学院院士。1927年，巴黎大学成立高等汉语学院，伯希和被任命为中国语言学、文字与艺术教研室教授。从1932年起，伯希和又负责主持关于远东研究的重要刊物——《通报》。1935年，他又出任法国亚细亚学会主席，并担任苏联列宁格勒（今彼得格勒）科学院的院士。1939年，被聘请为中国中央研究院历史语言研究所的研究员。第二次世界大战时期，他支持盟军，反对希特勒的侵略战争，于1945年10月26日因患癌症去世。

1945年，这一年世界的反法西斯战争取得了胜利，中国人民打败了日本侵略者。这一年在法国汉学史上也是发生巨变的一年。在这一年前后，20世纪上半叶法国最杰出的三位汉学家先后去世。除了伯希和外，葛兰言去世于1940年，马伯乐也于1945年惨死于纳粹德国的集中营里。

伯希和

伯希和是一位具有多面性身份的人物，他集学者、强盗、军人、探险家于一身。他在敦煌的"劫经"行动，完全扮演了盗贼的角色，他在世界东方学（汉学）研究上作出的贡献，又使其成为受世人敬仰的著名学者。

伯希和与中国学者多年来一直保持友好交往，许多著名学者在其引荐之下，得以在法国巴黎观瞻、研究包括敦煌遗书在内各类珍贵古籍。另外，伯希和始终重视和参与到中国学者与国际汉学界、教育界的交流之中。伯希和逝世后，西方学术界对他的评价一天比一天高。他被尊为20世纪最著名的中国学家，又被认

---

[1]〔法〕劳合·福奇兀著、杨汉璋译、杨爱程译审：《伯希和在敦煌收集的文物》，载《敦煌研究》1990年第4期。

为是人类历史上空前绝后的东文语言学天才,因为他除了欧洲主要语言外,还精通汉语、梵语、藏语、突厥语、蒙古语、波斯语、回鹘语、粟特语、吐火罗语、龟兹语、西夏语、安南语等。[1]伯希和去世不久,1948年《通报》上发表的杜文达撰《伯希和》一文说:"他不仅在所有中国学研究领域——文献学、语言学、考据学、历史学、考古学、美术史、宗教史等——都是第一流的学者,而且同样是一位杰出的蒙古学家和伊朗学家。"[2]

四、伯希和所获敦煌文物

不同于斯坦因所获敦煌文物收藏的分散性,伯希和劫走的敦煌文物现在大都藏于法国巴黎的吉美博物馆(Musée Guimet)。1909

---

[1] 王冀青:《保罗·伯希和》,见陆庆夫、王冀青主编《中外敦煌学家评传》第400页,甘肃教育出版社2002年。
[2] 转引自陆庆夫、王冀青主编:《中外敦煌学家评传》第400页。

年11月，伯希和结束考察返回巴黎后，将所获文书存放在法国国家图书馆，文物则于1910年放置在卢浮宫，包括绘画品220幅以及木雕、画幡、纺织品残片等凡21件。1910年，其中的15幅由卢浮宫转存至吉美博物馆；紧接着在1922年，又有40幅美术品入藏吉美博物馆；1947年，剩余所有文物转藏吉美博物馆。①

关于法藏敦煌文物的整理情况，最早由约瑟夫·哈金（Joseph Hackin，1886—1941年）着手，1923年出版了《吉美博物馆图录指南》②。该书图文并茂，介绍了这批藏品的具体情况。其后，日本学者松本荣一于1937年出版《敦煌画の研究》，公布了部分法藏艺术品。此书经林保尧、赵声良、李梅翻译，于2019年由浙江大学出版社出版，为国内从事敦煌石窟、壁画研究提供了便利。

二战后，此项工作主要由韩百诗（Louis Hambis，1906—1978年）、马德雷尼·哈拉德（Madeleine Hallade，1891—1968年）等学者继续推进，目前已出版多卷，包括伯希和在新疆、甘肃地区所获文物。其中前十卷为伯希和新疆考察所获文物；第十一卷为《伯希和敦煌石窟笔记》。敦煌考察所获文物共三卷，分别是第十三、十四、十五卷。其中第十三卷是《吉美博物馆和国家图书馆藏敦煌所获丝织品》③，共收录丝织品99件，详细记录了文物的大小、装饰、组织结构等；第十四卷为《吉美博物馆藏敦煌所获绢幡绘画》④，此卷包含伯希和所获220幅绢幡绘画；第十五卷与第十四卷同名，公布了230幅在敦煌所获文物的照片，是进行敦煌绘画研究的重要资料。⑤

1995年，雅克·吉斯（Jacques Giès）与秋山光和合编《西域美术——吉美博物馆藏伯希和收藏品》，由东京讲谈社出版。此书凡两卷，共刊布约250幅文物的高清图片，是有关敦煌学与佛教艺术研究的重要资料。

伯希和带走的文物分为经幡、佛传图、变相图、佛像、菩萨像，以及较小篇幅

---

① 参阅〔法〕劳合·福奇兀著、杨汉璋译、杨爱程译审：《伯希和在敦煌收集的文物》。
② J. Hackin, *Guide Catalogue du Musée Guimet*, Paris: G. Van Oest & Cie, 1923.
③ Krishna Riboud, Madeleine Hallade, Gabriel Vial, *Tissus de Touen-Houang conservés au Musée Guimet et à la Bibliothèque nationale*, Paris, 1970.
④ Nicolas-Vandier, *Bannières et peintures de Touen-Houang conservées au Musée Guimet*, Paris, 1974.
⑤ Louis Hambis, *Bannières et peintures de Touen-Houang conservées au Musée Guimet*, Paris, 1976.

的天王、行脚僧图像。这批文物具有多元的技法，丰富的绘样，展现出我国古代工艺大师的杰出智慧。以下就具体类型略作说明。

幡，指佛、道教在供养菩萨、庄严道场时所用的法器。幡的绘制通常为以下三种情况：第一，绘菩萨；第二，在技法上通过使用两种对比强烈的色彩，用色彩的重叠表现出一种类似金属的画面效果；第三为银泥幡，即用银粉调成颜料，涂饰画面局部。幡的用法有两种，或悬挂于旗杆，或作为供养的器具挂于墙壁。吉美博物馆所藏幡的形制大体相似，其顶部为三角形的幡头，下为长方形幡身，幡身左右各有一幡手，最下面为幡足。

伯希和所获文物中，幡的数量较多，图案、制作工艺皆各有不同，有菩萨像、祥瑞纹饰等。菩萨像为主体的幡，如编号为 EO.1399 幡现存幡头和幡身，其中幡头整体以宝花为主图，其下排列分布着十朵蓝绿相间的半团花，再下为三角形装饰。幡身以菩萨像为主体，保存较完整，画面中菩萨手持红莲，头后有头光；菩萨头顶上方的伞盖镶嵌宝珠等，制作非常精美。编号 MG.22798 的绢幡则保存较好，总长 194 厘米，宽 25 厘米。幡头呈三角形，其上有花纹装饰；幡手由蓝色绢绮拼接而成；幡身主体绘一身地藏菩萨立像，身披袈裟，头顶有火珠伞盖，头后有头光，脚踏莲花座；幡足以蓝色为底，共有四条，从中可见古代敦煌经幡的形制特点。编号 EO.1398 经幡，现仅残存幡面和幡身部分，其中幡面绘有五瓣黄色小花、六瓣深蓝团花等；幡身以文殊菩萨为主，结跏趺坐于狮子背上的莲花座，右手持说法印，顶部有华盖，头部和周身散发头光、背光。狮背的联珠纹鞍是中亚织物的典型风格。再如编号 EO.1158 的经幡也是以菩萨像为主体，现仅残存部分幡面和幡身部分。画面中间为菩萨立像，菩萨头戴宝冠，双目有神，神态慈悲安详，手持红莲花，赤足立于大莲花座上，头顶的伞盖亦镶嵌莲花、宝珠等。

除菩萨幡外，还有以祥瑞纹饰为主体的幡，其中以 EO.3584、EO.3585 最为典型。两幅幡的形制、色彩皆相似，与菩萨幡形制相同，由幡头、幡身、幡足三部分组成；其中幡头部分的悬袢、斜

菩萨幡（左）编号：EO.1399（P.149）[1]　　　　菩萨幡（右）编号：MG.22798[2]

[1]《西域美术第2卷：ギメ美術館ペリオ・コレクション》，（东京）株式会社讲谈社1995年，图版13。
[2]《西域美术第2卷：ギメ美術館ペリオ・コレクション》，图版55。

菩萨幡（左）编号：EO.1398（P.196）[1]　　　　菩萨幡（右）编号：EO.1158 [2]

---

[1]《西域美術第2卷：ギメ美術館ペリオ・コレクション》，（东京）株式会社讲谈社1995年，图版3。
[2] IDP，https://idp.bl.uk/collection/71A821280AFAAF428B1F37C7F86B7F9B/?return=%2Fcollection%2F%3Fterm%3DEO.1158.

边、幡面保存较好。幡面呈三角形，其后为幡身，两侧各有一条幡手，下面分布着三条幡足，幡足下端嵌在梯形的彩绘木板上。幡面和幡足采用蓝色菱点纹绮，两侧的幡手采用较深的蓝色菱格纹绮。幡面绘有墨色的海石榴花，幡足和幡手则绘有小折枝纹，底部的木板也绘制着相同的折枝纹。两幅幡的幡身用料和制作工艺相同，皆由一整块黄色绢制作，以银泥绘制，顶端所绘团花纹边饰皆相同。区别在于画面内容的不同，EO.3584中间主题纹样是长尾的绶带鸟与折枝花，描绘出花团锦簇的繁荣场景。EO.3585的主题图案则由底部弹琵琶的迦陵频伽延展出来。迦陵频伽，梵文Kalaviṅka，又称作"妙音鸟""逸音鸟"，其外形为人首鸟身，有很长的尾巴；在佛经中记载它声音美妙，为天、人、紧那罗、一切鸟类所不及，能颂佛经；在《阿弥陀经》中有此鸟与共命鸟同住在西方极乐净土的记载，所以通常又出现在西方净土变中。图中迦陵频迦的鸟尾很大，向上蜿蜒成为海石榴花纹饰，占据幡身画面的三分之二，似乎展现出极乐安宁的场景。

藏经洞出土幡的质地有丝、麻、棉、纸四种，其中丝质幡通常制作精美、保存良好。相比之下，棉、麻质地则制作较为粗糙，绘画也不如丝质幡精致，保存完整者较少。在伯希和劫走的文物中，棉、麻质幡的幡身多已缺失，残存幡头、幡足、幡手。如EO.3636为麻布幡头残片，顶部仍留存悬袢，左右分布两条褐色的斜边，幡面由一块正方形麻布对折而成，两面都绘有相同的图案，即佛陀身着红色

幡　编号：EO.3584[1]

---

[1]《西域美术第2卷：ギメ美術館ペリオ・コレクション》，（东京）株式会社讲谈社1995年，图版99。

第四节 "汉学大师"取精华

幡头残片 编号：EO.3636[2]

幡 编号：EO.3585[1]

袈裟，结跏趺坐于莲座，双手结皈依印，头后、身后分布着头光、背光，莲座下面有两根花枝，分别向左右两边伸展，继而延展到佛陀两边。棉质幡头残片绘制内容也与此相似，如编号 MG.17790 幡面残片，展开后为正方形，折痕两边对称绘制相同的佛像，从中可见此类幡面的制作技术。图案中佛陀身着红色袈裟，结跏趺坐于莲台，右手结皈依印，左手施与愿印；莲台两边分布花枝，明显从莲台底部延展而成。

除了幡画外，伯希和劫走的绘画品中也有一些经变画的内容，如编号 MG.17673 的绢画就是典型的西方净土变，其中上半部分为阿弥陀经变，下半部分为观无量寿经变。所谓西方净土变，是无量寿经变、观无量寿经变和阿弥陀经变的总称，分别依据《无量寿经》《观无量寿经》《阿弥陀经》内容而绘制；

---

[1]《西域美術第 2 卷：ギメ美術館ペリオ・コレクション》，(东京)株式会社讲谈社 1995 年，图版 98。

[2]《西域美術第 1 卷：ギメ美術館ペリオ・コレクション》，图版 37。

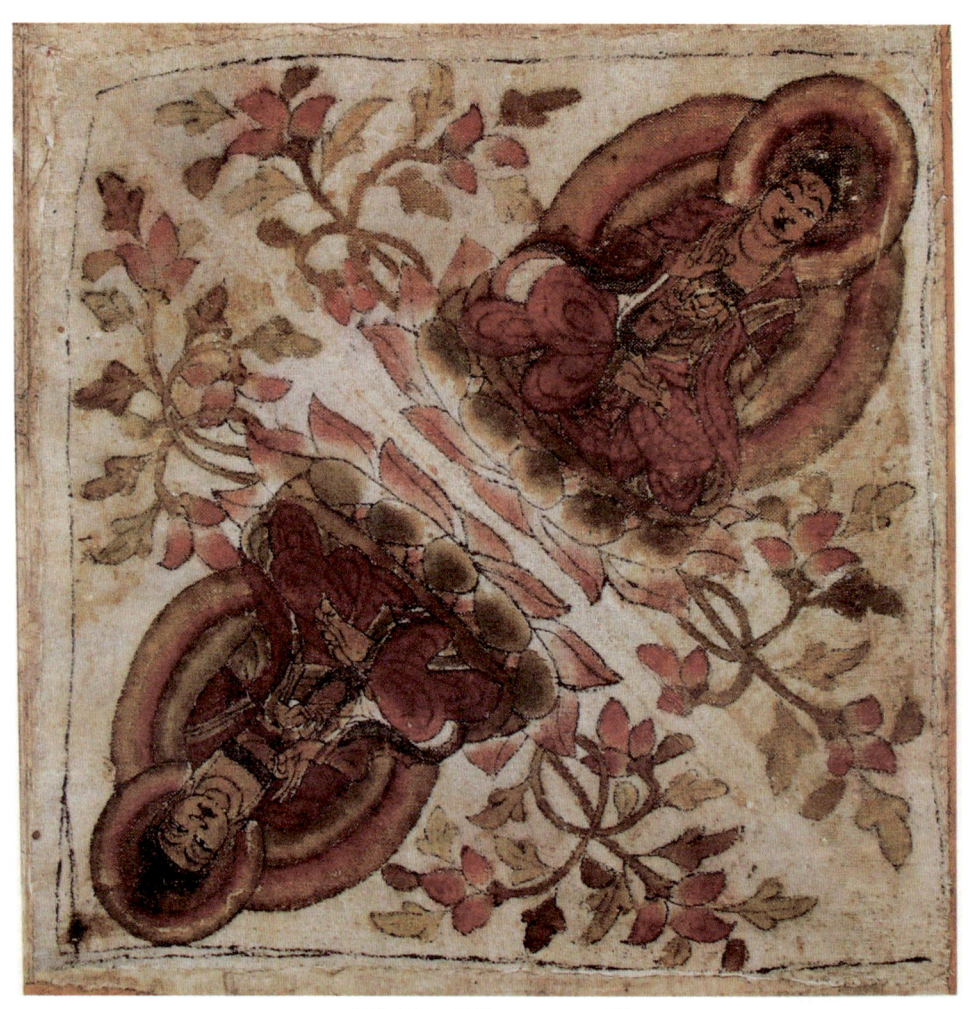

幡头残片　编号：MG.17790[1]

　　这三种经变画的主尊皆为西方阿弥陀佛，亦称无量寿佛，佛国为西方净土世界，所以统称为西方净土变。

　　净土为佛身所依之土，是没有被污染的庄严世界。在鸠摩罗什译的《佛说阿弥陀经》中记载："从是西方过十万亿佛土，有世界名曰极乐。其土有佛，号阿弥陀。"故

---

[1]《西域美术第1卷：ギメ美術館ペリオ・コレクション》，（东京）株式会社讲谈社1995年，图版36。

西方净土变 编号：MG.17673[1]

---

[1]《西域美術第1卷：ギメ美術館ペリオ・コレクション》，図版19。

将极乐世界称为西方净土。在佛经记载中，净土佛国有七宝池，八功德水充满其中，池底以金沙布地。四边阶道，金、银、琉璃合成。池中莲花，大如车轮。黄金为地，上有楼阁，常作天乐，极为华丽。西方净土变则以西方极乐世界为背景，展现佛陀说法、往生极乐的美好场景。

MG.17673的上半部分画面即描绘佛陀在净土佛国说法的场景，从上至下依次由净土宫殿楼阁、阿弥陀佛说法、莲池等三部分组成。最上端为表现净土的宏伟建筑群，宫殿楼阁，富丽堂皇。画面中部是阿弥陀佛说法场景，以莲台上的阿弥陀佛为中心，两旁分别为观音菩萨和大势至菩萨，以及弟子、菩萨等围绕听法。佛陀前面的露台上是奏乐、舞蹈的伎乐天，下方绿色宝池中有莲花及化生童子，展现了琼楼玉宇、仙山碧树、乐队伴奏、翩翩起舞的绚烂华丽氛围。

宝池下方则为观无量寿经变的内容。《观无量寿佛经》又称为《观无量寿经》《十六观经》，分为"未生怨"和"十六观"两部分。所谓"未生怨"，讲述印度太子阿阇世欲篡夺王位，幽禁其父亲频婆娑罗王并断绝食物，其母韦提希夫人在探监时"以酥蜜和麨，用涂其身，诸璎珞中盛葡萄浆"供养频婆娑罗，阿阇世太子得知后想要持剑杀母，最终经大臣苦劝将其囚禁的故事。细观MG.17673下部分右半部为"未生怨"，表现阿阇世太子幽禁频婆娑罗王和韦提希夫人的故事。上层从右向左为频婆娑罗骑于马上，一人物欲杀害山中仙人和频婆娑罗，骑马人物右手持鹰逐兔。下层自右向左绘太子拔剑欲斩韦提希，韦提希被囚禁的场景。

左半部描绘的是"十六观"，是说韦提希夫人被囚禁后，在深宫中虔诚拜佛。佛与弟子来到王宫为她讲述如何摆脱尘世烦恼，往生极乐世界的十六观想内容，欲通过引导使韦提希夫人学会如何思维观察极乐世界的方法。在画面中，上层从右向左分别为水想观、树想观、总观想观；下层自左至右绘华座想观、像想观、观音想观、势至想观、杂想观。画面的最下方绘有八位供养比丘像。此画色彩鲜明，绘制精美，保存良好，是西方净土变图像研究的重要资料。

西方净土变图案在敦煌文物和壁画上出现的数量较多，如莫高窟第59窟右壁、33窟左壁、44窟左壁、114窟右壁等。佛教以多种形式宣传教义，而经变画则是为了宣扬佛教思想和教义而采用的艺术方法，"变相"则是其中的基本方式之一，所谓"变"是指"变更"了佛经的本文而成为"俗讲"之意。因此，西方净土变表达简洁明了、通俗易懂。画面整体以佛陀说法为中心对称布局，通过两侧建筑、听众的绘制更加突出视觉聚焦效果与"向心式"视觉效果。突显绘画与观众间的关系，中心人物

观音经变　编号：MG.17665[1]

[1]《西域美術第1卷：ギメ美術館ペリオ・コレクション》，图版72。

虽然位于画面内部，但却不仅仅存在于画面之中，而是凝视着礼拜信众，与画面之外的观众构成整幅礼拜画面。加之下方的"未生怨""十六观"图像使净土信仰内容表达更为直接，易被信众所接受。

当然在伯希和所劫走的文物中，还有其他经变画，如编号 MG.17665 的观音经变。画面中间绘观音菩萨，站立于祥云莲花座之上，菩萨头戴珠冠，珠冠正面配饰五色宝珠，身披红巾，下半身着红裙，其右手举胸前持曲茎莲蕾，左手持净瓶，面相沉静安详。在菩萨两侧分别绘救济诸难的情形，其旁附有榜题可辨场景，画面右边自上向下分别是"或在须弥峰，为人所推堕，念彼观音力，如日虚空住"的被人推堕难，以及"蚖蛇及蝮蝎，气毒烟火燃，念彼观音力，寻声自回去"的蛇蝮兽难。左边从下至上分别为"假使兴害意，推落大火坑，念彼观音力，火坑变成池"的火难，以及"或被恶人逐，堕落金刚山。念彼观音力，不能损一毛"的堕崖难。画面底部莲台两侧分别为两个供养人，旁边附有榜题表明其身份。菩萨左侧的男供养人身着黑袍，头戴幞头，手执长柄香炉，面向菩萨跪立，榜题为"施主子弟银青光禄大夫检校太子宾客阴愿昌一心供养"；右侧的女供养人为比丘尼，双手托盘，面向菩萨跪立，榜题为"施主女比丘尼信清一心供养"。

除了经变画外，佛像、菩萨像的图案也出现较多，如释迦佛、多宝佛、弥勒佛、观音菩萨、地藏菩萨等。与斯坦因劫到英国的文物类似，伯希和所获文物中也有以引路菩萨为主题的内容，如编号 MG.17657、EO.1398 的两件文物，分别以绢和纸为质地，绘制引路菩萨指引亡者的画面。前者画面中天空显现亭台楼阁，乐器也在空中飞舞，引路菩萨手持幡和香炉，在一名侍者带领下，引导白袍男子沿着云岸前行。画面右上角有榜题，内容为"女弟子康氏奉为亡夫薛诠画引路菩萨壹尊一心供养"。后者以线描形式绘于纸上，并在相应部位施以颜色，其保存状况不似前者，但从残留部分可知其为引路菩萨画面。图中菩萨手持幡，其身后为比例较小的逝者，菩萨面向逝者，引导其前往净土世界。此类图像也出现于石窟寺中，佛教徒或信众委托绘制或购买此类供养画，供奉给他们已故的家人，希望能为他们获得功德，在菩萨的指引下最终抵达佛国净土。

吉美博物馆藏品中与逝者相关，且图案较为典型的还有地藏菩萨。地藏菩萨，梵文 Kṣitigarbha，又称地藏王菩萨。在佛教中，地藏菩萨或以人间救苦，或以接引至诸佛净土为职能，常为发愿信仰的对象，通过供养地藏菩萨，为亡者做功德以求其冥福，所以在绘画作品中，地藏菩萨常与十王同时出现。

第四节 "汉学大师"取精华

引路菩萨（左） 编号：MG.17657[1]　　引路菩萨（右） 编号：EO.1398（P.175）[2]

"十王"指地狱中的十位管理者，分别是一殿秦广王，二殿初江王，三殿宋帝王，四殿五官王，五殿阎罗王，六殿变成王，七殿太山王，八殿平等王，九殿都市王，十殿五道转轮王。佛经中记载，人去世后，随着时间的变化，其"中阴身"需按照顺序前往十王处点检生前造业，十王会分别按此赏罚并决定是否转生，善业的程度与转生速度成正比，若久不能转生，逝者家属写经、造像，立"功德"，验收后也可获转生。所以供奉地藏菩萨和十王的目的不仅仅是希望亡魂早日转生，更以此宣扬逝者在世时多行善行，以减轻地狱酷刑之苦，早日往生。

吉美博物馆藏编号 MG.17662 地藏十王图可以说是现存地藏十王图中最为完整的一例。画面正中为地藏菩萨像，披戴风帽，半跏坐于莲座上，右手持锡杖，用来

---

[1]《西域美術第２卷：ギメ美術館ペリオ・コレクション》，图版 69。
[2]《西域美術第２卷：ギメ美術館ペリオ・コレクション》，图版 73。

地藏十王图　编号：MG.17662[1]

[1]《西域美術第2卷：ギメ美術館ペリオ・コレクション》，図版63。

警醒、救度众生。头部上方绘有六道，左侧分别为人道、阿修罗道、地狱道，右侧为天道、畜生道、恶鬼道。地狱十王依次分坐在地藏菩萨两侧。左上方向下依次为第一殿至第五殿，右侧下方向上依次为第六殿至第十殿。其中只有五道转轮王手中执笔，身着甲胄，其他九王皆戴冠执笏。每王两侧均有善恶二童子执笏侍立。莲座下方中央是道明和尚和金毛狮子，再下方安坐地狱四判官，从右至左分别记为宋判官、土判官、崔判官、赵判官。画面下方为供养人区域，有太平兴国八年（983年）十一月十四日的长文题记，凡22行，详细记录了供养人、供养目的、缘由等。右侧绘引路菩萨，行走在彩云中，侧身作顾视状，左手持幡，其旁有榜题"南无引路菩萨"。左侧为此画的供养人宋故清河郡娘子张氏，手捧香炉，装扮华贵，身后有四位侍者。

此图线条明快、严谨，绘制精美，色彩保存完好，从中可见佛教传播的途径，也为相关研究留存了重要资料。

当然，地藏菩萨除了以经变画形式出现外，还以单体像出现。在MG.17664绢画中，主尊地藏菩萨自在坐于圆形台座上，带头光及身光，披戴黑色风帽，身披袈裟。右手持锡杖，左手托火焰摩尼珠，表示满足众生之愿望。右脚盘曲，左脚垂踏于台座上；两边各有一童子，台座前蹲踞着金毛狮子。菩萨背光散开处绘制六道轮回。画面下方为供养人，或手持香炉，或双手合十。

此外，地藏菩萨与十王的画面因表达引导众生投生，所以又有与西方净土变同时出现的场面。在吉美博物馆藏EO.3580画面中，上方为净土图，下方为地藏十王图。上方净土图绘临池露台代表天宫楼阁；主尊阿弥陀佛，身着红色袈裟，手作说法印，结跏趺坐于莲台之上。两侧的胁侍菩萨分别为观音菩萨和大势至菩萨，其旁又有弟子、天工和伎乐天等众人。下方十王图中地藏菩萨头戴帽，身披橙红相间的袈裟，左手托白色宝珠，右手持锡杖，坐于莲座之上。头光及背光射出六道彩云，其间有六道图像。菩萨前方设供案，案旁道明和尚与金毛狮子相对立于两侧。再侧十王手持白笏，旁边各有榜题。再外侧有手执卷的善、恶二童子。此图线条明快，绘制精美，色彩保存较好。

除了平面绘制的佛像、菩萨像外，伯希和带走的木雕中亦有菩萨像，如编号EO.1119为一尊八臂观音像，部分残缺，肩部上面的两只手应该托举着日轮和月轮，通体材质为杨木，眼珠是由两颗白色象牙镶嵌而成，发髻由黏土和稻草等复合材料制作而成。由此可见佛教密宗在敦煌的传播。

地藏菩萨　编号：MG.17664[1]

[1]《西域美術第 2 卷：ギメ美術館ペリオ・コレクション》，图版 60。

地藏菩萨　编号：EO.3580[1]

---

[1]《西域美術第 2 卷：ギメ美術館ペリオ・コレクション》，图版 66。

佛教的传播离不开我国古代的行脚僧，取经之路漫长，充斥着艰难险阻，唯有坚定的信念才能求得真经、弘扬佛法，所以在伯希和劫走的艺术品中也有一些行脚僧的图像，其中吉美博物馆保存三幅，从中可见行脚僧坚韧不拔的精神品质。如编号EO.1138的绢画描绘了僧人负笈与虎结伴而行的场景。所谓"笈"，传统意义上指放置书籍、衣物、药物等的箱子，在行脚僧图中专门指僧人背于后背，用于装佛经的书箱。画面中僧人与笈比例相似，僧人身着法衣，领口露出白色的僧祇支，脚着凉鞋，右手执串珠，左手执木棍，腰间系刀、壶、香炉等。他的身后背负着笈，其中用密密麻麻的红点表示卷轴轴端，以此形容经卷数量之多。笈的后面有一根木头，其上挂麈尾、水瓶等；笈前方挂有一个金色香炉，炉顶端有一条长带垂落在僧人面前，具有驱逐蚊虫的作用。僧人旁有虎与其同行，并有鸟站立于草丛之上。僧人前上方绘制一缕祥云，其上为一身小型佛像，结跏趺坐于莲台上。僧人面容坚定。此画制作精美，设色淡雅，僧人服饰与笈、香炉吊坠用金泥彩描，突出画面的细腻与华丽，描述身负重笈的取经僧人形象，是藏经洞此类绢画中的精品之作。

另一件编号MG.17683的行脚僧图描绘的画面与之相似。画面中行脚僧头戴阔檐大斗笠，高鼻深目、嘴巴微张，身着圆点僧袍，脚穿草履，左手持麈尾，右手持木杖，立于云团之上作行走状。他的背上背负着竹笈，竹笈上挂一香炉；僧人右侧

八臂观音　编号：EO.1119[1]

---

[1] 笔者拍摄。

行脚僧　编号：EO.1138[1]

---

[1]《西域美術第 2 巻：ギメ美術館ペリオ・コレクション》，图版 87。

行脚僧　编号：MG.17683[1]

[1]《西域美術第 2 卷：ギメ美術館ペリオ・コレクション》，图版 89。

猛虎阔口露齿，与其同行。前方绘一身乘云而来的佛。佛着红色佛衣，结跏趺坐于莲台上。画面左侧有榜题栏，文字已缺失。吉美博物馆藏另一张编号 EO.1141 的行脚僧帛画更为有趣，画面中行脚僧身着淡红色僧祇支，外披袈裟，脚穿黑靴，腰间挂着水瓶等。左手执麈尾，右手持龙头长杖。僧人身后背负笈，笈外侧还挂有经卷、葫芦等，身体右侧有老虎陪伴。与前两幅图像不同的是，此图中僧人身前并没有乘云的佛像，但僧人自身具有头光，且其背负的笈上有一缕白烟。画面右上角有长方形榜题栏写有"宝胜如来一躯，意为亡弟知球三七斋尽造庆赞供养"，从中可知此画的供养作用，而对于僧人的称呼也改为"宝胜如来"。

事实上，行脚僧又被称为"行僧""行道僧"，其出现可能受玄奘取经故事影响。在张彦远的《历代名画记》中记载"两京寺观壁画"有数躯"行脚僧"壁画，其共同特点为背负行笈的行脚僧人，行笈中满载佛经，身边有老虎相随。足见此类主题在唐代深受欢迎。当然它在唐之后也出现较多。但需要说明的是，在敦煌绢画所见五代至宋时期的此类图像中，已将其称为"宝胜如来"。此处"宝胜如来"或许最早指行脚僧对如来的祈祷，僧人前方的佛应该是宝胜如来；另外，因为取经的唐代僧人也有以宝胜命名的，所以晚唐五代、宋时期，行脚僧本人逐渐演变为"宝胜如来"。[1] 这些绢画绘制精细，皆展示出不惧艰险、翻山越岭求法取经的行脚僧形象。

除了对行脚僧形象的刻画外，对佛经的制作也能展现出当时佛教兴盛的场景。值得一提的是，除了纸质的写卷外，伯希和带走的文物中还有一件刺绣《佛说斋法清净经》，这也是敦煌藏经洞出土的唯一一件刺绣佛经。此卷分为两片，采用蓝绿色双线缝合。总长91.5厘米，宽27.5厘米，经文完整。在制作时，先用线打框，再将经文书写于上，最后又用丝线绣制，共48列，凡807字，每个字约2厘米见方，字迹工整，笔画分明。在伯希和1908年3月7

---

[1] 谢继胜：《伏虎罗汉、行脚僧、宝胜如来与达摩多罗——11 至 13 世纪中国多民族美术关系史个案分析》，《故宫博物院院刊》2009 年第 1 期。

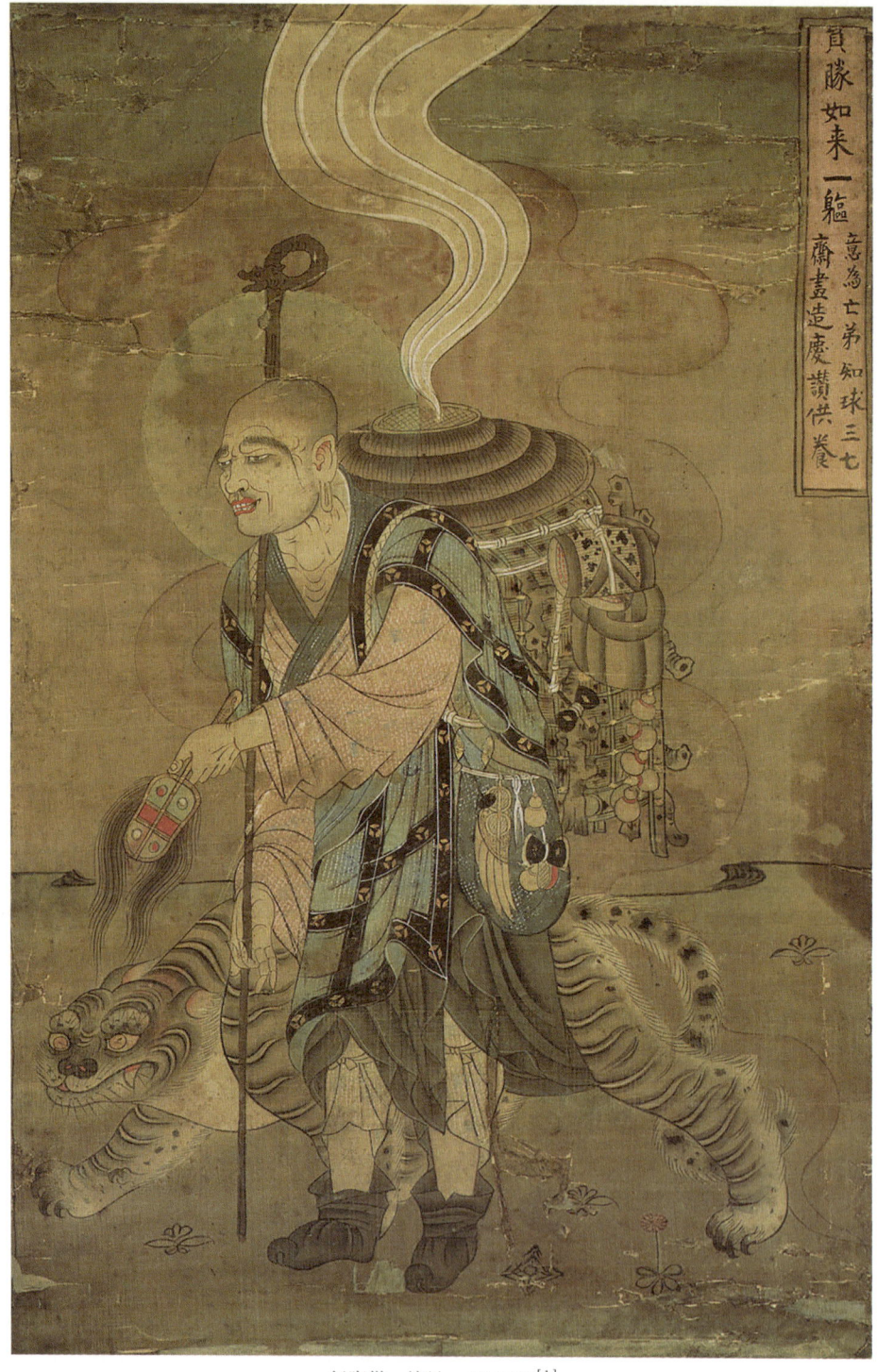

行脚僧 编号：EO.1141[1]

---

[1] Nation Museum of Asian Arts Guimet collection guide, Musée Guimet, 2022, p.66.

日的日记中记载："有两块奇怪的丝绸,其一为挑花织制,其二为织锦制;然后又是一卷《般若波罗蜜多心经》写本,是用白色丝绸的线条在蓝色的薄丝上织成的(这一点非常奇怪)。①"伯希和是著名的语言学家,精通多种语言,他在笔记中也将大量笔墨用于描绘手稿文书的发现过程,对于艺术品的记录甚少,从上述记载可见他对此幅刺绣佛经的重视,也展现出其重要的价值。

总之,出自敦煌盛唐时期的"西方净土变图""行脚僧像"等皆代表了盛唐艺术对佛教艺术的影响。此外,"文殊菩萨骑狮图"等受到中亚艺术影响,集合了不同文化因素,从中可窥见中西文化交流之盛况。

刺绣《佛说斋法清净经》 编号:P.4500[1]

---

① 〔法〕伯希和著、耿昇译:《伯希和西域探险日记(1906—1908)》第485～486页(原书中在《般若波罗蜜多心经》出注"不对,这里应该是指《佛说斋法清净经》"),中国藏学出版社2014年。
[1] 赵丰:《敦煌丝绸艺术全集》第225～226页,东华大学出版社2010年。

第五节

姗姗来迟的橘瑞超

当英国人、法国人都来敦煌盗宝时,日本人也不甘落后,便组织了大谷光瑞考察队,来我国西北盗劫文物。

一、大谷光瑞考察团与敦煌吐鲁番文书的外流

早在1899年的罗马第十二届国际东方学会议上,就决定成立前往中亚细亚探险的国际组织。1902年,在德国汉堡召开了第十三届国际东方学会议,到会者有英、法、德、俄等国学者。斯坦因报告了在中国西北和阗发掘的经过及取得的成绩。各国会员决定成立国际中亚及远东探险协会总会,由各国派遣探险团队到中亚及远东各地探险。在这两次国际会议上,许多国家的学者还公布了中亚考察的发现和研究成果,引起了各国学者的极大兴趣,从而使我国西北地区更加成为东方学家和探险家们关注的地方。各国组织的考察队,不断来我国西北地区,由此形成了一股争相"考察"中国西北的热潮。对此,日本人也不甘寂寞,便由当时正在英国留学的大谷光瑞组织考察队,来我国西北进行考古发掘。

当时来中国西北考察由于路途遥远,沙漠戈壁,最好的交通工具是骆驼,有时甚至骆驼也无法行走,因此一般需要的时间都较长,大多是几年。这样长时间的野外考察,没有相当的财力支持是不可能的,因此,欧洲各国的考察队都是在政府有关部门的资助、支持下进行的。与此不同,大谷光瑞考察团则是京都西本愿寺第22

第五节　姗姗来迟的橘瑞超

京都的龙谷山本愿寺

代法主大谷光瑞（1876—1948年）个人的事业。当时，他作为西本愿寺法主明如上人的嗣子（后又接任法主职位），有近一千万信徒施舍财物为基础，不存在经费问题，便组织了三次赴中国西北考察的探险队，所以我们一般将日本考察团称为大谷光瑞考察队。

日本自明治维新以后，国门开放，与外界的交往日渐增多，随着对外界的了解和认识逐渐深入，日本佛教界对欧美基督教的传播感到不安。同时，19世纪以来欧洲东方学界利用梵文、巴利文、藏文原典研究佛教的成绩，对建立在汉文佛典基础之上的日本佛教界，提出了强有力的挑战。为了应付这种形势，西本愿寺于1890年派高楠顺次郎到伦敦，师从马克斯·缪勒学习梵文；1900年，第21代法主大谷光尊派其子大谷光瑞前往伦敦等地，考察各国的宗教情形。当时的欧洲，伦敦、巴黎、柏林信息灵通，特别是伦敦的皇家地理学会，是世界地理学界的一个信息中心。大谷光瑞不仅可以看到梵文学家霍恩雷于1893年在加尔各答刊布的梵文佛典《鲍威尔写本》，而且，1897年巴黎出版的杜特雷依·德兰斯《亚洲高地科学考察报告（1890—1895年）》，1899年伦敦出版的斯文·赫定的《穿越亚洲》，1901年斯坦因发表的《关于新疆考古学与地理学探险旅行的初步报告》等最新的考察收获，也极大地吸引了大

大谷光瑞

谷光瑞的注意力。而大谷光瑞到伦敦时，正是斯文·赫定、斯坦因考察成功，大出风头之时，这也大大地刺激了他。正是由于这许多因素的叠加，1902年8月，当大谷光瑞从伦敦回日本的时候，便决定亲历西域，利用归途在中亚考察，从而揭开了日本考察中国西北的序幕。大谷光瑞在伦敦停留的1902年，京都大学的地理学教授小川琢治作为地质调查所成员也在欧洲旅行、访学。当"小川琢治在伦敦访问［大谷］光瑞的时候，西本愿寺的留学生正计划通过中央亚细亚回国，这时候小川琢治也想同行，但由于他系官费旅行有时间的限制，未能成行。大谷光瑞、渡边哲信、堀贤雄，意气风发，如果地理学者小川琢治参加了中央亚细亚的旅行，见到帕米尔高原和喀喇昆仑山脉，一定能够为当时的日本获得更详细的资料。实在遗憾！"①

1902年8月15日，大谷光瑞率领随行人员渡边哲信、堀贤

---

① 〔日〕金子民雄：橘瑞超《中亚探险》"前言"，见〔日〕橘瑞超著、柳洪亮译《中亚探险》，新疆人民出版社1993年。

雄、本多惠隆、井上弘圆自伦敦出发,经柏林、莫斯科,乘火车向东南行进,然后越帕米尔,于9月21日到达喀什噶尔。在这里他们决定分兵两路,渡边哲信和堀贤雄留在新疆,进行西域文化等考察,大谷光瑞、井上弘圆、本多惠隆三人去印度考察佛教遗迹。渡边哲信和堀贤雄到塔什库尔干为大谷光瑞等送行,得到了英国领事馆的帮助。当时英国正与俄国争夺中国的新疆和西藏,为了能够对新疆采取迅速的军事行动,开拓了纯粹的军用道路,外国人不得涉足。恰好1902年1月缔结了日英同盟,大谷光瑞由于和日本皇室的特殊关系(其妻筹子是贞明皇后之姐),便通过皇家获得了由此通过的特别许可。[①] 随后大谷光瑞得到了父亲大谷光尊逝去的讣告,急忙回国,继任为西本愿寺第22代法主。而渡边哲信和堀贤雄则继续进行西域文化考察。因此,大谷光瑞考察团的第一次中亚考察是渡边哲信和堀贤雄进行的。

渡边哲信和堀贤雄送走大谷光瑞等人后,便于1903年1月到达和阗,然后又北上阿克苏,3月到达古迹众多的库车,对其周边克孜尔、库木吐拉千佛洞和通古斯巴什、苏巴什等古迹遗址,进行了4个多月的考古调查。9月3日到达吐鲁番,发掘了阿斯塔那、哈拉和卓古墓。考察吐鲁番后,他们又到达乌鲁木齐,再经哈密、兰州、西安,于1904年5月携带收集品回国,从而结束了大谷光瑞探险队的第一次中亚考察(1902—1904年)。

西本愿寺的第二次西域探险,开始于1908年。这次大谷光瑞派遣橘瑞超和野村荣三郎二人前往中国西北。他们于1908年6月16日从北京出发,出张家口,北越戈壁,进入今蒙古国,考察了鄂尔浑河畔突厥、回鹘、蒙古等游牧民族的遗迹。然后从库伦(今乌兰巴托)南下鄂尔多斯,越阿尔泰山,考察了天山北麓的唐王朝北庭都护府遗址。10月26日,考察队进入乌鲁木齐,11月初到达吐鲁番,他们对吐鲁番盆地的交河故城、木头沟、伯孜克里克、吐峪沟千佛洞、阿斯塔那、哈拉和卓墓群等古代遗址,进行调查发掘,劫获了丰富的宝藏。

1909年2月,他们两个人在库尔勒分手,橘瑞超南下罗布泊,考查了楼兰古城,然后沿南道西行,到达喀什噶尔。野村荣三郎则沿着北道,经库车、阿克苏,于7月到达喀什噶尔,与橘瑞超会合。然后他们在叶城和莎车做了些零星的发掘后,于9月30日离开莎车前往印度。10月18日翻越喀喇昆仑山,10月27日到达列城,11

[①] 参阅〔日〕金子民雄:橘瑞超《中亚探险》"前言"。

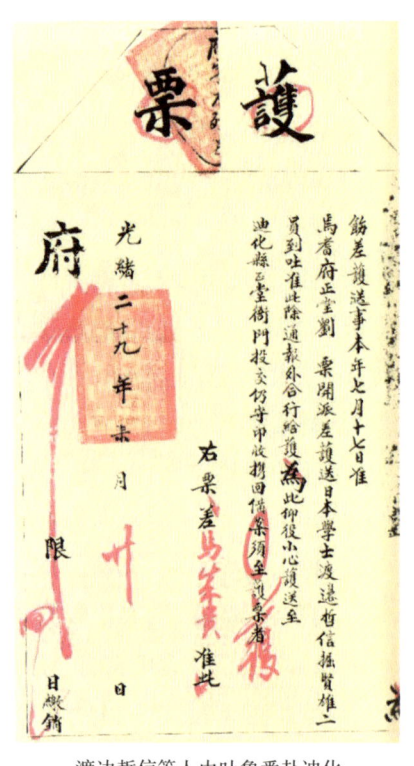

渡边哲信等人由吐鲁番赴迪化
（今乌鲁木齐）的护票

位于日本京都的西本愿寺

月5日在斯利那加与在克什米尔访问的大谷光瑞会合后返回日本，从而结束了大谷光瑞考察团的第二次中亚探险（1908—1909年）。

第二次中亚考察是日本三次西域探险收获最大的一次，但由于橘瑞超的旅行日记在发表之前失火烧毁了，而其演讲稿《新疆探险记》则没有描述详细的发掘情况。幸运的是，野村荣三郎的《蒙古新疆旅行日记》由于收入《新西域记》而保存了下来，从而使我们能够比较简略地了解他们在吐鲁番地区的考察活动。

大谷光瑞考察团第二次中亚探险，除了在吐鲁番地区的考古活动外，还有一项重要的活动，即橘瑞超在楼兰的考古发掘。

在吐鲁番考察结束后，他们于1909年2月21日到达库尔勒，然后野村沿着天山南麓，沿途发掘、调查，前往喀什噶尔，而橘瑞超则向南横穿罗布泊沙漠，寻找楼兰。为什么橘瑞超的目的如此明确，一定要去楼兰呢？

当时的楼兰，还是一个神秘的地方。斯文·赫定在其报告中说古代楼兰王国是信奉佛教的，法显的《佛国记》中也讲到楼兰（鄯善国）有4000多僧人，全是信奉小乘佛教。但其信仰的是哪宗的佛教？其艺术形式如何？却不得而知。作为佛教组织的西本愿寺，自然想知道得更清楚一些，因此，大谷光瑞便指示橘瑞超前往楼兰，更加详细地调查当地佛教遗迹。

众所周知，国外最早提到楼兰，是在斯文·赫定的考古报告中，他于1901年3月发现了楼兰。后来斯文·赫定将其游记《中央亚细亚与西藏》1903年的英译本寄赠给大谷光瑞，后者特意复信感谢。后来斯文·赫定又给大谷光瑞寄赠了其学术报告《中央亚细亚旅行的科学报告》（1899—1902年）第一卷《塔里木河》。但有关楼兰的一些问题仍然是大体的推测，仅仅根据旅行记来判断其正确位置是很困难的。因此大谷光瑞很想通过赫定了解详细情况。

1908年秋，大谷光瑞听说赫定结束西藏探险后到了印度，他便致电祝贺并劝说赫定来日本一游，大谷光瑞的邀请得到了东京地理学会和文部省的支持。斯文·赫定也接受了这一邀请，于1908年11月到日本访问。12月2日赫定到了京都，受到了西本愿寺的热情接待。当晚赫定就住在了西本愿寺。橘瑞超的学生金子民雄认为，当赫定住在西本愿寺的这一天，大谷光瑞必定要向斯文·赫定谈到，现在橘瑞超正在中亚旅行，想让他进入楼兰，怎么才能到达那里？当时除斯文·赫定外，斯坦因也于1906年进入楼兰，并在他们的报告中报道了这一情况，因此楼兰已经不是秘密了，于是斯文·赫定便仔细回答了大谷光瑞提出的问题。赫定在京都共逗留了10天，于

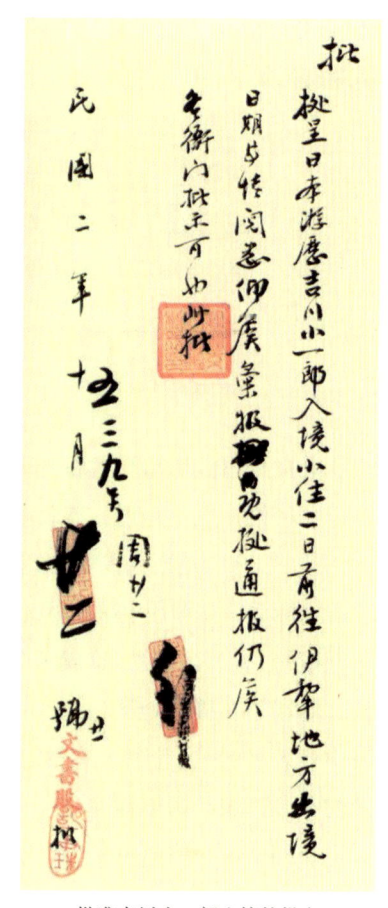

批准吉川小一郎入境的批文

12月12日离开京都。赫定离开的第二天，即12月13日，大谷光瑞就给在吐鲁番的橘瑞超拍了电报，电报的内容是：[1]

> 寄吐鲁番　橘瑞超先生收
> 　2588　90级　2590　41级　我们谈起你。有一石塔位于东西165，找到它，现寄去钱　收到继续发掘　260有错。
>
> 　　　　　　　　　　　　　　　　　　　　　　　　大谷光瑞
> 　　　　　　　　　　　　　　　　　　　　1908年12月13日于东京

电报是用橘瑞超与大谷光瑞共同商定的密码拍发的，但时过多年，橘瑞超早已忘记了密码，也就是说，连收电人也记不起它实际上说的是什么。不过，可以肯定"2588""2590"是楼兰古城的经纬度。由此可说，大谷光瑞从斯文·赫定口中探知楼兰的坐标后，立即用电报向橘瑞超通报了当时只有赫定才知道的楼兰古城（即斯坦因所记载的LA）经纬度，这就等于把楼兰城的城门钥匙赠给了他。

橘瑞超在楼兰地区进行了一个多月的考察探险，获取了一批极为重要的文物，其中最著名的是《李柏文书》。关于"李柏"，《晋书》卷八十六《张轨列传》曰："咸和初……西域诸国献汗血马、火浣布、犎牛、孔雀、巨象及诸珍异二百余品。西域长史李柏请击叛将赵贞，为贞所败。议者以柏造谋致败，请诛之。"此事在《十六国春秋辑补·前凉卷》中也有记载，并且将"咸和初"具体记为"咸和三年"（328年）。张轨原为西晋的凉州刺史，西晋灭亡后，张轨为了表示对西晋的效忠，仍使用西晋愍帝的建兴年号，而不用东晋的建武年号。张轨死后，其子张寔、张茂一直占有凉州，到其孙张骏于公元325年掌握政权后，便称凉王，史称前凉。李柏原为西晋西域长史，后归属前凉，赵贞为西晋戊己校尉，驻古高昌地。橘瑞超所发现的《李柏文书》，正是前凉西域长史李柏的两纸首尾基本完整的信稿及与信稿有关的三个断片。

从第一纸文书看，这是李柏呈张骏表文的残件，旨在报告焉耆王龙□[2]的事情。第二、第三纸是书吏根据李柏的授意同时起草给两个以上西域国王的信稿。这些信

---

[1] 参阅杨镰：《荒漠独行——西域探险考察热点寻迹》第70～71页，中共中央党校出版社1995年版。
[2] 原件此处残缺。

《大谷光瑞与斯文·赫定——内亚探险与国际政治社会》

稿中当然可能包括给焉耆王龙□在内。①

焉耆王龙氏，《晋书》卷九七《四夷列传》焉耆条曰："焉耆国……武帝太康中，其王龙安遣子入侍。安夫人……剖胁生子，曰会，立之为世子。"又曰："会少而勇杰，安病笃，谓会曰：'我尝为龟兹王白山所辱，不忘于心，汝能雪之，乃吾子也。'及会立，袭灭白山，遂据其国……葱岭以东莫不率服。"②从此可知，焉耆王龙会在当时丝路北道上的势力是很大的，《李柏文书》的发现对研究西晋、前凉政权统治西域的历史提供了重要材料，同时书信中提到的海头对于探索楼兰史地亦有重要价值。

大谷光瑞探险队第三次中亚探险，开始于1910年，结束于1914年，是西本愿寺的最后一次探险考察。第二次探险结束后，橘瑞超便随大谷光瑞游览了埃及、罗马、伦敦。在欧洲，他会见了

---

① 参阅余太山：《关于"李柏文书"》，载《西域研究》1995年第1期。
② 《晋书》卷九十七《四夷列传》第2542页，"西戎焉耆国"条。

斯坦因，受到了不少教益；访问了瑞典，会见了斯文·赫定；又从法兰西的伯希和、德意志的勒柯克等人那里得到了各种有关中亚的最新情况和知识。1910年8月，橘瑞超携雇佣的仆人、英国人霍·布斯，经圣彼得堡、西伯利亚进入我国新疆。他首先到吐鲁番，进行了一个月的发掘。到了12月上旬，他便让霍·布斯携带吐鲁番的发掘品前往库车等他，而橘瑞超本人则又去卜一次发现《李柏文书》的楼兰，剥取了米兰遗址壁画。1911年2月，他从且末出发，从南往北横穿塔克拉玛干沙漠。历时20天，到达塔里木河畔。原计划在库车与吐鲁番分手的霍·布斯相会。到达库车后，得知霍·布斯患天花死去，遗体运到喀什噶尔，寄放在英国驻喀什噶尔总领事馆里。橘瑞超便赶往喀什噶尔，埋葬了霍·布斯。有一天晚上，他接到了日本来的电报，得知大谷光瑞的夫人筹子去世了。"这真是做梦也想不到，此时此地，接到这封悲伤的电报。刚刚失去了霍·布斯，现在贵夫人又去世了。"[①]在喀什噶尔逗留了20多天后，他便于4月前往和阗发掘古物。

1911年，中国爆发了辛亥革命，国内局势比较混乱，同时，已较长时间没有得到橘瑞超的消息，大谷光瑞有些焦急，便于同年年初派吉川小一郎前往寻找。吉川经上海、汉口、兰州，于1911年10月5日到达敦煌，拍摄了敦煌千佛洞的部分洞窟。

在敦煌期间，吉川小一郎一方面派人向新疆各地发电报寻找橘瑞超，一方面又乘等待橘瑞超的机会骗购敦煌文书。根据吉川小一郎的《敦煌见闻》披露，10月10日，吉川就带仆从去了千佛洞，"打算和僧人交涉，获取藏于此洞内的唐经。经过长时间的商谈，终于达到了目的"。10月14日"晚上……阿米达洪送来一卷唐经"。10月16日，他们再次来到千佛洞，"直接进入洞内，取了经文的残片"，并住在千佛洞，对其进行参观照相。23日"早晨仔细察看洞窟，在众多的佛像中，选出两尊做工最精巧、损伤也少的佛像，和僧人交涉之后买下了，装入行李"。12月23日，"千佛洞的僧人来了。听他说，为了修理洞

[①]《中亚探险》第35页～36页。

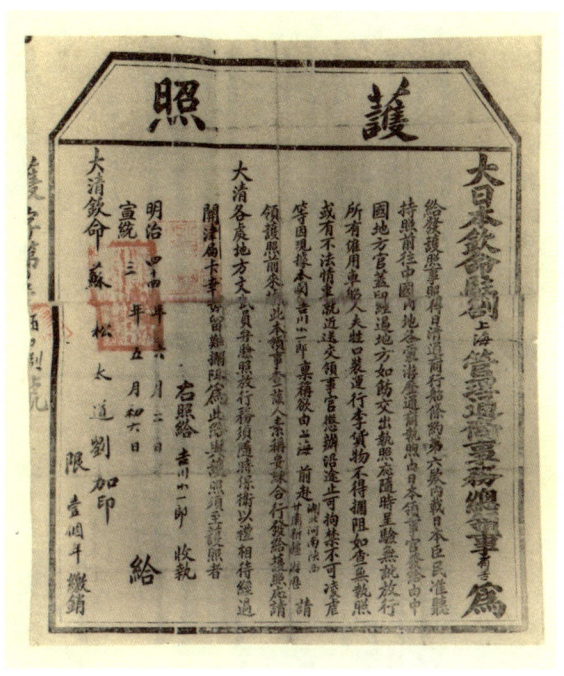

吉川小一郎的护照

窟，与肃州进行了交涉，但因为是非常时期，没能从衙门要到大笔钱。因此来我这儿，想卖掉所藏的唐经。但我看他拿来的东西质量都不太好。我让他拿一些更好的东西来，他却不肯痛快答应"。1912年元旦，由于敦煌县换了知县，前知县申端元"要去肃州，所以前来告别。作为礼品，送给我一卷唐经"。1月7日，"千佛洞的僧人拿了些像蒙古文字那样的经来了，但我不会鉴定，要等橘氏来"[①]。

橘瑞超从若羌向敦煌进发，便装扮成了维吾尔族人。因为橘瑞超在到达若羌前夕，得知中国内地发生了革命，并听说敦煌也处于激烈的战斗中。有关革命的谣言让橘瑞超雇佣的民工开始动摇，不愿意去敦煌。同时，作为外国人带领一支庞大的队伍进入城里容易被盯上，为了保护自己的人身安全和发掘掠夺的文物，橘瑞超便装扮成维吾尔族人前往敦煌，这还是若羌旅店的店主想出来的办法。当时，敦煌城

---

① 〔日〕吉川小一郎：《敦煌见闻》，见〔日〕大谷光瑞等著、章莹译《丝路探险记》，新疆人民出版社1998年。

1911年，吉川小一郎在莫高窟第444窟前室北壁用铅笔题写
"大日本京都吉川小一郎明治四十四年十月二十日"题记

中主要是汉族人，维吾尔族人很少。橘瑞超的维吾尔语虽然不熟练，但也不必担心被人看穿。他们在去敦煌的路上碰上了一个从敦煌回来的维吾尔族人。

那人说，"敦煌有一个日本人，滞留三四个月了。说罗布（泊）方面有一个日本人要来"，"另外一个日本人是从若羌方面来的"，"我带着那位日本人的一封信"。由于橘瑞超扮作维吾尔族人，并用维吾尔语和他交谈，故这个维吾尔族人不知道橘瑞超是日本人。橘瑞超接过信一看，信封上是中国若羌官府，背面署名吉川小一郎，便对那人说："我知道他们正找的那个日本人，过两三天带着骆驼队也顺着这条路来，我就是那个日本人雇的先遣人员，让我把这封信转交本人吧。交给若羌官员的话，本人已经不在了。"那个人走后，"我立即打开信，我深入西藏高原的时候，中国发生了革命，法主大谷光瑞师担心我处境危险，不知道我在什么地方，于是向驻在新疆的各国领事馆打电报，委托北京政府，做了各种努力寻找我的踪迹，由于我生死不明，特意派吉川小一郎来中国寻找"①。

得到这一信息后，橘瑞超便马不停蹄、日夜兼程向敦煌赶去。1912年1月26日，在敦煌与吉川小一郎相会。2月中旬，橘瑞超参观了千佛洞，但敦煌遗书经斯坦因、伯希和盗劫后，中国政府又将剩余部分运到了北京，这样敦煌就没有大批遗书供他们搜集了。"我和吉川君一起搜集古物、发掘故城址等，由于时间关系而未充分获得研究资料，是很遗憾的"，"我搜集斯坦因博士拿剩的东西，以及寺僧们隐藏放置的东西，先后带回国来"。②

在敦煌时，大谷光瑞就已命橘瑞超回国。"根据法主的命令，中国处于革命动乱中，经北京回国是很危险的，要取天山北路到俄国鄂木斯克，从那里坐火车走西伯利亚干线火速回国。"但橘瑞超不甘心随意放弃在中国的探险，他让吉川先去吐鲁番，自己则想"由安西沿北纬40度经阿拉善蒙古到鄂尔多斯的归化城附近探险"。当他到安西时，又收到了两份电报："如果到达安西，应中止在中国内地的旅行，立即回日本。"③这样，橘瑞超便不得不放弃这一计划，追赶上吉川小一郎，一起经哈密到了吐鲁番。他们在吐鲁番发掘了一些古物后，决定吉川继续留在吐鲁番工作，橘瑞超则到乌鲁木齐。在乌鲁木齐的俄国领事馆里，俄国领事对橘瑞超说："我国驻东京大使，受大谷光瑞伯爵的委托，搜索你的消息；日本驻俄国的本野大使也委托我国外交部，寻找你的行踪。一直得不到消息，听说安西出现一个日本青年，我想可能是你，立即发去了电报。中国现在发生革命动乱，在内地旅行是很危险的，大谷伯爵希望你尽快平安回国。由乌鲁木齐立即北上取道西伯利亚干线回国，路费由本领事馆为你准备。"④这样，橘瑞超便经西伯利亚铁路回到了日本。1913年2月，吉川小一郎也离开吐鲁番，经焉耆到库车，调查了库木吐拉、苏巴什等遗址后，又西进喀什噶尔，南下和阗，北上伊犁，最后东返乌鲁木齐，经吐鲁番、哈密、敦煌等地，于1914年5月回到北京，从而结束了日本第三次中亚探险（1910—1914年）。

与斯坦因、伯希和、奥登堡、斯文·赫定等考察团不同的是，大谷光瑞考察团既不是由博物馆等学术团体资助派遣，其成员本身也不是学者，尤其是他们的考察范

---

① 《中亚探险》第77页。
② 《中亚探险》第84页。
③ 《中亚探险》第92～93页。
④ 《中亚探险》第99页。

吉川小一郎（右）与安西电报局局长李又庚（左）、
安西直隶州知州侯葆文（中）的合影（1911年9月13日）

围很广，似乎不像他们所标榜的仅仅是考察佛教古迹。因此有人将日本的西域考察称为"间谍探险"。英国情报机关把橘瑞超视为间谍。甚至在日本也有传闻说大谷探险队兼搞军事情报。对此，《大谷光瑞》一书的作者杉森久英说："因为关系到当时的军事机密，所以公文书、证据等都没有留下。从［大谷］光瑞先生不断地对亚洲问题的发言来看，从他和军人接触的办法等来看，那样的事实可以说当然是有的，没有的话才怪呢？"日本敦煌学家藤枝晃先生说："日俄战争（1904年）前两年那种紧张状况中，带着大批行李要在俄国领土上旅行，被怀疑也是没有办法的。"①而橘瑞超的学生、日本学者金子民雄在介绍《中亚探险》这本书时，曾这样说：

> 西本愿寺的西域探险，说到底是以佛教东渐史和佛教遗迹的研究为目的，是学术活动。可是，世界上都以为他们并不是纯粹的学术调查。对于西本愿寺的行动，关心中央亚细亚的英国、俄国、中国要怀疑其是在佛教掩盖下收

---

① ［日］杉森久英、藤枝晃：《有关大谷探险队的答问》，载《敦煌研究》1994年第4期。

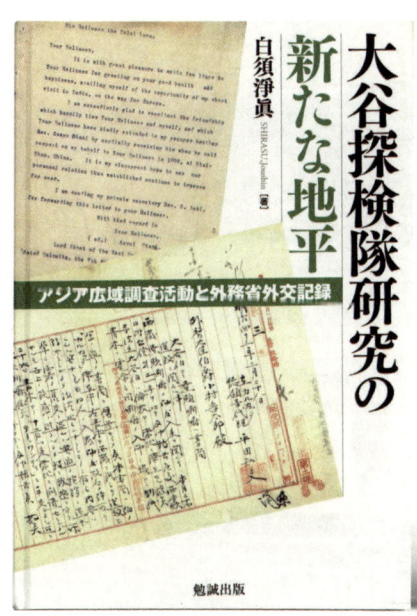

《大谷探险队研究的新篇章》

集情报,又有什么办法呢?这也有一定的道理。在新疆有利害关系的英国和俄国,在新疆各地建立有间谍网,新去那里的日本可能插足。俄国和中国在伊犁地区出现的边境问题,日本军部特别关心,也需要这里的情报。1880年,驻俄国代理公使西德二郎从俄国方面进入伊犁,在伊犁事件一触即发之际巡视了伊犁。12年后的1892年,有名的福岛安正少佐开始了单骑远征西伯利亚,这时候,他最大的目标就是伊犁,可见其重要性。

1908年橘瑞超师作为西本愿寺第二次西域探险队成员进入新疆的时候,当时乌鲁木齐和伊犁方面有外交部派出的林出贤次郎。林出是日俄战争期间1905年上海东亚同文书院的二期学生,向院长根津一说过想去新疆。这时候根津一从日英同盟的关系分析,日英两国调查研究外蒙[古]经新疆到印度之间的形势,可以达成互通情报的协议。分担的区域,从印度到新疆的喀什[噶尔]属英国,

西本愿寺内的御影堂

喀什以北至外蒙[古]一带归日本。外交部要求提出能够完成这一使命的人选，于是林出贤次郎被推荐到了新疆。

橘瑞超师与这位林出贤次郎接触后，对在新疆应该注意的问题得到了许多忠告。1910年，橘师第二次进入乌鲁木齐的时候，林出已经回国，没有见到他。

英国方面开始感觉橘瑞超师的活动系间谍行动，因为他在属于英国势力范围的喀什、叶尔羌、和阗等地区进行了绘图、测量。其实即使什么类似的行动都没有，还是会被怀疑的。

俄国怀疑西本愿寺西域探险队是日本军部的情报员，有着同样的时代背景。那是1901年，潜入西藏首府拉萨的河口慧海秘密给他的藏语老师写过一封信，信中揭露了俄国在拉萨进行渗透的阴谋，指出十三世达赖喇嘛以俄国沙皇的密使为心腹，西藏早晚要落入沙俄的控制之下。这个消息迅速传到印度外交部，感到危险的外交部，托西藏使节与西藏方面进行了反复的交涉，结果关系破裂。日俄战争期间的1904年，拉萨被英印军队占领。英印军队侵入拉萨，还是起源于河口慧海的情报。现在，相信他是日本军部潜入的间谍的外国人很多,而他那位以学者身份知名的藏语老师,是一个英国间谍。①

橘瑞超是否为日本的间谍?其在中亚的考察是否应称为"间谍探险"?目前我们还没有掌握比较可靠的材料。但从当时俄、英、日相互之间的关系及他们对中国的野心,加之从金子民雄近乎辩解的说明中,我们也还不能完全否定英国将其称为"间谍活动"的说法。

二、日本的敦煌吐鲁番文书

由于大谷光瑞探险队成员多是一些年轻的僧人,没有受过基本的考古学训练,同时,虽然他们写有一些日记或旅行记,却没有出土文物的详细记录,从而给整理研究工作带来了许多困难。尤其是日本的收藏,特别分散,其收集的敦煌文书和吐鲁番文书相混淆,不大容易分辨。再加上日本本身的整理工作不尽如人意,因而其数量一直模糊不清。下面我们主要以荣新江先生《海外敦煌吐鲁番文献知见录》为线索,结合陈国灿、施萍婷等先生在日本走访、整理的有关内容和资料,综合叙述如下。

大谷光瑞考察团第二、三次劫获的文物,主要放在大谷光瑞在神户郊外六甲的别墅二乐庄(二乐庄,1908—1914年在六甲山麓营建的大谷家别墅,其中设有英国、中国、阿拉伯、埃及等室。1912—1914年作为寺院子弟教育机关附设武库中学),并曾邀请京都大学的内藤虎次郎等学者参观研究。1912—1913年,橘瑞超首先编辑刊印了《二乐丛书》1号~4号,当然以佛经为主。1914年8月,曾在二乐庄举办"中亚发掘物之展览",国学大师罗振玉由于当时正在日本,也曾前去参观,并从橘瑞超处抄得其所编《敦煌将来藏经目录》,题为《日本橘氏敦煌将来藏经目录》发表于《国学丛刊》卷九上。1915年6月,香川默识将大谷探险队三次所获文物、文书,选出一些有代表性者,编为《西域考古图谱》一书,刊布了敦煌吐鲁番文书147号,这是大谷探险队所获社会历史文献的首次公布。

---

① 见〔日〕金子民雄:橘瑞超《中亚探险》"前言"。

1914年5月，由于西本愿寺内部财政问题，以及别墅二乐庄的建造、武库中学的经营被指为浪费，大谷光瑞被迫辞去西本愿寺的法主职位，决意外游。他曾到过我国上海、旅顺、大连、台湾，及东南亚等地，从事讲演和著述活动，大谷收集品也随之陆续分散到中、日、韩三国的公私收藏者手中。

当时二乐庄的部分收藏品也被送到旅顺港，包括敦煌和吐鲁番文书、钱币、犍陀罗雕像等。另外，二战后，留存在旅顺的一些文物被运回日本，保存在京都西本愿寺，被世人所遗忘。大谷光瑞去世后，整理他在西本愿寺的私人遗物时，发现两个大木头箱子，1953年被龙谷大学收藏。

此外，大谷光瑞在经济困难时还出售了一部分收藏品，其中部分收藏品后来捐给了当时的朝鲜总督府，成为今天韩国国立中央博物馆的收藏。京都国立博物馆和东京国立博物馆也分别保存有大谷光瑞原来的一小部分藏品。还有一些文物散落民间，成为私人收藏。正因为大谷收藏品流散于各处，给研究工作造成严重阻碍。[①]

1916年1月，随着二乐庄的住宅出售给久原房之助，一部分文物也归久原氏所有。随后不久，久原氏就将这批文物赠给了同乡、时任朝鲜总督的寺内正毅，因此便移存于朝鲜总督府博物馆，即今首尔博物馆。

大谷探险队劫获的文献资料，大概是由于大谷光瑞本人以后长住大连的原因，而运到了旅顺。1916年，由"满铁"将这批资料交给了将于1917年4月开馆的关东都督府"满蒙"物产陈列馆保存。此后，该馆几经更名。1934年12月，又改称旅顺博物馆。《新西域记》下卷（1937年4月版）附录收录的《关东厅博物馆大谷家出品目录》，著录了敦煌汉、藏文写经639件，还有部分新疆出土的文物文献。这个目录反映了1934年以前旅顺博物馆所藏大谷文书的基本情况。

旅顺博物馆所藏敦煌西域文物，在1945年日本战败、苏联红军接管该馆之前，就有相当一部分被运回日本。1951年2月，旅顺博物馆交回新中国相关政府部门接管后，更名为旅顺历史文化博物馆。1954年1月，文化部将该馆所藏敦煌汉、藏文写经620件上调，入藏北京图书馆善本部，只留下9件敦煌写经供展览之用，而西域文献和文物资料，仍由旅顺历史文化博物馆保管。

---

① 参见高奕睿、橘堂晃一著，郎朗天译，肖小勇审校：《日本的中亚探险：大谷探险队及其与英国的联系》，《西域研究》2014年第1期。

1. 龙谷大学图书馆

日本收藏敦煌吐鲁番文书数量最多者，当推京都的龙谷大学。由于这批文献来自大谷探险队而习惯上称之为"大谷文书"。随着大谷光瑞辞去法主职务，虽然一部分敦煌吐鲁番文书流散出来，但大部分还是收藏在西本愿寺的书库中。1948年10月大谷光瑞去世后，西本愿寺人员在整理其遗物时，从仓库中发现了两个大木箱，上有"大连关东别院光寿会"字样，其中装有大谷探险队所获敦煌吐鲁番文书、木简、绢画等。1949年春，按照大谷光照门主"希望对古文书进行综合性调查研究"的嘱咐，将这批材料移交给西本愿寺办的龙谷大学图书馆保存。为此，龙谷大学图书馆于1966年建成了专门收藏珍贵图书的书库——"龙谷藏"。"龙谷藏"室内有三个大柜，每柜从上到下有若干小抽屉，按顺序每个屉内放有文书，它们都是按一件或数件装入玻璃纸袋后，再装入牛皮纸袋的，藏室安全干燥。现在"龙谷藏"中的大谷文书，已全部附上了整理号码，即1001号～8147号，这中间还有若干空号。全部文书分为五组：第一组是汉文及回鹘文资料，编号为1001号～5840号；第二组是藏文书写的残片，编号为6001号～6070号（5841号～6000号为空号）；第三组文书全是西域古代文字断片，其中大部分是回鹘文资料，编号为6101号～6434号（6071号～6100号为空号）；第四组是胡、汉两种文字的文献，这些文书都是在纸的正面用汉文书写（几乎全是佛经），纸的背面用回鹘文、梵文、佉卢文、突厥文、粟特文书写，编号为7001号～7550号（6435号～7000号为空号）；第五组是《西域考古图谱》所发表文书的一部分，编号为8001号～8147号（7551号～8000号为空号）。值得特别提出的是这组文书中的8001号～8039号的39件文书，皆为李柏尺牍稿残片。

"龙谷藏"除以上主体部分外，还收藏有：（1）"橘文书"，橘瑞超本人曾把部分存放在旅顺的收集品带在自己身边，后来也交给龙谷大学图书馆收藏，这些文书被统称为"橘文书"。其内容由佛经23件、汉文文书13件、西域文字文书19件共55件组成。（2）

流失海外的敦煌文物

《西域文化研究》（6卷7册）

吉川小一郎曾将一些佛经残片共167片贴成一本取名为"流沙残阙"，后来也送给了"龙谷藏"。（3）大谷残片，是大谷探险队所获文书中残剩下的一些极小的碎片，约有667片。

当龙谷大学得到大谷文书后，便于1953年1月组成了龙谷大学西域文化研究会，并接受了文部省拨发的研究经费。研究会由龙谷大学校内外20多名研究人员组成，分为佛教、历史、胡语、美术四个部门。1958—1963年间，陆续出版了《西域文化研究》6卷7册，即：1958年出版的第1卷《敦煌佛教资料》；1959年出版的第2卷《敦煌吐鲁番社会经济资料》（上）；1960年出版的第3卷《敦煌吐鲁番社会经济资料》（下）；1961年出版的第4卷《中央亚细亚古代语文献》《中央亚细亚古代语文献·别册》；1962年出版的第5卷《中央亚细亚佛教美术》；1963年出版的第6卷《历史与美术诸问题》。这套书收集了数十位日本有关专家、学者的研究论文，是对大谷光瑞探险队三次考察活动在佛学、历史、考古、地理、文化、美术等方面最早进行全面研究的成果汇编，被学术界誉为包括敦煌学在内的日本中亚研究的金字塔。为了给国内学术界提

龙谷大学

供借鉴参考，20世纪80年代初，中国社会科学院历史研究所的姜镇庆、那向芹两位先生将其中的10篇论文译为中文，编为《敦煌学译文集——敦煌吐鲁番出土社会经济文书研究》，由甘肃人民出版社于1985年出版。

综上所述，《西域文化研究》大量刊布了敦煌吐鲁番文书，同时还对一些相关联、内容相近的文书经专家之手作了许多拼接整理。然而，这些成果仅仅是对易于归类成组的文书作的专题研究，并非对大谷文书全面的整理研究。20世纪70年代，龙谷大学佛教文化研究所决定编纂出版"龙谷大学善本丛书"，由小田义久教授承担大谷文书中汉文文书的整理与研究。他全面吸收了此前学术界对大谷文书研究的成果，按编号逐一对文书作了认真细致的整理录文，并给予标题，同时系统刊布了文书的图版，1984年出版了《大谷文书集成》第1卷，收集了1001号～3000号文书；1990年出版了《大谷文书集成》第2卷，收集了3001号～4500号文书；2003年出版的《大谷文书集成》第3卷，收入了4501号～8147号中的汉文文书；2010年出版的《大谷文书集成》第4卷，收入了7001号～7552号、9001号～9166号、10001号～10668号、11001号～11163号等文书。

1996年，日本京都法藏馆出版了小田义久的《大谷文书研究》一书。它是一部力图全面介绍大谷文书及其研究现状的学术著作。其内容以吐鲁番出土的汉文文书为主要对象，兼及库车所出的汉文文书。全书除序言外，共分五章，即第一章《大谷文书的研究与现状》，第二章《大谷探险队与大谷文书》，第三章《大谷文书概观》，第四章《高昌国时代诸文书研究》，第五章《西州时代诸文书研究》。由于小田义久教授多年来一直主持大谷文书的整理，特别注意文书出土的情况和背景，以及各编号之间的内在联系，从中发现了一些新问题，并将对这些问题的研究引向深入。

除正文之外，该书前面还有图版16页，刊列了32件文书照片；后面附有49页的《大谷文书研究文献目录》，在《尾语》之后，还编有《事项、人名索引》，极便于学者利用。[①]

2. 东京国立博物馆和京都国立博物馆

大谷考察团第一次西域探险所劫获的文物，当时被寄存在京都的恩赐博物馆（现京都国立博物馆）。第二次世界大战末的1944年，大谷家要求归还这批文物，但当时只归还了纸本文书，其他文物则归东京人木村贞造氏所有。1964年，日本文化财产保护委员会收购了这批文物，并于1967年移交给东京国立博物馆收藏。1971年该馆编辑出版的藏品目录《东京国立博物馆图版目录·大谷探险队将来品篇》，详细介绍了这批文物的来源，并刊出了文物的图版。其中敦煌写本《刘子》残卷和出自吐鲁番的《树下人物图》最为引人注目，已被日本政府列为重要文化财产。

京都国立博物馆也收藏有少量的敦煌吐鲁番文书。其中主要是守屋孝藏（1876—1953年）所捐赠的72件敦煌写经。另外，松本文三郎（1869—1944年）所保存的5件大谷收集品也收藏在京都国立博物馆。

3. 书道博物馆

位于东京的书道博物馆，是由中村不折于1936年以自宅创建的，它是日本私家收藏敦煌吐鲁番文献最多的地方。中村不折（1868—1943年）是日本书画家。1895年在中日甲午战争中任随军画家，获得一册《淳化法帖》，从此以后他便开始收集中国书画文物，作为古代书法珍品的敦煌吐鲁番文书，自然就成了中村大力收集的对象。通过各种渠道，他陆续获得了晚清任职新疆、甘肃的地方官员王树枏、梁玉书、

[①] 参阅陈国灿：《小田义久〈大谷文书研究〉》，载《敦煌吐鲁番研究》第3卷，北京大学出版社1998年。

东京国立博物馆

何孝聪、孔宪廷等人所藏敦煌吐鲁番文书,同时他还获得了一些日本收藏者的旧藏品。

书道博物馆的藏品属私人收藏,只有极少数人看过该馆所藏敦煌吐鲁番文献。1940年,金祖同寓居东京时,将中村不折赠予的一批文书图片,考释成册,编为《流沙遗珍》出版。该书共收文书25件,前为图片影印,后为排印本及考释跋语,在中国公布了该馆所藏的一部分社会文书图版。1962年商务印书馆编印的《敦煌遗书总目索引》散录中,《日本人中村不折所藏敦煌遗书目录》是根据1929年日本大藏出版社出版的《昭和法宝总目录》转录的。现在,陈国灿先生以该馆目录为基础,重新进行了拟题编号,共188号。[①]

4. 藤井有邻馆

位于京都的藤井有邻馆是当地颇为知名的私人收藏博物馆,它是为了公开展览在关西财界享有盛名的藤井善助收集品而于1926年设立的。馆名"有邻",乃取自《论语》"德不孤,必有邻",其寓意是日本与中国有深远的"善邻"关系,再加上其

---

① 陈国灿:《东访吐鲁番文书纪要(三)》,载《魏晋南北朝隋唐史资料》第14辑,武汉大学出版社1996年。

书道博物馆

收藏多是中国古文物,以其来自友邦善邻中国的缘故。

早在1954年8月,饶宗颐先生就参观了藤井有邻馆,对其所藏敦煌文书作了考察,发表了《京都藤井氏有邻馆藏敦煌残卷纪略》[①]一文,对该馆的藏品、特点、敦煌遗书的来源等作了介绍。据饶先生说,当年有邻馆藏卷有一目录,其首题为"何彦昇秋辇中丞藏敦煌石室唐人秘笈六十六种",由此可知,"藤井君所得者,即何氏旧物"。"何彦昇于宣统二年(1910年)官甘肃藩司,代理巡抚,当其任内,适学部咨陕甘总督调取敦煌经卷,着何氏收购到京。抵京后何氏先交其子鬯威。时官中册数,报有卷数而无名称及行款字数,故一卷得分为二三,以符报清册之数。何鬯威为李木斋盛铎之女婿,故菁(精)英多归李氏及何氏。"

20世纪90年代初,我国学者荣新江、陈国灿、施萍婷诸先生参观考察了有邻馆。陈国灿先生说,有邻馆的"不少文书上都有收

---

① 载《金匮论古综合刊》第1期,后收饶入氏著《选堂集林·史林》下,香港中华书局1982年。

藏家朱印，多者有三种，一为'何彦昇家藏唐人秘笈'印，二为'合肥孔氏珍藏'印，三是李盛铎的'德化李氏凡将阁珍藏'印。从三印看，似有部分文书原为合肥孔氏收藏，继而转入何彦昇，后又归于李盛铎凡将阁。1935年李氏死，此后不久这批文书便转卖给了日本有邻馆，在1938年8月4日之《读卖新闻》上曾报道了这一经过"①。

陈国灿和施萍婷先生都编制了有邻馆所藏敦煌遗书目录②，共60号。从其目录看，有邻馆所藏敦煌社会经济文书，以长行马文书最多。其中不乏珍品，如第60号"唐敦煌杂写一卷"内有"旌节文德元年十月十五日午时入沙州，押节大夫宋光庭，副使朔方押牙康元诚上下廿人。十月十九日中馆设后，廿日送"③。文中的宋光庭即P.2913《张淮深墓志铭》中提到的"中使宋光廷"。荣新江先生已利用这一记载，探明了唐朝授予沙州归义军节度使张淮深旌节的年代，解决了归义军政治史上的一大疑难问题。④另如第15号文书《唐金满县牒上孔目司为开元十六年税钱事》是存世极少的唐北庭都护府所属金满县的文书。原件共存5行，上有"金满县印"，内有"合当县管百姓行客兴胡总壹阡柒伯陆拾人"，它把百姓、行客、兴胡列举为当县所管人口的三个组成部分，对我们更进一步探讨唐西北地区的民族关系及地方行政管理，具有一定的启发。

5. 三井文库

三井文库正式创立于1918年，其前身是"三井家编纂室"。第二次世界大战期间，因遭空袭而转移、关闭，1965年重设。1985年，三井文库接受三井家（包括北三井家、新町三井家、南三井家）捐赠的文物和大量邮票，为了保管、研究以及展览这些文物，在三井文库院内，新建了别馆。敦煌文书原为北三井家收藏，随着1985年的捐赠也归入了三井文库别馆。

三井文库所藏敦煌遗书，施萍婷先生1989至1991年在日本时，与三井文库的同行逐件登记了这些写卷，回国后整理发表了《日本公私收藏敦煌遗书叙录（ ）——

---

① 陈国灿：《东访吐鲁番文书纪要（一）》，载《魏晋南北朝隋唐史资料》第12期，武汉大学出版社1993年。
② 见《魏晋南北朝隋唐史资料》第12期，又见《敦煌研究》1994年第3期。
③ 据相关报道，该写卷有邻馆已出售，现藏东京的东洋文库。
④ 参阅荣新江：《初期沙州归义军与唐中央朝廷之关系》，载黄约瑟、刘健明合编《隋唐史论集》，香港大学亚洲研究中心1993年；又见荣氏《归义军史研究》第191页，上海古籍出版社1996年。

三井文库所藏敦煌遗书》[①]一文，共著录敦煌遗书112件，每件都注明其名称、首尾题、抄录题记，并说明其纸数、尺寸、印鉴、纸背文字等。

据施先生介绍，这112件敦煌遗书全部是原北三井家收藏的。另外，新町三井家也收藏有敦煌写经，这批宝物现在何处，尚不得而知。

6. 唐招提寺

唐招提寺是唐代东渡日本的高僧鉴真和尚的住寺，也是现今日本律宗的本山，在中日佛教界都很有名。据现有资料所知，唐招提寺藏有敦煌遗书20多卷。王三庆先生在《日本所见敦煌写卷目录提要（一）》[②]中编写了"唐招提寺藏敦煌写经"，共著录了27件写本，并作了提要。施萍婷先生在《日本公私收藏敦煌遗书叙录（二）》[③]中

唐招提寺

---

① 载《敦煌研究》1993年第2期。
② 载台湾敦煌学研究会编《敦煌学》第15辑，台北新文丰出版公司1989年。
③ 载《敦煌研究》1994年第3期。

也编写了"唐招提寺藏敦煌写经",共著录了 28 件写本,比王三庆著录的多一件。其中 1 号～17 号是她本人于 1989 年 11 月在唐招提寺所亲见,18 号～28 号是据东洋文库所藏照片编制的。有此二目,我们就可以略知唐招提寺所藏敦煌写本的大致情况了。

7. 大谷大学

位于京都的大谷大学图书馆,也藏有部分敦煌写本,据目前情况所知,共 38 件。其中 34 件是东本愿寺前法主句佛上人捐赠的,3 件是句佛上人之弟、后任大谷大学校长的大谷莹诚购自李盛铎的,1 件是原大谷大学教授舟桥水哉三舟文库旧藏。1929 年出版的《昭和法宝总目录》中,收有《大谷大学图书馆所藏敦煌遗书目录》,共著录 34 件,即句佛上人捐赠品。1962 年出版的《敦煌遗书总目索引》中,在散录部分著录了 34 件藏卷,编号为散 0705 号～0738 号。王三庆先生在《日本所见敦煌写卷目录提要(一)》[①]中,根据其考察所得,编制了"大谷大学所藏敦煌写经"之提要,其中前 34 件依据《敦煌遗书总目索引》的顺序编写,由此可以了解大谷大学所藏敦煌遗书的简单情况。另外,1965 年出版的野上俊静编《大谷大学所藏敦煌古写经》和 1972 年出版的该书"续编",刊布了其所藏 38 件文书的图版。遗憾的是有些文书的图版不全,只收首尾两张照片。

8. 宁乐美术馆

位于奈良的宁乐美术馆,也收藏有一些敦煌吐鲁番文书,其中以蒲昌府文书最为有名。它被包在一个很大的锦缎书函内,函外书套上题"唐蒲昌府都督府官文残牒册",函内有伯希和法文题跋二纸,并附有不知名者的汉译文。

这批文书原为上海收藏家顾鳌(字巨六)所有。1936 年日本举办太平洋博览会,顾巨六便托人将这批文书带到日本,求售善价,当时恰好金祖同寓居日本,便为文书拍摄了照片,于 1939 年在

---

① 载台湾敦煌学研究会编:《敦煌学》第 15 辑,台北新文丰出版公司 1989 年。

《说文月刊》1卷5期和6期上发表《唐开元二年西州屯戍烽燧残牒跋》,向国内介绍了这批文书。1939年,文书又转为张石园收藏。1940年,这批文书便成为刚刚开馆的宁乐美术馆的藏品了。

陈国灿、荣新江、施萍婷诸先生都考察过宁乐美术馆的藏品,陈国灿先生还为其编了简目,共95号,发表于《魏晋南北朝隋唐史资料》13辑上。随后,陈国灿先生又接受宁乐美术馆馆长中村准佑先生的委托,对其所藏吐鲁番文书作了全面整理,完成了《日本宁乐美术馆藏吐鲁番文书》,由文物出版社于1997年10月出版。该书对宁乐美术馆所藏156件吐鲁番文书作了全面探讨,将其中的110片缀合为82件录文,采用上图下文的形式刊布。余下的46片属细小残片,存字甚少,或读不成文,因此只将图版发表,未作录文。

从其刊布的文书可知,宁乐美术馆所藏吐鲁番文书以唐开元二年(714年)的蒲昌府文书为主体。除宁乐美术馆的藏品外,京都桥本关雪藏有蒲昌府文书3件;日比野丈夫在1973年《东方学报》第45册上也介绍了他新获见的21片蒲昌府文书。[①] 日本所藏的这批蒲昌府文书,可与我国辽宁省档案馆所藏的5件蒲昌府文书相拼接。[②]

9. 静嘉堂文库

静嘉堂是日本三菱财团第二代社长岩崎弥之助于1892年创建的,它以收购日本、中国的流散古籍和文物为目的。静嘉堂文库藏有许多珍贵的汉文、日文古籍以及美术品,其收藏的吐鲁番资料,外界知者甚少,国内学者更是不得其详。1990年11月,荣新江先生走访了静嘉堂,详阅了其所藏的吐鲁番文书,随后在1992年北京房山国际敦煌学讨论会上提交了《静嘉堂文库藏吐鲁番资料简介》[③]一文。由荣氏此文可知,静嘉堂的吐鲁番文书是1935年前后由岩崎小弥太在日本购自某个中国书商。写本较残,购入时已装裱成折本形式的8册,主要是佛典断片。

10. 天理图书馆

日本天理大学附属的天理图书馆,建立于1930年。第二次世界大战后,由于经

---

① 参阅陈国灿:《东访吐鲁番文书纪要(二)》,载《魏晋南北朝隋唐史资料》第13期,武汉大学出版社1994年。
② 参阅荣新江:《辽宁省档案馆所藏唐蒲昌府文书》,载《中国敦煌吐鲁番学会研究通讯》1985年第4期。
③ 载北京图书馆敦煌吐鲁番学资料中心、台北《南海》杂志社合编:《敦煌吐鲁番学研究论集》,书目文献出版社1996年。

济问题，一些图书馆和收藏家相继出售所藏敦煌吐鲁番文书，而天理图书馆却着力收集。由于天理图书馆的敦煌吐鲁番文书主要是从旧书市场上收集的，因此其来历比较复杂，且多为散卷。其特点是张大千的旧藏品相对集中地入藏该馆。

由于台北的文化大学与日本天理大学缔结为姐妹学校，文化大学的王三庆先生作为交换教授于 1986 至 1987 年赴日一年。其授课之余，以阅读汉文小说和敦煌文物为主，并重点考察了天理图书馆所藏敦煌文书。除发表了一些专题论文外，王先生在对天理图书馆所藏敦煌文书进行详细考察后，完成了《日本天理大学图书馆典藏之敦煌写卷》。[①] 他按已装裱的册子和卷轴为单位，对每种文献的名称、起讫字句、题记、印章、今人跋语等都作了详细著录，并对这些文献的来源、分类、学术价值作了说明。

11. 杏雨书屋

2009—2013 年，武田科学振兴财团杏雨书屋出版了《敦煌秘笈》"影片册" 9 册和"目录册" 1 册，从而使以李盛铎旧藏为主的敦煌文献"最后的宝藏"终于面世。

《敦煌秘笈》共刊布 758 号敦煌西域文献（实际共编 775 号，缺 486～500、714、724 等 17 个号）。众所周知，羽田亨旧藏在日本各藏家中数量最多，内容也最受重视，长期受到敦煌学者的关注。这些藏品的主体来自李盛铎旧藏（编号 1～432），其余部分来自高楠顺次郎、富冈谦藏、清野谦次及其他私家旧藏。羽田亨收集敦煌文献的资金来自大阪制药商武田长卫兵的资助，因此，这批敦煌文献的所有权归属武田长卫兵，并入藏武田的个人文库"杏雨书屋"。1977 年，武田长卫兵将原"杏雨书屋"藏书全部捐赠武田科学振兴财团管理。

李盛铎旧藏敦煌文献的研究价值早就为学界所注意，李盛铎去世后，其第十子李滂[②] 于 1936 年将藏品卖给日本人羽田亨。但收藏一直隐秘，学界并不清楚，因此羽田亨藏品早就引起了学界的关注。

《敦煌秘笈》所收敦煌西域文献具有较高的学术价值，如社会经济方面，包括户籍、土地关系、契约、法律、诉讼牒状、社邑、账历等，几乎涵盖敦煌百姓社会生活的方方面面，均有较高的研究价值。1999 年 6 月，池田温根据羽田亨所提供的照

---

① 载《第二届敦煌学国际研讨会论文集》，台北汉学研究中心 1991 年。
② 李滂是李盛铎与一位日本女性横沟菊子所生。参阅高田时雄：《近代中国的学术与藏书》第 2～6 页，中华书局 2018 年。

片介绍了李氏旧藏的几件籍账、契约文书,并认为这些文书的识读,"其效果不可轻视"①。如《广顺二年(952年)正月沙州百姓赵盐久请田地簿》不仅补充了归义军土地制度研究的重要资料,表明请田制度的一贯实施,还反映了归义军后期户籍登记制度明显弛缓。又如羽52和羽65两件寺院算会文书与以往所发现的寺院算会牒存在一定的不同,对寺院会计制度的研究提出了新的问题。

佛教文献与文学方面,也有不少价值较高的文书,如羽550、羽446《金刚般若经开玄记》,具有佛教文献学斠补、辑佚及考订之价值,更有考察《金刚经》注疏发展之功用。此外如《王梵志诗》(羽30R)、《舜子变》(羽39V)、《太子八相变文》(羽708)、《太子成道经变文》(羽675)等,都是研究敦煌俗文学的重要资料。

敦煌文献中的景教文献,除《大秦景教三威蒙度赞》和《尊经》现藏巴黎法国国立图书馆外,另外的《志玄安乐经》(羽13)、《大秦景教宣元本经》(羽431),及《一神论》(羽460)和《序听迷诗所经》(羽459)四种景教写本原件均藏于杏雨书屋。②此外还有道教文献如《洞玄灵宝天尊说十戒经》(羽003R)、《中元节为亡师荐福发愿文(拟)》(羽072aV+羽038V)、《道教发愿文(拟)》(羽072b-1)、《道教相关艺文杂录(拟)》(羽072b-2)、《发病书之推年立法(拟)》残片(羽015)、《百怪图(拟)》(羽044)、《(唐)新修本草》残卷(羽040R)等,都具有较高的研究价值。③

杏雨书屋所藏敦煌文献,除了写卷本身的学术价值外,还是敦煌学学术史研究的重要资料,不少写卷上写有近现代藏家的收藏题记,由此可以了解部分写卷的流散过程。如羽628《佛说延寿命经》

---

① 池田温:《李盛铎旧藏敦煌归义军后期社会经济文书简介》,载潘重规等著《庆祝吴其昱先生八秩华诞敦煌学特刊》,台北文津出版社有限公司2000年,第35页。
② 陈涛:《日本学界的〈敦煌秘笈〉研究》,载《中国社会科学报》2010年12月9日,第13版。
③ 刘永明:《日本杏雨书屋藏敦煌道教及相关文献研读札记》,载《敦煌学辑刊》2010年第3期,第68~82页。

有许承尧所写的收藏题记,得知该写卷最早收藏者为前张掖县令龚佛平。又,羽609《增一阿含经》卷第三十三有陶庐老人王树枏题记:"余初至新疆,土人持大卷求售,无人过问,余每以贱价得之。自英、法、日本游士出重价购买,遂踊贵,又多将全卷割裂,零星分售,遂少全经,可惜亦可恶也。"① 这反映了外国探险家到来之前,敦煌吐鲁番文献在当地的流散情况。

除以上介绍外,日本还有一些零星的收藏,如日本国立国会图书馆、九州大学文学部、法隆寺等都收藏有数量不等的敦煌吐鲁番文书。

三、日本藏敦煌文物

大谷光瑞考察团先后三次在我国西北考察,其中前两次考察主要在新疆地区,仅第三次中途考察了莫高窟。由于他们到达敦煌时,藏经洞发现的大批文献文物已被斯坦因、伯希和劫掠而去,日本考察团在敦煌的收获似乎并不大。关于流散海外的敦煌文物收藏情况,有人总结为"藏于英国者最多最好,藏于法国者最精最良,藏于俄国者最驳最杂,藏于日本者最隐最秘",可见日本藏敦煌文物比较隐秘。

前已述及,日本的敦煌吐鲁番文书主要分藏在龙谷大学、大谷大学、三井文库、京都国立博物馆、书道博物馆、藤井氏有邻馆、天理图书馆、奈良唐招提寺、静嘉堂文库、杏雨书屋等处,还有一些由私人保存。

当然,大谷光瑞考察队所获艺术品的收藏也相对分散,主要包括三个部分:其一是日本东京国立博物馆藏品;其二是1915年橘瑞超卖给朝鲜总督寺内正毅的部分,现藏于韩国首尔的国立博物馆;其三是大谷光瑞带到旅顺,现收藏于中国旅顺博物馆的部分。关于这批文物的收藏、整理情况,目前已出版相关图册。

1915年5月,日本国学社出版由香川默识(カガワモクシキ)编著的《西域考古图谱》,分为上、下两册。此书收录了部分大谷探险队三次所获文物、文书,分为佛经、典籍、文书、绘画、钱币等,共有图片600余幅,首次公布了大谷探险队所获文物。《西域考古图谱》的出版使大谷光瑞考察团所获中国文物的基本面貌公之于众,基于其重要的价值,2018年浙江人民美术出版社将此书影印出版,以《中国文化史

---

① 图版见《敦煌秘笈》第八册,第203页。

迹——西域考古图册》为名。

日本的敦煌吐鲁番文物后又经流散，其主要原因是西本愿寺当时的财政状况。1914年，西本愿寺因常年赞助考察、修建二乐庄等，使寺院财政出现严重赤字，这直接导致大谷光瑞于5月份被迫辞去法主职位。此后他决意游历、布教，其中一些文物也随着大谷光瑞常住大连而入藏旅顺博物馆。1933年，关东厅博物馆（现旅顺博物馆）整理编辑《考古图录》，介绍了该馆馆藏的相关文物，其中就包括大谷探险队从中国西北所获的文物。

流散在韩国的部分，主要由韩国国立中央博物馆收藏，约2000件。1989年该馆编辑《中央亚细亚的美术——大谷探险队——韩国国立中央博物馆所藏》，由日本学生社出版。此书精选了127件（组）文物，包括在高昌、吐鲁番、敦煌等地的收获物。

二战后，大谷探险队的部分文物又从旅顺运回日本。甚至在1949年，即大谷光瑞去世的第二年，西本愿寺还发现了两个大木箱，上面有"大连关东别院光寿会"的字样，其中包括大谷光瑞考察团所获敦煌、西域文物、简牍、绢画等。[①] 当然这部分物品之后交由龙谷大学图书馆保存收藏。

流散在日本的敦煌文物多集中在不同的博物馆。1971年，东京国立博物馆编辑出版《东京国立博物馆图版目录·大谷探险队将来篇》，公布了该馆所藏的敦煌文书和文物，并附有图版。五十余年后，2022年9月21日至12月4日，东京国立博物馆又举办"与大谷探险队一同开启对古代丝织品的追溯之旅"的纪念专题展，在东洋馆5室展出。本次展览展出25件（组）日本大谷探险队在中国西北地区发掘的古代丝织品残片，其中敦煌的展品有归义军时期的幡残片（TI-505-19）、青地菩萨立像丝绸画残片（TI-505-3）、垂饰（TI-505-50）等。

此外，奈良大和文华馆也于1988年4月22日至5月22日举行中国西域的古代绘画特别展。根据此次展览，该馆出版了图录《丝绸之路上的绘画：中国西域的古代绘画》，书中公布了文物图片及信息，是研究日藏敦煌文物的重要资料。

当然日本藏敦煌文物也散见于私人藏品中，如1990年《大和文华》刊登的《大谷探险队发掘品拾遗》就公布了私人藏的一幅佛画残片。这幅画此前并未见到，是关

---

① 荣新江：《海外敦煌吐鲁番文献知见录》第159页。

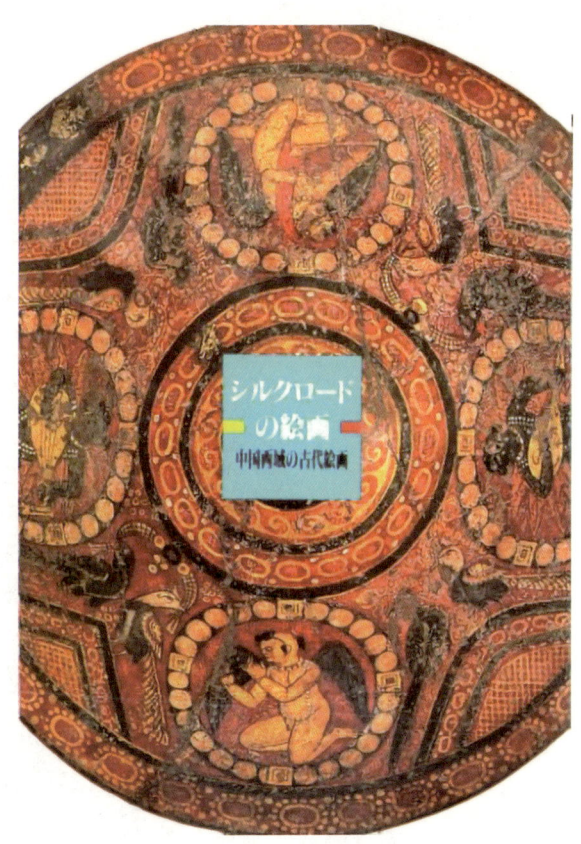

《シルクロードの絵画：中国西域の古代絵画》

于这批考察资料的补充。另外，日本现藏的敦煌文物还有与其他博物馆交换的物品，如地藏菩萨幡（编号 TA-158）、唐代菩萨像立幡（编号 TA-159）、二菩萨立像（编号 TA-160）就是与法国古美博物馆交换的结果，这三件物品皆为伯希和所获敦煌文物。

大谷光瑞考察团所获文物数量多，但因为他们的三次考察主要在新疆地区，仅第三次在敦煌探查，所以相比之下他们所获西域文书、文物的数量远远高于敦煌部分，而且敦煌文物的数量也远不及伯希和、斯坦因所获，但这批文物包含经幡、丝织品、佛像、菩萨像等，其价值不可忽视。如大谷光瑞考察团所获两件行脚僧图，制作精美，与伯希和带走的同类型图可以对照研究。关于行脚僧图，

行脚僧图[1]

[1] Haewon Kim, An Icon in Motion: Rethinking the Iconography of Itinerant Monk Paintings from Dunhuang, *Religions*, 2020（11）.

玄奘负笈图　编号：A-10600[1]

---

[1] 东京国立博物馆官网或 Haewon Kim, An Icon in Motion: Rethinking the Iconography of Itinerant Monk Paintings from Dunhuang, *Religions*, 2020（11）.

在敦煌遗画中共有十二幅，其中斯坦因劫走两幅，伯希和劫走七幅，大谷光瑞考察团收集两幅，俄罗斯藏一幅。大谷光瑞收集的两幅分别藏于日本天理图书馆和韩国国立中央博物馆。

韩国国立中央博物馆藏行脚僧图中，僧人头戴阔檐大斗笠，高鼻深目，脸型稍圆，嘴巴微张，身着圆点组合图案僧袍，脚穿草履，左手持麈尾，右手持长木杖，站在云团之上作行走状。他背负竹笈，竹笈内满载经卷，长木杖顶部挂一香炉垂在经卷上；僧人右侧猛虎探头露齿。前方绘一身乘云而来的佛像，佛像身着红色佛衣，结跏趺坐于莲台上，头部与身后皆有头光、背光。画面左侧有榜题栏，上半部分文字残缺，仅可见最后"如来佛"三字。这与伯希和劫走的行脚僧图构图相似，皆为僧人与猛虎相伴前行，前方有化佛乘云而来，似在为其指引，画面中僧人目光坚毅。值得一提的是，在现存的十二幅行脚僧图中，只有五幅中有"宝胜如来佛"名号的榜题，通过对比分析，可见画面中人物身份从供奉宝胜如来佛的僧侣到宝胜如来化身本身的变化。

此后，随着玄奘前往印度取经、译经，弘扬佛法，此类型人物身份又有转变，并特指玄奘。东京国立博物馆藏《玄奘负笈图》完成于14世纪。画面中玄奘伴随孤灯，负笈前行，目光坚定，步履从容，表现出他日夜兼程、不辞千辛万险的行旅形象，以及对佛教圣地与求取佛经的向往。通过对比发现，画面整体保持一致，当然，在形象和细节方面画师们也有所处理，如删去了化佛、猛虎、斗笠，并修改了高鼻深目的形象，使人物更贴近玄奘，也强化了玄奘苦修者的形象。由此可见，行脚僧像是玄奘画像确定其图像类型的基础。

此外，大谷光瑞考察团收集的纺织品数量较多，虽然其质量不如英、法所藏，但也是研究纺织、艺术的重要资料。如东京国立博物馆藏编号 TI-505-50 的鳞形垂带的制作工艺极为特殊。垂带，在敦煌壁画和文书中出现较多，常作为帷幔、帐额、伞盖的伞裙装饰、幡四种用途，按照形制的不同，分为单色垂带、双色拼缝垂带、系结垂带、鳞形垂带等，其中以鳞形垂带的制作工艺最为特殊。TI-505-50 总长 242 厘米，宽 76 厘米，上端缝着一排三角形饰片，其下分布着鳞形、条形、结形等各种形制的垂带，由颜色不同的绢织物组成。其中鳞形垂带正面分别由红色、褐色、黄色、蓝色、浅绿色的绢一片压着一片拼接缝合而成，每片布料下端呈三角形，整体从上到下由窄至宽逐渐递增，最后形成一条彩色的长条。

又如编号 TI-505-19 的经幡残片，自上而下分别为黄色绢、朵花夹缬绢，再从

垂带（部分） 编号：TI-505-50[1]

垂带 编号：TI-505-50[2]

---

[1] 东京国立博物馆官网，https://webarchives.tnm.jp/imgsearch/show/C0032471。
[2] 东京国立博物馆官网，https://webarchives.tnm.jp/imgsearch/show/C0032471。

幡残片　编号：TI-505-19[1]

连接处缝制而成。大谷光瑞考察团带走的经幡多为不同颜色绢缝制而成的，其上鲜有佛像、菩萨像等绘画，对于纺织品技法研究的价值胜于其艺术价值。由此可见，日本所劫敦煌文物的精美程度似乎不如伯希和、斯坦因所劫文物，但大谷光瑞考察团在敦煌的考察对于日本敦煌学的发展具有重要影响。

日本的敦煌学研究始于1909年。当1909年伯希和在北京时，日本书商田中庆太郎拜见了他并观赏了敦煌写本，随后便以《敦煌石窟中的典籍》为题，在北京日侨杂志《燕尘》第11期（1909年11月1日出版）上介绍了伯希和的收获，同时将这一消息传回日本。11月12日，大阪、东京两地《朝日新闻》上同时刊出题为《敦煌石室发见物》的文章，报道了这一消息。这是日本对敦煌文献的最早报道，被日本学术界称为日本敦煌学研究的"第一篇历史性文献"。

当日本京都帝国大学教授内藤湖南（虎次郎）得知这一消息后，立即致函罗振玉加以证实，并进一步了解详细情况。不久，罗振玉给内藤湖南和狩野直喜两人寄去了一些从伯希和处得到的敦煌写本照片，还有罗振玉1909年11至12月发表的两篇文章，即《敦煌石室书目及发见之原始》和《莫高窟石室秘录》。① 这些信息立即引起了日本东方学界的极大关注。从此，日本学术界特别是以京都地区为中心，开始了敦煌学的研究工作。

1909年11月28—29日，京都大学史学会在冈崎图书馆召开了第二届总会，会上展出了内藤和狩野从北京获得的敦煌遗书、雕刻和绘画等照片。内藤湖南等人还分别发表演讲，介绍对写本照片的研究情况。其中小川琢治以《中亚探险与伯希和敦

---

[1] 东京国立博物馆官网，https://webarchives.tnm.jp/imgsearch/show/E0138577。
① 罗振玉：《敦煌石室书目及发见之原始》，载《东方杂志》第6卷第10号（1909年11月）；
罗振玉：《莫高窟石室秘录》，载《东方杂志》第6卷第11号（1909年12月）。

煌之行》为题，介绍了敦煌地理；狩野直喜介绍了《老子化胡经》；桑原骘藏介绍了《景教三威蒙度赞》；羽田亨就《摩尼经》残卷作了解说；内藤湖南讲解了《西州志》残卷。这次会议的召开推动了日本的敦煌学研究。1910年，任职北京大学的藤田丰八，在北京发表了《慧超传笺释》，从某种意义上说，这是日本第一部整理敦煌文献的专著。

与此同时，大谷光瑞考察团获取的文物也陆续运到日本京都，从而更加促进了日本，尤其是京都"敦煌热"的上升。二战后，日本出版《西域文化研究》6卷7册，被誉为是包括敦煌学在内的日本中亚研究的金字塔。此书收集了数十位日本学者的研究论文，是对大谷光瑞考察团三次考察活动从佛学、历史、考古、地理、美术等方面进行全面研究的最早成果汇编，是在考察团所获文书、文物的基础上编纂而成，由此可见考察团的重要性以及大谷光瑞对日本敦煌学的贡献。当然，大谷光瑞和橘瑞超皆为僧人，考察团成员也没有受过考古学训练，所以虽然他们在途中记录了旅行性日记，但对出土文物并未有科学性的记录，这为之后的研究增加了困难。此外，考察团成员文物保护意识不强，橘瑞超就曾在途中打碎了泥塑佛像。而且，不可否认，这些都使我国文物遭受严重毁坏。

第六节

不甘落后的奥登堡

当斯坦因、伯希和、橘瑞超等都来敦煌盗宝时,俄国人也不甘落后,积极筹措,前来"分享"珍宝。事实上,早在1879年沙俄军官出身的普尔热瓦尔斯基在第三次中亚探查行记中,就已经提到千佛洞;罗波洛夫斯基在1893至1895年的探查报告中也简略提到了千佛洞,而沙皇俄国劫掠敦煌遗书的代表人物则是奥登堡。

一、组织考察的"俄国委员会"

奥登堡对敦煌遗书的劫夺,是在所谓的"俄国委员会"[①]主持下进行的。

"俄国委员会"是号称研究中亚及东亚的俄国委员会的简称。19世纪后半叶,西方各国的考察家、探险家已多次涉足中国的西北地区。其中俄国考察家曾来敦煌考察的就有:1881年 H. M. 普尔热瓦尔斯基考察团和1894年罗波洛夫斯基考察团。他们对敦煌石窟作了考察,并在报告中作了简单的描述,但未引起学术界应有的兴趣。

1891年,由于 C. Ф. 奥登堡的建议,俄国考古协会东方分会向俄国驻喀什噶尔领事 H. Ф. 彼得罗夫斯基询问有关西域(新疆)存有古代文书事宜。彼得罗夫斯基回

---

① 参阅中国社会科学院文献情报中心编:《俄苏中国学手册》第119~123页,中国社会科学出版社1986年;姜伯勤:《沙皇俄国对敦煌及新疆文书的劫夺》,载《中山大学学报》1980年3期。

答说：他已在多处发现佛教艺术古代文物，因而必须立即派遣俄国考察团对那些至关重要的历史文化区域进行考察。

由于当时俄、英两国在中国新疆、西藏的争夺，俄、日两国在中国东北的争夺，因此，俄国驻喀什噶尔领事馆扮演了非常不光彩的角色。它不仅为俄国考察家、探险家提供服务，而且还为其他有关国家提供方便。如斯文·赫定每次来新疆都在这个领事馆做沙漠探险前的准备工作；德国考察队的格伦威德尔、勒柯克，芬兰考察队的曼那海姆，法国考察队的伯希和等，都曾得到过俄国驻喀什噶尔领事馆的接待。

从1882年起，彼得罗夫斯基就开始担任俄国驻喀什噶尔领事馆的总领事，直到1903年离任。在他任职的这21年间，经他之手流入俄国的中国古迹文物数以万计。当然，他本人只是在喀什噶尔及周围地区作过零星考古调查，所获文物大部分是购买的，主要来自塔克拉玛干沙漠的觅宝人吐尔迪、和阗的文物贩子阿洪、库车商贩古拉姆·卡迪尔。同时，彼得罗夫斯基还多次在俄国杂志上撰文，提醒俄国学者注意塔克拉玛干古物，并将大批新疆古物运回俄国，交奥登堡研究。由于健康原因，彼得罗夫斯基于1903年退休，在塔什干[①]度过晚年。1905年，他把手中的最后一批古代手稿捐献给了俄国中亚东亚研究委员会。1908年，彼得罗夫斯基在塔什干去世。[②]

1898年，俄国地理协会东西伯利亚分会向东亚派出了由克列门兹率领的第一支科学考察团，并获得了许多考察成果，它给彼得堡带回了古代文物、公元1世纪佛教艺术以及汉文、藏文与梵文经卷样品。奥登堡便根据彼得罗夫斯基和克列门兹所获材料，提请沙皇政府组织一支西域（新疆）综合科学考察团。可是沙皇政府并未立即答复。[③]1899年10月在罗马举行了第十二届国际东方学家大会。会上，俄国东方学家拉德洛夫介绍了克列门兹在吐鲁番的盗掘活动和劫走的文书，引起了西方学者的垂涎，会上一些人"吁请"俄国政府及有关机构继续推进相关工作，拉德洛夫遂向大会提出了建立一个国际协会的提议。他的提案被通过，于是决定成立"中亚和远

[①] 塔什干，为苏联在中亚最大城市，现为乌兹别克斯坦首都、第一大城市和经济、文化中心。塔什干从公元6世纪起便以商业、手工业著称。由于其地理位置重要，再加上位于中西交通的要道，因此很早就与中国有往来。《明史》译作达失干。
[②] 参阅林梅村：《楼兰——一个世纪之谜的解析》第36页，中共中央党校出版社1999年。
[③] 参阅〔俄〕孟列夫：《1914年至1915年俄国西域（新疆）考察团资料研究》，载《中华文史论丛》第50辑，上海古籍出版社1992年。

奥登堡

东①历史学、考古学、语言学和民族学研究国际协会",以彼得堡俄国委员会为协会的中心委员会,俄国学者受委托拟订协会的章程草案。1902年,在汉堡举行的第十三届东方学家大会审查批准了这一章程草案,并由拉德洛夫和奥登堡负责筹组俄国中心委员会。1903年2月,俄国委员会的章程草案经沙皇批准生效,俄国专门研究中亚和东亚的委员会遂告成立,并由俄国财政部拨款5000卢布作为经费。

"协会"以及它的"俄国委员会"的出现,是西方殖民政策的产物。早在19世纪中期,英、俄帝国主义者利用新疆境内发生的少数民族起义,企图进一步阴谋染指我国西北边陲,因此就需要了解我国西北地区的地理和历史,而沙俄军队对伊犁地区的侵占,则有助于俄国学者、商人、军官、旅行家自由进入这一地区。其他经过中亚和中俄边境前往中国西北部的外国人也都需要得到俄国方面的

---

① 远东,西方国家开始向东方扩张时对亚洲最东部地区的称呼,一般指中国、朝鲜、日本和俄罗斯太平洋地区。

协助，而俄国也需要外国学者的研究成果作为交流，这就是成立国际中亚和远东协会及其俄国中心委员会的背景。正如日本敦煌学家金冈照光所指出的那样，"俄国南进要求海港"，英国也向中亚挺进，"以与俄国对抗"，"这种中亚探查的流行，是19世纪后半列强政治意图的结果，这是不可否认的事实"。[1] 于是沙俄政府以"科学考察的赞助者"的姿态出现，协助其他各国学者到中国西北考察。这样，所谓"俄国委员会"就成为沙俄政府插手的在中国西北等地窃取科学情报的前哨组织。

"俄国委员会"是这样一个组织，即会章所申明的宗旨："团结研究远东和中亚的俄国学术机关的代表们和（政府）各部的代表们，从而比负有更广泛任务的其他学术机构更能积极地从事有关中亚和东亚的研究工作。"就是广泛利用有学术兴趣的学者们的力量以组织一支专门队伍为沙俄侵略中国西北地区完成学术研究的任务。会章第一条规定委员会的基本任务是研究现存古迹，向当地人士和机构探明首先应该研究哪些古迹，在不远的将来应对哪些民族作语言学和民族学方面的研究，以便进行"科学上的抢救"。所谓"抢救"，实质上就是盗掘、抢劫由于气候特殊而保存下来的古代中国文化、印度文化等稀世文物和刺探各种情报。委员会的人员组织也十分明显地证明它是沙俄政府一手策划的以学术为幌子的殖民主义先遣队。会章规定，委员会由科学院、彼得堡大学东方系、考古委员会、地理学会、俄国考古学会，以及宫廷事务部、外交部、陆军部、财政部、国民教育部、内务部各派一名代表组成并置于外交部的直接管辖之下，外交大臣有权确定委员会成员及主席团、主席、副主席和两名秘书的人选，委员会成员中宫廷事务部的代表是沙俄殖民政策最积极的推行者乌赫托姆斯基公爵，陆军部的代表是总参谋部亚洲处主任瓦西里耶夫少将，委员会主席团主席是彼得堡大学东方系主任茹科夫斯基，秘书为巴托尔德院士和民族学家施坦贝格，重要的俄国东方学家都参加了委员会。

"俄国委员会"从1903年成立到1918年结束，其实质性活动是派遣个人和考察队进行考察，它策划了一系列在我国的"探查"活动，委员会发起人之一奥登堡的两次中国西北之行，也是由它派遣的。

---

[1]〔日〕金冈照光：《敦煌的民众——其生活与思想》第21页，转引自姜伯勤《沙皇俄国对敦煌及新疆文书的劫夺》。

二、奥登堡与敦煌盗宝

奥登堡（1863—1934 年），是俄国汉学家瓦西里耶夫院士的学生。他 1889 年毕业于彼得堡大学东方系，研究梵文和佛学，1900 年成为沙俄科学院院士，1904 年起任科学院常务秘书，1916 年任亚洲博物馆馆长，[①]1917 年又在克伦斯基的临时政府中当过"教育部长"，他是劫夺中国敦煌遗书的主谋者和急先锋。[②] 早在 1903 年 11 月 1 日，协会就接受了奥登堡"关于装备克列门兹领导的吐鲁番、库车考古考察队的建议"，政府也赞同这一决定，并拨出一项专款用于考察，由于日俄战争的爆发，使俄国大规模的中亚考察未能实现。

1908 年，协会在皇室乡间行宫举办了一次有关西域的展览，向展览会提供的艺术品和考古文物是俄国协会从边疆运抵的。这次展览给人们留下了深刻的印象。政府乃决定拨出专款用以组织到西域进行新的考察，并委托奥登堡制订一个更大范围和规模的考察计划。1908 年 12 月 16 日，俄国协会就奥登堡报告中拟定的研究计划和预算，决定组织一个以拉德洛夫为首，其中包括维谢洛夫斯基、克列门兹、奥登堡、什切恩别尔格在内的筹备小组，并就这一问题

---

① 亚洲博物馆成立于 1818 年，是今天俄罗斯科学院东方文献研究所的前身，该研究所的名称屡有变化：1918—1929 年名亚洲博物馆；1930—1955 年名苏联科学院东方研究所；1956—1968 年名苏联科学院亚洲民族研究所列宁格勒分所；1968—1991 年名苏联科学院东方研究所列宁格勒分所；1991 年后更名为俄罗斯科学院东方研究所圣彼得堡分所；2007 年 7 月 19 日更名为俄罗斯科学院东方文献研究所。1963 年和 1967 年出版两册目录时，其名称是苏联科学院亚洲民族研究所列宁格勒分所，所以当时的书名是《苏联科学院亚洲民族研究所藏敦煌汉文写本注记目录》。1999 年上海古籍出版社出版汉译本时，其名称是俄罗斯科学院东方研究所圣彼得堡分所，因此翻译的书名全称是《俄罗斯科学院东方研究所圣彼得堡分所藏敦煌汉文写卷叙录》，简称为《俄藏敦煌汉文写卷叙录》。

② 参阅姜伯勤：《沙皇俄国对敦煌及新疆文书的劫夺》。

进行了商讨，然后决定拨款 85000 卢布进行为期两年的考察。"而 1909 年只能拨出 35000 卢布，指派奥登堡偕同杜丁和一个考古学家进行八个月的考察，第二年再派一个大一点的考察队，并预先从中国史料中收集有关古代地区的文献资料"，在 1909 年 2 月 11 日俄国协会的会议上，正式宣告政府同意这一计划。

1909 年 6 月 6 日①，以奥登堡为队长的俄国考察队正式从彼得堡出发，其队员有画家兼照相师杜丁、矿业工程师兼地形测绘员斯米尔诺夫、考古学家卡缅斯基、考古学家助手彼特连柯。当考察队于 6 月 22 日到达楚古恰克后，奥登堡又雇了一名翻译——霍托。他们考察了喀什噶尔、吐鲁番和库车地区的古代遗存，盗掘劫走了大量考古文物，并从事测量和绘图。奥登堡就其考察结果在俄国考古学会东方部的一次会议上作了简单报告。这次考察所劫取的文物和资料分存于艾尔米塔什博物馆（冬宫）和东方文献研究所档案馆。

这次考察结束后，奥登堡于 1910 年 4 月 5 日在俄国协会的会议上对考察工作作了总结。会议遂决定：（1）在协会的《消息报》上刊登总结材料；（2）以协会的名义对考察队的全体成员以及给予帮助的人士致以谢意；（3）考察队运来的材料协会保有所有权。在 10 月 2 日的会议上，奥登堡就搜集书籍、抄本、古物和民族学方面的文物情况做了演讲，并出示了考察队研究过的 4 本照片图册和古建筑的平面图图册。1914 年，奥登堡公开发表了考察的初步研究成果报告，这个报告作为科学著作被俄国考古协会授予最高奖赏——一枚大金质奖章。

由于奥登堡在新疆考察中劫获了非常丰富的文物考古资料，使沙俄更加垂涎中国西北的宝藏。再加上英、德、法、瑞典等国考察队都相继来到中国西北盗窃劫掠，沙俄政府不愿居人之下，便对俄国委员会的拨款骤增，到 1913 年竟达 10 万卢布。1914 年初，奥登堡在俄国中亚与东亚委员会会议上，正式宣读了关于对中央亚细亚考察的方法。在 1914 年 2 月 8 日委员会会议备忘录上曾有如下记载："奥登堡指出，有些旅行—考察者的破坏性活动，根本无法谈及对历史文物与古代文献的研究，而是对其科学价值的破坏。他还提出，今后的考察必须十分慎重地对待这些无与伦比的历史文物与古文献。根据 С. Ф. 奥登堡的建议，选举了一个委员会。该委员会的

---

① 据相关研究，1918 年 1 月 26 日前，俄国使用的是儒略历，它比公历晚 13 天，即 6 月 6 日实际上是公历的 6 月 19 日。参阅李梅景：《奥登堡新疆与敦煌考察研究》，《敦煌学辑刊》2018 年第 4 期。

一个任务是……根据上述内容,起草告中亚与东亚研究国际协会各地方委员会书。"①因此,委员会于1914年5月又组织了规模更大的第二次考察团。

沙俄第二次考察团仍以奥登堡为领队,成员除杜丁和斯米尔诺夫外,还有画家宾肯贝格、民族学家罗姆贝格及十名辅助人员和一名中国翻译,考察的地点是敦煌石窟。这是因为斯坦因、伯希和、橘瑞超等人都在敦煌劫获了大量珍贵文书,奥登堡怎甘落伍呢?还在第一次新疆考察劫掠时,奥登堡就对科兹洛夫表示,他有前往敦煌的"夙愿",现在得到了政府10万卢布的拨款,不是能够如愿以偿了吗?因此奥登堡便于1914年5月率考察团来到我国敦煌考察劫掠。

奥登堡到敦煌考察的借口是寻找对中国西北地区佛教艺术遗迹进行断代的可靠依据,其真实目的是劫夺千佛洞的稀世珍宝。为了窃夺、考察千佛洞,俄国协会组织了第二次赴中国西北的考察团。1914年3月9日,协会同意了由奥登堡制定的为时一年的考察莫高窟方案。这次考察的基本目的在于全面彻底研究古老的敦煌石窟。为此,考察团作了充分的准备。在离开彼得堡之前,就制定了各项工作的详细计划:准确地绘制洞窟总体平面图、层次平面图、剖面图与正面图,确定了摄影对象,对特别重要的东西还要进行复描,并根据原定计划,尽可能详尽地进行洞窟描述。考察团的行进路线是塔城—奇台—乌鲁木齐—安西—哈密—敦煌千佛洞,然后绕过敦煌,经柳园返回哈密。②而后,在完成预定计划的情况下,再前往吐鲁番绿洲,在那里一直考察到春天。俄国协会的第二次中国西北考察始于1914年5月1日,终于1915年4月底。在考察期间,俄国协会不时收到考察团在旅途和考察地寄来的工作情况报告。奥登堡也定期给协会写信:7月10日,信寄自乌鲁木齐;8月4日寄自哈密;8月30日寄自安西;9月3日和10月20日寄自敦煌;最后一封信谈的研究结果。他在1914年6月2日从楚古恰克寄给协会的信中,附有两件维吾尔语抄本的片段。从6月3日到10月25日,奥登堡致卢德涅夫的所有信件和电报都谈到了考察团的工作和队员动身出发时的情况。这些信件和电报都在1914年11月1日协会的会议上宣读过。

考察团是1914年8月20日到达千佛洞的,奥登堡在当天的日记中写道:"2点

---

① 《俄国中亚与东亚研究委员会备忘录》,转引自〔俄〕Л.E.斯卡奇科夫《1914年至1915年俄国西域(新疆)考察团记》,载《中华文史论丛》第50辑,上海古籍出版社1992年。

② 参阅〔俄〕Л.E.斯卡奇科夫:《1914年至1915年俄国西域(新疆)考察团记》。

奥登堡考察团在莫高窟合影，前排左三是奥登堡

45 分与 C. M. 杜金（即杜丁）到达千佛洞，顺便看了看洞窟。4 点两轮车来。全都参观了，印象颇深。"到达的前三天是总的参观，只是预备性地粗略地观看了一下洞窟，以便确定工作的全部进程。当时决定不再为洞窟另行编号，而是照着伯希和的编号编下去，结果只是对伯希和编号中未曾编入的洞窟作了补充。又发现了三个洞窟，分别用 A、B、C 作了标志。而后绘制平面图，制作壁画残片和记述洞窟情况，拍照。根据考察，他们确认"古代洞窟的凿成时间是 1500 多年以前，壁画保存至今是由于气候干燥之故"。他们对千佛洞的考察一直持续到 1915 年初。

第一次世界大战爆发后，有关中国参战的消息，令他们恐慌不安，奥登堡等决定尽快结束在敦煌的考察。1914 年 12 月 31 日，考察团停止了敦煌的考察工作，开始着手将所获文物文献和艺术品整理装箱，直到 1915 年 1 月底才打包整理完毕。1 月 28 日奥登堡率领考察团成员和由 8 匹马、9 峰骆驼、11 头驴组成的驼队离开了敦煌。① 他们在敦煌期间，偷绘了 443 个洞窟的正面图，拍摄了 2000 多帧照片，劫走了多种壁画（片段）、布画、绢画、纸画、丝织品和写本。

在敦煌考察期间，他们详细研究了洞窟的装饰壁画，进行摄影、复描、绘画及其他工作。奥登堡交给杜丁一份摄影清单，所列均为他认为必须拍摄之物，而杜丁在其行程日记中写道："详细内容基本由我自己选定，此外还补充了若干题目，均悉我认为能在一定程度上具体地确定洞窟彩画风格的。"另外，杜丁对时间不足，无法对壁画艺术进行深入细致的研究感到遗憾。②

奥登堡于 1915 年 4 月 23 日回到圣彼得堡，俄国中亚和东亚研究委员会对于考察结果是满意的。经奥登堡提议，决定以委员会的名义给外交部去信，感谢在考察中给予帮助的俄国驻沿途各地的官员。

考察结束后，于 1915 年 5 月 2 日在俄国协会的会议上，出示了照片资料、部分平面草图、在洞窟发现的供印刷用的维吾尔语活字，随后报告了研究结果。就在这次会议上，协会还接受了奥登堡提出的建议，决定奖励那些顺利完成工作任务的考察团成员。在 1915 年 10 月 24 日的会议上，奥登堡向协会提交了由罗姆贝格在考察期间，主要是在千佛洞中所完成的彩色图画，这些画还附有简短的文字说明。

在莫高窟考察期间，考察团成员还对千佛洞作了比较详细的记录，如塑像、窟檐、顶部、四壁和底部等，都力争用数字与字母标明。奥登堡和他的助手们所编的目录，与谢稚柳的《敦煌艺术叙录》可以互相补充。从总体上看，奥登堡的目录详尽些，谢稚柳的《敦煌艺术叙录》完整些。但有一点应该注意，即自 1915 年奥登堡考察团离开敦煌后，无人看管的石窟继续成为外国人和邻近村落居民寻觅古董的目标，如美国人华尔纳就在 1923 年偷剥了一些壁画，运走了一身塑像；白俄士兵还在洞窟中住宿，使许多壁画被严重熏黑。再加上自然的破坏，石窟的面貌也发生了一些变化。正是从这个角度说，奥登堡的目录与伯希和的石窟笔记和照片一样，具有特殊的价值，即可以看到 20 世纪初石窟的原貌。

苏联科学院院士费德林说，奥登堡在敦煌盗窃的遗书，是其"借助现代科学方法，在发掘 1914 年已经以为是空了的莫高窟藏书室时，发现了这些写本，并于 1914

---

① 参阅李梅景：《奥登堡新疆与敦煌考察研究》，《敦煌学辑刊》2018 年第 4 期。
② 参阅〔俄〕Л.Е. 斯卡奇科夫：《1914 年至 1915 年俄国西域（新疆）考察团记》。

年至 1915 年俄国进行的中亚考察中，合法地运了来"①。所谓"发掘"，这是违背敦煌遗书之发现基本常识的。苏联另一位学者蒙西科夫说，奥登堡"成功地从当地居民中间搜集了许多写本"，他认为发掘工作在奥登堡的搜集中很可能仅占无足轻重的地位，大部分写本是从敦煌地区居民的手里所获取的。②如果是这样的话，那么苏联所藏敦煌遗书，为什么大部分是碎片，也就可以理解了。因为 1910 年敦煌文书被运往北京时，把许多文献，主要是一些碎小的遗书都遗弃而留下来了。另外，政府当局对藏文文献毫无兴趣，也没有收集运走，就在当地遗留了大量的藏文文献，从而使奥登堡也劫获了一部分藏文文书。③

奥登堡考察团在敦煌的考察资料主要包括以下几个方面：

1. 奥登堡旅行日记和其他考察人员笔记两本。
2. 关于莫高窟洞窟的著录，共著录洞窟 177 个，著录笔记共 6 本。
3. 莫高窟壁画的临摹和用描图纸作的线描图。
4. 杜丁关于敦煌壁画的笔记。
5. 全部摄影黑白图片资料约 2000 张。
6. 实测图和平面图。④

奥登堡考察团返回圣彼得堡后，他们的资料分成两部分：写卷移交亚洲博物馆（今俄罗斯科学院东方文献研究所）保藏；艺术品、地形测绘资料、民族学资料、野外考察记录和日记等存放到俄国博物馆、民族学博物馆、地理学会等各博物馆，后来几经搬迁，现全部收藏在艾尔米塔什博物馆东方部。

艾尔米塔什博物馆的敦煌文物收藏品，包括雕塑、壁画、绢画、纸画和麻布画以及丝织品残片等。其中佛幡与麻纸画佛像残卷 43 件，壁画 14 幅，大塑像 4 尊，

---

① 〔苏〕费德林：《敦煌写本（论文学的相互关系）》，载《苏联科学院通报》1967 年第 5 期。耿昇译文载敦煌文物研究所编《敦煌译丛》，甘肃人民出版社 1985 年。
② 〔苏〕蒙西科夫（即孟列夫）：《论古代中国的写本文献》，载《苏联科学院通报》1967 年第 5 期。
③ 参阅〔日〕藤枝晃：《敦煌写本概论》，耿昇译文载《敦煌译丛》。
④ 参阅张惠明：《1896 年至 1915 年俄国人在中国丝路探险与中国佛教艺术品的流失》，载《敦煌研究》1993 年第 1 期。

小塑像 24 尊，织物样品 58 件，写卷残卷 8 件，摹图、照片近 2000 张。[①]

回到圣彼得堡后，奥登堡曾计划对敦煌考察所获文献进行研究，出版相关的考察报告，同时还向俄国科学院历史—地理分所提交了《敦煌千佛洞石窟写本和雕塑特点》的写作大纲。但由于奥登堡既是一位梵语方面的专家，又兼任多种行政职务，是一位学术领导人和学术组织者，他的大部分精力和时间主要用在了组织领导工作方面，无暇进行具体的资料整理和研究。

三、俄国的敦煌文书

俄罗斯所藏敦煌写本情况，很久不为世人所知，这主要是奥登堡及其"考察团"成员的旅行记和工作日志，都藏在苏联科学院档案库，一直没有公布。

1915 年，奥登堡所劫遗书运抵圣彼得堡。1929 年，交给列宁格勒（今圣彼得堡）亚洲博物馆。现在文物部分收藏于圣彼得堡艾尔米塔什博物馆，写本部分则收藏于俄罗斯科学院东方文献研究所的"敦煌特藏"中。实际上，"敦煌特藏"中的一部分文书，并非来自敦煌，而是从新疆等地搜劫的。

俄罗斯科学院东方文献研究所是俄罗斯研究东方学的国家级主要研究机构之一，也是俄罗斯汉学研究的重要基地之一。这里荟萃了东方学界许多著名的专家学者，集中了数以万计堪称世界级珍宝的东方学文献。

1818 年成立的亚洲博物馆，是今天俄罗斯科学院东方文献研究所的前身，1930 年 5 月，在亚洲博物馆佛教文化研究所、东方学家委员会和突厥语言学研究所的基础上成立了苏联科学院东方学研究所，并以其所藏 25 万种图书组成东方学所图书馆。图书馆新设两个特藏部，即穆斯林文献收藏部和东方古写本特藏部。与此同时，还组建了一个专业研究室——中国·唐古特研究室，主要研究科兹洛夫在中国劫获的黑水城唐古特（即西夏）的收集品。

1950 年，东方学所由列宁格勒迁往首都莫斯科，在列宁格勒成立苏联科学院东方学所列宁格勒分所。原东方所的东方古写本特藏部仍保留在列宁格勒分所。

不久，东方学分所成立远东部。1962 年，由远东部分出中国部、日本部、韩国

[①] 参阅宋晓梅：《俄罗斯科学院东方学所及所藏中国学文献》，载《中国史研究动态》1998 年第 9 期。

位于涅瓦河畔的俄罗斯科学院东方文献研究所

组和远东写本发布组。1963年,为了适应汉学研究更加专业化的趋势,分所将中国部分成几个专题组——敦煌手稿组、中国刻本组、文学组、语言组和思想史组,各组负责相关学科或专题的研究工作,本部则只起组织协调作用,使中国学的研究更趋于系统化、专业化。

苏联解体后,列宁格勒更名为圣彼得堡。目前位于涅瓦河畔的东方文献研究所,以东方学文献的世界三大收藏地之一而闻名于世。从中国劫获的敦煌吐鲁番文献、黑水城文献等均藏于此。由上海古籍出版社出版的《俄藏敦煌文献》全17册,就是由俄罗斯科学院东方研究所圣彼得堡分所、俄罗斯科学出版社东方文学部和上海古籍出版社共同编纂的。而《俄藏黑水城文献》全11册,也是由俄罗斯科学院东方研究所圣彼得堡分所、中国社会科学院民族研究所和上海古籍出版社合编,并由上海古籍出版社出版。

1920年,阿列克谢耶夫的《苏联科学院亚洲博物馆汉文和朝鲜

俄罗斯科学院东方文献研究所

文藏卷》、1922年奥登堡的《千佛洞》[①]都只透露了点滴情况。1917年日本人矢吹庆辉，1931年法国人伯希和对其稍有接触，但也只是简单地提及和介绍过其中的几卷写本。20世纪30年代，苏联科学院东方学研究所的弗鲁格为列宁格勒所藏敦煌卷子编了部分简目，即《苏联科学院东方学研究所所藏汉文写本（非佛经之部）简报》[②]《苏联科学院东方学研究所所藏汉文佛经古写本简目》。[③]由于弗鲁格于1942年饿死于被围困的列宁格勒，编目工作中断，苏联所藏敦煌卷子也再次消踪匿迹。

1957年，郑振铎在苏联访问期间，曾看过其所收藏的部分敦煌文献。由于郑振铎在1958年10月遇难，没有来得及公开发表其见闻，只在写给徐森玉先生的信件和其日记中有些反映。这封信写于1957年11月18日晚上，信中说："我于前天到了列宁格勒，立刻开始工作。莫斯科的人告诉我，在列宁格勒有一万卷以上的敦煌卷子和一万多卷的西夏文的佛经。所以，我很急于到这里来，在莫斯科的工作一结

---

① 载《东方学杂志》第2卷。
② 载《东方目录学》1934年第7期。
③ 载《东方目录学》1935年第8期至9期。

束，当夜就乘夜车赶来。上午九时半到，休息了一会儿，十二时就到东方研究所去看敦煌卷子，因为时间不多，只将他们放在手边的几十卷翻阅了一下，就发现有'维摩诘经变文'二卷，都是我们所不知道的，昨天是礼拜天，不能去续看……今天上午，又到了东方研究所，续看敦煌卷子，共看了二三百卷。还要讲演一次（约三小时），讲毕，又要吃午饭。所以，下午……急忙忙地看，又看了二百卷左右，都是他们事前挑选出来的，未被挑选的，不知还有什么'宝物'在内，就这几百卷东西，已有不少十分惊人的，像庄子一卷（《渔父》篇），文选一卷（谢灵运《述祖德诗》二首，韦孟《讽谏诗》一首，《张茂先励志诗》一首，曹子建《上责躬应诏诗表》一首），《孝经》二卷，《论语·子路第十三》一卷，《左传》二残卷，《老子》第七十一至八十章一卷，还有《王梵志诗》《五更转》《十二时》等等，目不暇给，手不停钞（抄），可惜已经到了他们下班之时，天色已经黑了，只好'留以有待'。"① 由于这封信直到1986年才公开发表，所以此前世人对这些情况都不知道。

真正引起学术界震动是在 20 世纪 60 年代初，在莫斯科举行第二十五届国际东方学家大会期间，苏联宣布了有关敦煌卷子的消息，并由列宁格勒分所陈列了敦煌文书若干件，供与会各国学者参观。法国学者戴密微在《列宁格勒所藏敦煌汉文写本简介》一文中说："1960 年 8 月 14 日，来自欧亚大陆两端的两位多年研究敦煌写本的汉学家，一个日本人，一个法国人，共同登上位于涅瓦河畔豪华建筑台阶的巨大楼梯。苏联科学院亚洲民族研究所（前东方研究所）就设在那里。当他们在一张桌子上发现了一大堆特意为他们准备的敦煌写本时，显得多么惊讶而不知所措呀！因为他们不仅根本就不知道此处还存在有这类写本，而且半个多世纪以来，所有的汉学家们实际上都对这批写本一无所知。"至此，国际上才知道苏联还藏有数量惊人的敦煌文献，但具体情况和内容、数量都不大清楚。

1963 年和 1967 年，苏联东方文献出版社出版了由孟列夫主编的《苏联科学院亚洲民族研究所所藏敦煌汉文写本注记目录》② 两册，著录了 2954 号文书。据编者称，这两册目录所著录的写本约当总数的 1/3，由此推知，列宁格勒分所藏敦煌文书有 1 万件左右。孟列夫本人也撰文说，奥登堡在敦煌所劫文物，包括"1.2 万卷写本，还

---

① 徐文堪：《郑振铎与列宁格勒所藏敦煌文献———记西谛先生的一通手札》，载《读书》1986 年第 10 期。
② 汉译本已由西北师范大学敦煌学研究所组织翻译，上海古籍出版社 1999 年出版。

有许多艺术品以及代表着物质文明的物品"①。但由于苏联所藏敦煌资料公布很少,目录也只出版了两册,所以直到20世纪80年代,其确切情况不得而知。法国敦煌学专家戴密微曾说:"当奥登堡于1914年至1915年在中亚探险时,我们不知道他是如何搜集到手一批敦煌汉文写本。在数量方面甚至可以同伦敦、巴黎和北京的那批藏卷相媲美,因为人们声称列宁格勒共藏有1万多卷,但具体数目却始终没有弄清楚。"②

1983年,法国国立科学研究所的吴其昱先生奉法国国立科学研究所之派遣,前往列宁格勒访问苏联科学院列宁格勒分院东方学研究所,阅读了所藏部分敦煌写本,并尽十日之力,对苏联所藏敦煌写本情况进行了初步了解。1986年,吴其昱先生参加了在台北举行的"敦煌学国际研讨会",他提交会议的论文是《列宁格勒所藏敦煌写本概况》,③比较详细地记录了苏联收藏品的基本情况,从此文并结合其他材料,可以了解苏藏敦煌写本的大致情况。

首先,碎片特多。苏联所藏敦煌文献,共11375号,大致可分为五部分:(1)F1～F325,即20世纪30年代弗鲁格所编之号码。(2)Dh1～Dh2800,此为东方学研究所图书馆书号。Dh指敦煌。上列两项已编入孟列夫的两册目录中。孟目编至2954号,与旧藏号码不同。旧编一号,孟目有分两号或数号者,又旧编Dh1～Dh2800号中,有孟目未收入者,但绝大部分均收入孟目。按写本长度超过62厘米者,经初步统计,仅259号。又写本长度不及1厘米者,经粗略统计共约1889号。(3)Dh2801～Dh9584号,共6784号,大都为手掌大小或更小之碎片。(4)Dh9585～Dh10150号,共566号,是奥登堡于1909年秋从

---

① 〔苏〕蒙西科夫(即孟列夫):《论古代中国的写本文献》,载《苏联科学院通报》1967年第5期。
② 〔法〕戴密微:《列宁格勒所藏敦煌汉文写本简介》,耿昇译文载《敦煌译丛》。
③ 《汉学研究》1986年4卷第2期《敦煌学国际研讨会论文专号》。

黑水等地劫获的，并非敦煌所出。外加孟目9号，亦出于黑水，共575号。（5）Dh10151～Dh11050号，共900号。残叶一纸上下或更小碎片。其中11号有号无书，实际只有889号。从上述可知，遗书总数为11375号，减去黑水所得575号，敦煌文书共10800号。其中小碎片6784号，再加孟目中纸张不及31厘米者，其中亦有相当数量之小碎片，约1849号，二者共约8633号。长度等于或超过31厘米者，约2200号。

其次，佛经特多。据孟列夫主编目录一二册初步统计，佛经约占86%，其比例与伦敦、北京所藏相近。

再次，时有孤本珍本。如《郑虔残札》（Dh10839）、《孟兰盆经讲经文》（Dh10734）、《曹宗寿造帙疏》（孟目第一册第767页影印件）、《建中三年三月廿七日授百姓部田春苗历》（孟目1570）等。

另外，奥登堡曾到莫高窟各洞搜劫遗书，所获来源非一，故俄藏敦煌写本并非全部出于藏经洞（即第17号窟）。其所劫文书在起讫年代上也很值得注意。在俄藏1万多号文书中，纪年最早的是北凉缘禾三年（即北魏延和三年，公元434年）《大方等无想大云经》，较晚的有大宋咸平五年即公元1002年写本。

1991年5月，中国敦煌吐鲁番学会代表团沙知、柴剑虹、齐陈骏一行三人，应邀前往列宁格勒访问，了解其所藏敦煌文书的情况。据当时从事敦煌文书研究工作的孟列夫和丘古耶夫斯基介绍，俄藏敦煌文书比以前所说的12000号要多，可能有18000号之多。[①]1995年，敦煌研究院段文杰、施萍婷、李正宇等先生前往俄罗斯圣彼得堡，考察敦煌文物的收藏、保存和研究情况。据李正宇先生介绍，俄藏敦煌文献"目前编号已达18943号，另外还有一些碎片尚待编号"[②]。

---

① 参阅沙虹骏：《中国敦煌吐鲁番学会代表团应邀访苏》，载《中国敦煌吐鲁番学会研究通讯》1991年第2期。
② 李正宇：《俄藏中国西北文物经眼记》，载《敦煌研究》1996年第3期。

至于俄藏敦煌文献的价值，原先人们认为多为碎片，价值不大。施萍婷先生考察后指出，俄藏敦煌文献是藏经洞出土物的缩影。敦煌文献中常见的佛教典籍、道教典籍、社会经济文书、敦煌文学……应有尽有。伦敦、巴黎、北京的收藏各有其独一无二之物，圣彼得堡的收藏也是如此。① 由此可知，圣彼得堡与北京、伦敦、巴黎一起，构成了世界上敦煌文献收藏的四大中心。

目前，俄藏敦煌与黑水城文献经中俄双方学者共同整理编辑，已由上海古籍出版社全部出版。共包括《俄藏敦煌文献》全17册、《俄藏敦煌艺术品》全6册、《俄藏黑水城文献》全26册。

四、俄藏敦煌艺术品

相较于斯坦因、伯希和所获敦煌文物，奥登堡所获的敦煌文物数量少，残片较多。究其原因，主要表现在两个方面：其一，20世纪初，奥登堡考察团虽然两次来到中国西北考察，但他们仅在第二次考察时将敦煌作为目标，他们第二次在敦煌工作的时间仅约四个月，且在此期间他们还进行了多次野外考察。其二，奥登堡考察团到达莫高窟的时间是1914年8月，此前已经有斯坦因于1907年、伯希和于1908年分别来到莫高窟，劫走文书、艺术品的数量甚多；1910年，清廷又电令陕甘总督将藏经洞所剩文物押送至北京，现藏于国家图书馆；1912年日本人吉川小一郎率领大谷探险队到达莫高窟，带走部分文物；1914年斯坦因再次抵达莫高窟，带走较多文物；因此，当奥登堡考察团到达莫高窟时，留给他们的藏经洞文物已寥寥无几，他们也只能从其他洞窟再次寻找，最终带走艺术品300多件。这个数量与斯坦因、伯希和劫走的艺术品相比可谓相形见绌，但这是在莫高窟历经多次劫难后的"收获"，可谓丰富。且其在价值上对敦煌石窟艺术、丝绸之路东西文化交流等方面具有重要作用，甚至使"伯希和与郑振铎这样的大行家叹羡不已"②。

然而，对这批艺术品的整理则相对较晚。1915年夏，奥登堡考察团所获敦煌文物运到圣彼得堡后，分别被安置在人类学与民族学博物馆（Кунсткамера）和亚洲博

---

① 参阅施萍婷：《俄藏敦煌文献 DX1376、1438、2170 之研究》，载《敦煌研究》1996年第3期。
② 孟列夫：《1914—1915年俄国西域（新疆）考察团资料研究》，载钱伯城主编《中华文史论丛》第五十辑，1992年。

物馆（今东方文献研究所）保存；1934年，这批艺术品被转移到艾尔米塔什博物馆东方部，至今仍保存在此处。① 事实上，1915年奥登堡回到圣彼得堡后，就有整理敦煌所获资料的计划，然而因为他身兼多种行政职务，且作为梵文学家他将研究重点置于此方面，这在一定程度上延缓了整理工作。此后，由于国际局势的改变、国内斗争的加剧，使得整理工作一再搁置。

直到20世纪30年代，艾尔米塔什博物馆开始进行馆藏中国文物的整理工作，其中新疆部分由佳科诺娃（Н. В. Дьяконова）负责，并于1995年出版《锡克沁》，此书以考察团在焉耆锡克沁遗址所获文物，以及当时的测绘地图、原始记录等为内容；2011年艾尔米塔什博物馆、西北民族大学、上海古籍出版社在此书的基础上，联合出版《俄罗斯国立艾尔米塔什博物馆藏锡克沁艺术品》，补充了学界对俄藏新疆艺术品的研究资料。敦煌部分由鲁多娃（M. L. Рудова-Пчелина）负责，她从20世纪50年代开始着手此部分资料的整理工作。20世纪70年代初，俄罗斯科学院东方研究所将其收藏的71件敦煌藏品，包括绢本、纸本绘画，移交给艾尔米塔什博物馆进行修复、展出。②1976—1977年间，东方研究所又将保存的绘画残片及孟列夫调查中发现的纺织品移交至艾尔米塔什博物馆。在此阶段，俄罗斯学者发表了关于俄藏艺术品的少量文章，但并未见大规模的系统整理与公布。

事实上，俄藏敦煌艺术品以佛教题材为主，制作精美，具有较高的图像学、工艺学价值，其中有些藏品甚至可以和收藏在其他国家的敦煌艺术品相印证，对于学术研究有重要意义。因此，1989年上海古籍出版社社长魏同贤、总编辑钱伯城、副总编辑李国章和主任李伟国应邀在俄罗斯科学院东方研究所访问时，就详细考察了艾尔米塔什博物馆藏中国艺术品，且有整理出版的意向。经过长时间的调查，1991年上海古籍出版社敦煌小组与艾尔米塔什博物馆馆长彼奥特罗夫斯基（Mikhail Piotrovsky）等举行了会谈，表达了出版《俄藏敦煌艺术品》的意向，并初步商讨了具体分工、编纂设想和实施方案。此后，经过多次协商与商讨，直到1993年上海古籍

---

① 玛利雅·缅什科娃《艾尔米塔什博物馆250华诞》，载赵丰主编《敦煌丝绸艺术全集》俄藏卷第14页，东华大学出版社2014年。

② I. F. Popova, *S. F. Oldenburg's Second Russian Turkestan Expedition(1914-1915),Russian Expeditions to Central Asia at the Turn of the 20th Century*, St. Petersburg: Slavia, 2008, p. 174.

出版社副社长李伟国抵达圣彼得堡，与艾尔米塔什博物馆签订了出版协议，整理出版《俄藏敦煌艺术品》的计划正式落实。为了保证书稿的精益求精，1995年敦煌研究院院长段文杰访问圣彼得堡，对所藏艺术品的研究和定义提出了精辟的见解；同年，时任敦煌研究院副院长樊锦诗在上海查阅了全部艺术品照片和考察团的资料，对编辑出版工作给予具体指导。[①]1997年12月《俄藏敦煌艺术品》第一卷由上海古籍出版社正式出版。随后第二卷至五卷也先后于1998年、2000年、2002年出版。这套书包含俄藏敦煌雕塑、壁画、绢画、纸画等文物，还有奥登堡考察团所摄照片1000余幅，以及测绘、临摹图，是关于奥登堡考察团所获文物及考察情况的综合性资料，也是目前为止学界了解俄藏敦煌艺术品最全面的资料和工具书。

俄藏敦煌艺术品350余件，数量较少，种类却多，包括雕塑、壁画、绢画、麻布画、纸画、丝织品等。从形态上看，碎片较多，部分艺术品由多个碎片拼接而成，如《睒子菩萨经变》就是由Дх197、198两件拼接而成；Дх225的《弥勒佛》是由4片残片拼接；还有编号Дх316的《观无量寿经变》则是由35件残片拼接。当然，经过修复后，这些艺术品具有重要价值，其中《迦叶、阿难像》《西方净土变》等具有重要的艺术价值，对石窟寺研究和佛教艺术研究颇具意义；《花树双鹿连珠纹幡头》《飞鸟纹织锦》等则体现了丝绸之路东西方文化交流的结果。以下按照具体分类，以部分艺术品为例做一展示。

奥登堡劫走的艺术品中包含40余件雕塑。这批雕塑包含人像、动物像、武士、金刚残件等。其中，编号Дх5、Дх6、Дх8、Дх9四件皆为佛陀胁侍；Дх6、Дх9为佛陀的两名弟子，分别高91厘米、69厘米；Дх5、Дх8为胁侍菩萨，高度皆为65厘米。其中Дх6为弟子阿难，容貌端庄，面如满月，眼如青莲花，低头思索，认真

---

① 俄罗斯国立艾尔米塔什博物馆、上海古籍出版社：《俄藏敦煌艺术品》第一册第20页，上海古籍出版社1997年。

听法；Дx9是佛陀的另一个弟子迦叶，是佛陀弟子中年长的苦修者，这从人物额头的纹路就可以看出来。另外，雕塑者为了突出迦叶的苦修，甚至在胸前塑出明显的肋骨。另外两尊塑像为胁侍菩萨。其中Дx8菩萨头戴冠，肩覆披巾，环绕在胸前，下身着赭石色罗裙，其下摆镶蓝色贴边；另有绿色、蓝色两条彩绦自菩萨左臂垂于身前，其右手握住彩绦。此件雕塑制作年代为隋代。Дx5菩萨立于莲花台座之上，头戴冠，头发在头后方分成两部分编发，分别垂于左右两肩；上身斜披络腋，下身着赭石色罗裙，其上绘有绿色花纹；胸前佩戴璎珞，手腕处戴有绿色手钏，体态呈"S"形。其制作年代为宋代。由此可见莫高窟早期与晚期雕塑的变化，彰显了不同时期受历史环境、艺术面貌影响的审美风格。莫高窟现存宋代彩塑极少，这些艺术品正好充实了宋代敦煌彩塑的内容。

除了人像外，奥登堡带走的塑像中还有护法兽，如Дx1、2两件皆出自第321窟，

阿难　编号：Дx6[1]

迦叶　编号：Дx9[2]

菩萨　编号：Дx8[3]

菩萨　编号：Дx5[4]

[1]《俄藏敦煌艺术品（一）》图版5.1
[2]《俄藏敦煌艺术品（一）》图版1
[3]《俄藏敦煌艺术品（一）》图版4.2
[4]《俄藏敦煌艺术品（一）》图版7.1

流失海外的敦煌文物

护法兽 编号：Дx1[1]

护法兽 编号：Дx2[2]

高度均为90厘米。从图中可见，二护法兽满脸威严蹲踞于台座上，双耳竖起，眉骨微隆，眼睛直视前方，一只张开大口，露出牙齿，另一只紧闭其口。颈部有卷状螺锥形鬃毛，前腿分开踏立，肌肉有力，威猛雄健，形象生动传神，颇具威严。

除了雕塑外，奥登堡考察团还切割了一些莫高窟的壁画带回俄罗斯。这部分壁画包括千佛、伎乐天、供养人、本生故事、经变画等。如编号Дx196的壁画，原位于263窟。画面右侧竖行排列着千佛。千佛是大乘佛教的一种佛像类型，由多个呈坐姿或站姿的小佛像组成千佛图；每个佛陀皆由佛身、背光、台座组成，部分千佛还配有华盖，并在旁边书榜题标明佛的名称。在此幅图中，千佛个体的外形、色彩、

---

[1]《俄藏敦煌艺术品（一）》图版23.1
[2]《俄藏敦煌艺术品（一）》图版22.2

伎乐天、千佛等　编号：Дx196[1] 　　　　供养人　编号：Дx195[2]

[1]《俄藏敦煌艺术品（一）》图版33.1
[2]《俄藏敦煌艺术品（一）》图版43

装饰皆不同，并用不同颜色在头光、身光、袈裟上反复交替填涂，形成千光相接、庄严神圣的宗教气氛，这也是千佛图绘制的特色。在《过去庄严劫千佛名经》中记载："若有善男子、善女人，闻是三世三劫诸佛世尊名号，欢喜信乐，持、讽、读、诵，而不诽谤，或能书写为他人说，或能画作立佛形象，或能供养香华伎乐，叹佛功德至心作礼者，胜用十方诸佛国土满中珍宝纯摩尼珠，积至梵天，百千劫中布施者。是善男子、善女人等，已曾供养是诸佛已……所生之处常遇三宝，得生诸佛刹土，六情完具，不坠八难，当得诸佛三十二相，八十种好，具足庄严。"从中可见，诵读、书写、绘制佛像等皆是对千佛供奉与信仰的方式，以此引导人们通过实际行动供养礼佛，继而避害消灾，步入佛境。莫高窟壁画中千佛图的大面积出现也展示了此种供养，表明千佛信仰当时在敦煌的盛行。

当然，这些壁画中的千佛除了宗教、历史意义外，还颇具艺术价值。在绘制千佛时采用了晕染法以使人物更为立体，即用线描绘轮廓后，根据人物的形象、动态灵活晕染，采用色彩差异，使画面更富于写实性。画师在绘制时需根据不同的人物形象合理架构，精心创作，所以使千佛图在历史、宗教、艺术方面具有很高的研究价值。编号Дx196的这幅壁画，画面左侧上部为飞天，头束高发髻，脸部呈椭圆形，长身细腰，身着彩裙，翩翩起舞，身姿轻盈。飞天下方排列着众伎乐天，头部或束发髻，或戴冠，半裸上身，下着衣裙，披着披肩，或持乐器，或伴舞姿，造型生动。这幅壁画勾线完整清晰，墨线定形，结合晕染，使人物形象鲜活生动。画面最底部为三位供养僧人，其中右侧僧人身穿僧袛支，其上披袈裟；左侧两位则袒露胸膛，披袒右式袈裟。当然，奥登堡带走的壁画中也包含世俗供养人，如Дx195的供养人头戴冕冠，身穿圆领长衫，腰间束带，侧面有榜题说明其身份。

此外，奥登堡考察团所获睒子本生壁画也具有代表性，由Дx197和Дx198两幅拼接而成，总长144厘米，宽17厘米，位于

睒子本生故事　编号：Дx197[1]

睒子本生故事　编号：Дx198[2]

莫高窟隋代第433窟中。① 睒子本生故事讲迦夷国有一对盲人夫妇为人慈悲，常常扶危救难，但他们年过花甲仍无子女，当菩萨得知后便投胎成他们的儿子，名叫睒子。睒子心地善良，孝顺父母，十岁时他表示想入山修行，得到了父母的赞同，于是全家一起进山修道。在此期间，睒子全心全意照顾双亲，他的孝道甚至感动了周边的鸟兽，有时它们也作美妙之音陪伴盲人父母。睒子一家在此食果饮泉，其乐融融。睒子也常身穿鹿皮衣与动物们融洽相处，当盲人父母口渴时，睒子总要前往溪边取水，有时也与动物们一同饮水。然而，某一天当迦夷国王进山射猎时，误伤了穿鹿

---

① 蔡伟堂：《敦煌壁画中的睒子本生故事画——从俄藏莫高窟第433窟睒子本生故事画谈起》，《敦煌研究》2004年第5期。

[1]《俄藏敦煌艺术品（一）》图版34.3
[2]《俄藏敦煌艺术品（一）》图版34.3

观音菩萨像幡　编号：Дx127[1]

[1]《俄藏敦煌艺术品（二）》图版117

延寿命菩萨像幡 编号：Дх123[1]

---

[1]《俄藏敦煌艺术品（二）》图版 114

皮衣的睒子，睒子去世前将一家人在山中修行之事告诉国王。国王悔恨不已，随后就到睒子家看望盲人父母并告知睒子去世的消息。其父母到溪边找到睒子并抚尸恸哭。睒子的孝顺感动了上天，所以当时帝释天从天而降，给睒子注神药，睒子复活，同时也帮其盲人父母复明。睒子的孝行感动国王，他就在国内推行孝敬父母的孝行，于是国民们孝养父母，修行十善。佛祖说故事中的睒子就是他的前世，正是因为他前世孝顺父母的功德才能使他今世成佛。

这件睒子本生故事壁画则记录了故事的全貌。画面从左、右两端分为两条线索进行。左边，为睒子跪在庐前为盲人父母供奉食物；其右为睒子在树下摘果子，描绘了睒子在山中修行时照顾其盲人父母的场景。右边，围绕国王狩猎内容展开，国王站在殿内准备行猎，他的身旁站着两个随从；其左为国王骑马进山，随从在旁为其撑开伞盖；再左侧画面为国王骑马在前，两个随从紧随其后，他们手持弓箭追逐鹿群，鹿群受到惊吓向河边奔跑。画面中间两部分内容交汇，也就是从鹿群奔跑的左侧开始。睒子身披鹿皮，蹲在河边取水，国王瞄准在河边喝水的两只鹿，张弓搭箭欲射出，却误射中正在取水的睒子。左侧画面为国王下马，来到睒子身边与其说话。画面又从左侧主线开始：盲人父母坐在草庐中；其右侧为国王牵马在山中行走

佛像双面幡头　编号：Дх61[1]

---

[1]《俄藏敦煌艺术品（二）》图版 153

宝胜如来佛　编号：Дx320[1]

[1]《俄藏敦煌艺术品（二）》图版 219

并告知他们睒子的消息;再右侧为盲人父母来到睒子尸体旁,一人抱头,一人怀抱双脚痛哭,国王立于旁边;画面上边为帝释天在空中飞舞,向睒子口中注入神药。这幅壁画是关于睒子本生故事的全貌描绘。睒子故事宣扬孝道,这与中国传统文化中"百善孝为先"的理念不谋而合。

奥登堡带走的艺术品中,壁画和彩塑仅占六分之一,数量多者还是绢画、麻布画、纸画、丝织品。这部分物品主题与斯坦因、伯希和所获相似,也以幡、刺绣、经变画、佛像、菩萨像等为主,可作互证与补充。俄藏敦煌经幡多以麻布画为主,画面也多为单个尊像的简单幡画。如编号Дx127经幡为麻布质地,现存幡头和幡身,其中幡头为三角形,两边有斜边,顶部悬祥仍存。幡面绘佛像,身着红色袈裟,结

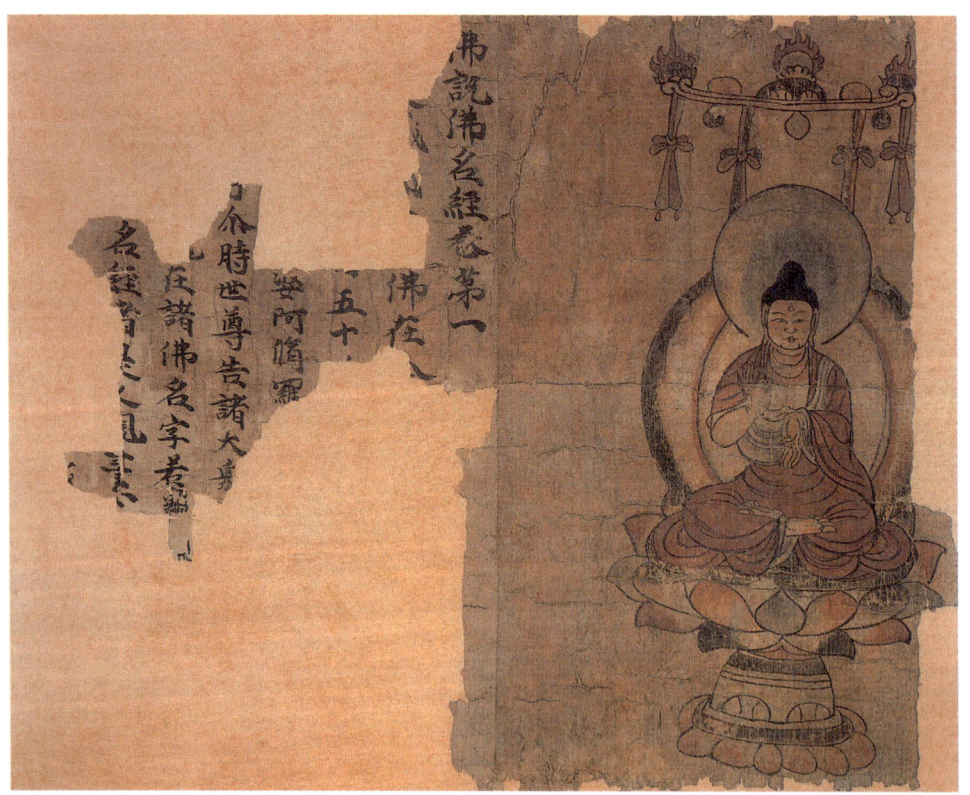

纸本佛 编号:Дx237[1]

---

[1]《俄藏敦煌艺术品(二)》图版237

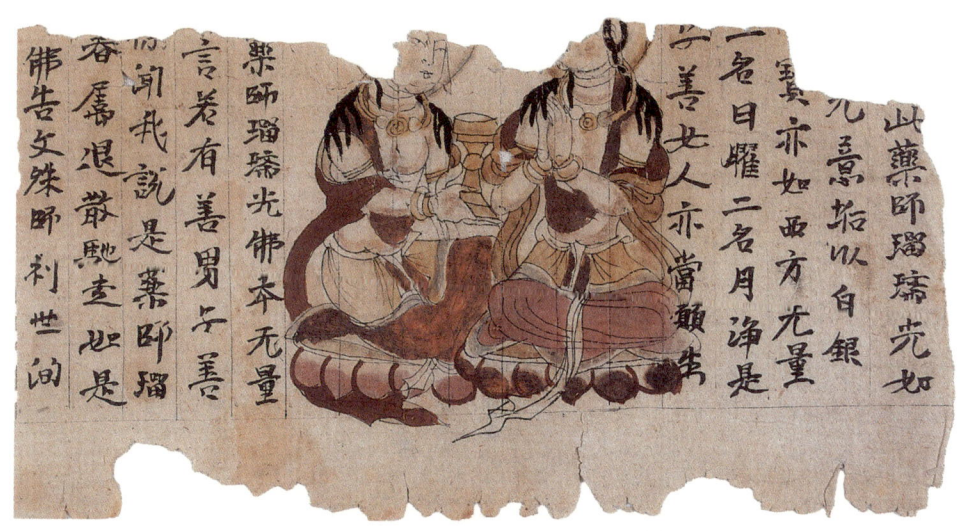

日曜菩萨、月净菩萨　编号：Дx3223[1]

跏趺坐于莲花台座上，头后、身后分布头光、背光，莲花座下有两根花枝，分别向左右两侧伸展。幡身以菩萨像为主体，保存较完整。幡身画面中菩萨立于莲花台座上，其头后有头光，上身披天衣，胸前佩璎珞，下身着赭红色裙裳。另一件与之相似的是编号Дx123的经幡，此件也为麻制，与前一件形制相似，幡头亦为三角形，两侧有斜边，顶部有悬袢。幡面绘花纹取代佛像。幡身以菩萨立像为主，部分身体残存，菩萨双手合十置于胸前，身后有头光、背光，头戴装饰，胸前佩有璎珞，上身着天衣分别从左、右两臂处下垂，从旁边的榜题"南无延寿命菩萨"可知此菩萨的身份。事实上，延寿命菩萨未见于佛典，关于其具体的身份学界多有讨论，但其含义是具有延长寿命功能的尊者，这与信众的现实需求紧密结合，以此祈求长寿，因此，延寿命菩萨大量地出现在经幡上，供人们祈祷，从中可见佛教的中国化与世俗化。

除了保存相对较好的经幡外，俄藏艺术品中还有少量三角形幡头，其中部分顶部存在悬袢，部分已然残缺。编号Дx61的双面幡头则是其中保存较为精美者，以麻为质地，左右分布两条麻质斜边，幡面由一块正方形麻布对折而成，两面都绘有相同的图案，即佛陀身着红色袈裟，结跏趺坐于莲座之上，头、身后分布着三层头光、

[1]《俄藏敦煌艺术品（二）》图版246

背光，莲座下有两根莲花枝，分别向左右伸展，并延展到佛陀两边。这与伯希和、斯坦因所获幡面在形制、内容上相似，可互为补充。

奥登堡考察团还带走少量纸画，其中艾尔米塔什博物馆藏编号Дx320的纸画绘宝胜如来佛，色彩鲜艳，线条流畅，画面中行脚僧头戴阔檐大斗笠，高鼻深目，身着僧袍，脚穿草履，左手持麈尾，背负经笈，经笈上挂着香炉，站于云团上作行走状；僧人右侧猛虎阔口露齿，与其同行。正前方绘一身乘云而来的佛像，佛像着红色佛衣，结跏趺坐于莲台上，头后、身后皆有光。画面左侧有榜题栏，墨书"宝胜如来佛"。前已述及，在晚唐五代、宋时期，行脚僧本人逐渐演变为"宝胜如来"，这是一幅宋代的壁画，其中榜题正好印证了行脚僧名称的转变。但无论如何，画面中行脚僧眼神刚毅、步履坚定，是取经僧不顾艰难求取佛法的缩影。

当然，还有部分纸画是夹杂在经文中出现的，如编号Дx246的佛像出现在卷轴经卷的开头，画面中佛陀结跏趺坐于束腰莲台上，身着袈裟，衣纹简洁，线条流畅，顶部有半圆形华盖，上面绘有三颗宝珠。佛像旁为经文正文，从残存字迹可辨是"佛说佛名经卷第一"的内容。将佛像绘于正文之前，可使诵读者在打开经卷时第一视角直观地看到佛像，图文并茂，更利于对经文的诵读。此外，还有将画面绘制于文中的情况。如编号Дx3223页面中央绘两尊菩萨，菩萨面部虽已残缺，但仍可见丰满的面容和有神的目光，神情恬淡潇洒。旁边的文字书写"一名日曜，二名月净"，由此表明他们分别为日曜菩萨、月净菩萨。这两位菩萨常伴随主尊药师佛出现，住在东方琉璃世界，所以这一佛二菩萨的组合又被称为"东方三圣"或"药师三圣"。

除了画面内容外，这两幅作品也展示出中国古代图书中插图的排列形式，即卷轴书籍中的插图，有卷首扉画和卷中插图两种。其中卷首扉画位于正文之前，开卷可见，这种情况最早来源于佛经，揭开了我国古代书籍书前扉画的序幕；而书籍中的插图则形式多样，制作细腻，展现出较高的艺术水平。

由此可见，奥登堡带走的艺术品虽然在数量方面不及斯坦因、伯希和，但在种类、形制、材质等方面皆与之相似，具有较高的历史和艺术价值。虽然这批艺术品残片较多，但经过艾尔米塔什博物馆工作人员多年的修复，使部分艺术品得以全面展现，也使之成为研究中国古代社会、宗教的珍贵资料。值得一提的是，奥登堡考察团的工作除了获取文书、壁画等文物充实博物馆外，还主张对莫高窟进行科学考察。因此，他在考察期间撰写考察日记并完整记录了莫高窟石窟的内容，同时绘制了平面图、剖面图，为部分文物进行测绘，并拍摄了大量石窟图片。当然，考察团成员杜金也对敦煌壁画作了详细的笔记。这些都是研究奥登堡考察团和俄藏敦煌艺术品的重要资料。

第七节

带来厄运的华尔纳

敦煌遗书发现后，英国人、法国人、俄国人、日本人等都曾来敦煌盗宝。自从斯坦因于1914年最后离开中国后的几十年来，再没有一个外国"考察家"从中国的西北盗走任何东西。这是因为第一次世界大战爆发，使所有外国人都停止了他们新的远征。另外，1921年召开的华盛顿会议，通过了《九国关于中国事件应适用各原则及政策之条约》。该条约的签订，打破了日本独占中国的局面，各帝国主义国家都想在中国获得部分利益，并各自扶持一派代表自己利益的军阀，如英国支持的直系军阀、日本支持的皖系和奉系军阀等。在这一背景下，国内各地方军阀之间为争权夺利相互混战，尤其是中国人民反抗外国侵略者的斗争日益激烈。"所以那时在全国范围内，法律和秩序已遭到了彻底的破坏。尽管如此，美国人还是决心要碰碰运气。"① 于是在1923年，便由哈佛大学福格艺术博物馆的兰登·华尔纳和宾夕法尼亚博物馆的霍勒斯·杰恩，再加上翻译员王秘书和四辆简陋的双轮马车，组成了第一次到中国西北的美国远征队——哈佛大学考古调查团。

---

① 〔英〕彼得·霍普科克著、杨汉章译、宋子明校：《丝绸之路上的外国魔鬼》第210页，甘肃人民出版社1983年。

一、第一次盗劫

1923年初,华尔纳辞去了宾夕法尼亚博物馆馆长的职务,回到哈佛大学,任职于美术系和福格艺术博物馆。"当时负责掌管福格艺术博物馆和美术系的爱德华·佛比斯和保罗·萨克斯两人,在发展他们的东方艺术品和鼓励对远东艺术和考古进行更深层的研究上,有着浓厚的兴趣"[①]。而当时的哈佛大学校长洛维尔又对中国西北地区的美术品颇感兴趣。因此,当爱德华·佛比斯和保罗·萨克斯两人提出发展福格艺术博物馆收藏品的建议时,便得到了校方的大力支持。由于当时霍尔基金会给了哈佛大学大笔的捐赠,经费便不存在任何问题。关于人选,当时最适合的莫过于华尔纳了。早在1903年,当"他从哈佛大学毕业后,就作为拉斐尔·庞泼莱的地质学和考古学远征队的成员,旅行到俄属中亚细亚。在那里,访问了古丝绸之路上的撒玛尔罕和布哈拉,同时还访问了当时仍然是独立的基辅汗国。他是涉足此地的第一个美国人"[②]。1906年,华尔纳留学日本,专攻佛教美术。1910年又在朝鲜、日本调查佛教美术一年。1914年,在哈佛大学由他首次开设了东方艺术课程。1916年来中国为新成立的克里夫兰美术馆搜集中国文物。

由于华尔纳的这些丰富经历,再加上其学识和胆魄,使他成为赴中国西北考察的最合适人选。此外,华尔纳还与敦煌吐鲁番文化有着千丝万缕的联系,早在1913年,他受美国垄断资本家兼东方艺术品收藏家查尔斯·费利尔的委托,曾来中国商谈,想以与河内的法国远东学校相类似的方式方法,在北京建立一所美国考古学校。费利尔在北京开办美国考古学校的梦想,虽然由于第一次世界大战的爆发而未能实现,但却给了华尔纳一个畅游中国和接触敦煌吐鲁番文化的机会。途经伦敦时,他拜访了英国博物院中亚佛教美术史专家罗伦斯·宾雍。在巴黎,他拜访了沙畹与伯希和。在柏林,他参观了勒柯克从吐鲁番高昌故城发掘的唐代壁画、纺织品、雕塑等文物。在圣彼得堡和莫斯科,他曾多次参观科兹洛夫从哈拉库图(黑城)和新疆劫获的艺术品。所有这些,都使他对中国西北产生了浓厚的兴趣,并特别想去中国进行一次实地的考古发掘。此外,对于华尔纳来说,还有一个特别有利的条件,即他是

---

① 《兰登·华尔纳》一书第6章《福格两次中国考察》,转引自董念清《华尔纳与两次福格中国考察述论》,载《西北史地》1995年第4期。
② 《丝绸之路上的外国魔鬼》第211页。

第 26 任美国总统西奥多·罗斯福一门的乘龙快婿，[1]这一身份对他从事有关活动提供了极大的方便，并能得到各方面的支持与帮助。同时，华尔纳读了斯坦因第二次中亚考察的考古报告《西域考古图记》后，更加向往中国的西北，便决定去中国西北考古。[2]

在第一次远征中，虽然华尔纳和杰恩决不愿空手而回，但并不打算大量搬走艺术品，引用华尔纳的话来说，这是一次"侦察性的旅行"，也就是去看一看那些经过六个国家的"考察者"已探掘过和盗走文物之后的遗址，如果还有剩下的话，究竟还剩下些什么。"同时他们还希望解答艺术史上一些难以捉摸的问题。其中之一是要在哈佛大学实验室的帮助下，弄清唐朝壁画名家所使用的究竟是什么颜料以及这些颜料是从何处得来的。"[3]1923年7月，华尔纳和杰恩到达北京，在此找了一个名叫王近仁的翻译。华尔纳的考察得到了直系军阀吴佩孚的支持与帮助，因此，当局曾派了一支武装的护卫队把华尔纳的远征队从北京一直护送到古城西安。1923年9月4日，当华尔纳在西安向武装护送的10个人告别后，这次远征就正式开始了。

由西安西行，华尔纳首先来到甘肃泾川，发现了王母宫石窟（华尔纳称之为"象洞"），进行了挖掘。

华尔纳等人在泾川王母宫石窟（象洞）用了一天的时间进行记录、拍照和测绘，并绘制了"洞窟的平面图"。据华尔纳描述："在中国的石窟中，这个洞窟诸多方面都是独一无二的。从中心柱竟伸出四头大象的头部和前背部来，象背上还驮着小宝塔。由于大象立着，从象的头到脚之间的柱石就显出空凹处，这部分柱身的周长因此而缩减了许多，这些象的前脚稳固地踏在宽宽的支柱底部，从容地屹立在岩石上。"[4]

华尔纳远征队的第一个目标是黑城哈拉浩特。他们沿着古老的丝绸之路，经过兰州、肃州，最后于11月13日到达了目的地——哈拉浩特，即马可·波罗所说的"亦集乃城"（额济纳）。

---

[1] 参阅王冀青：《昆廷·罗斯福的敦煌壁画摄影计划》，载《丝绸之路》1998年第3期。
[2] 参阅董念清：《华尔纳与两次福格中国考察述论》，载《西北史地》1995年第4期。
[3] 《丝绸之路上的外国魔鬼》第210页。
[4] 〔美〕兰登·华尔纳著，姜洪源、魏宏举译：《在中国漫长的古道上》第37页、35页、26页，新疆人民出版社2001年。

华尔纳

在华尔纳到达哈拉浩特之前，科兹洛夫和斯坦因已来过这里，并进行了大量的挖掘，搬走了当时能发现的一切有价值的东西，包括所有的壁画在内。华尔纳的远征队在这里虽然发现了一些小物品，其中包括几件壁画残片，但与科兹洛夫和斯坦因相比，其结果使华尔纳失望，正如他自己所说："这次额济纳的远征已经证明了，除非用大量的劳力和进行长时间的挖掘，否则，在这个地方已经不可能希望再找到更多的东西。柯兹洛夫（即科兹洛夫）和斯坦因已经把这个地方挖掘得那样干净，使后来的人简直无物可挖了。"①

在额济纳挖掘后，华尔纳的下一个目标就是敦煌。敦煌壮丽的艺术风格，他们从伯希和考察团成员努埃特所拍摄的照片中，早已洞悉无遗。他们鉴于在额济纳的失望，同时又知道斯坦因、伯希和、奥登堡和橘瑞超都已到过敦煌，而且还盗走了他们所能下手的每一样东西，因此去不去敦煌，他们也犹豫不决。然而，华尔纳毕竟是一个艺术史家，而不是一个语言学家，因此对于手稿他并不是特别感兴趣，但作为一个艺术学家，他极想去看一看只有很少几个东方学家才见到的这个世界艺术画廊。"况且，哈佛大学的各实验室还很希望能得到即使不是整幅的壁画，就是一些碎片也好，以便为他们做实验之用。这个远征队的目的是为以后的野心更大的冒险铺平道路。"②

在额济纳前往敦煌的路上，由于寒冷和疾病，杰恩再也无法在戈壁沙漠中前进了，便不得不告

---

① 转引自《丝绸之路上的外国魔鬼》第 216～217 页。
② 转引自《丝绸之路上的外国魔鬼》第 217 页。

别华尔纳,带着在哈拉浩特挖掘的文物,慢慢地返回北京。

当华尔纳于1924年1月到达敦煌千佛洞时,王道士又外出了,但这并没有妨碍华尔纳,他直接进入了那些有壁画的洞窟里。一连10天,除了吃饭和睡觉外,他很少离开洞窟。《在中国漫长的古道上》一书中说:"我除了惊讶得目瞪口呆外,再无别的可说……现在我才第一次明白了,为什么我要远涉重洋,跨过两个大洲,在这些烦恼的日子里,蹒跚地走在我的马车旁边。"千佛洞成千上万的优美画像,把华尔纳惊得呆若木鸡,不知如何是好。他说:"我到这里来原是为了核对古物年代,是为了能轻易地驳倒那些学者教授们,并且也是为了发现艺术影响的。现在我站在一所佛堂中央,双手插在衣袋里,陷入了沉思之中。"①

华尔纳经过沉思之后,决心要剥夺这里的优美壁画和彩塑。他在给妻子的信中说:"我的任务是,不惜粉身碎骨来拯救和保存这些即将毁灭的任何一件东西。若干世纪以来,它们在那里一直是安然无恙的,但在当前看来,它们的末日即将到来。""就是剥光这里的一切,我也毫不动摇。"②

在华尔纳给了王道士相当多的礼物后,王道士也就同意华尔纳剥走一些壁画。但当华尔纳又提出要一些塑像时,他却显得非常倔强,坚决不同意。后来他知道,华尔纳并不是要新的、光辉灿烂的彩色塑像时,他就同意分给华尔纳一尊古老陈旧的、三英尺(约0.9米)高的一只腿跪着的唐代圣像。这是今天福格艺术博物馆的藏品中最珍贵的文物之一。

华尔纳用来剥离壁画的是一种特殊的化学溶液。然而当时敦煌正值隆冬,气温已经降到零度以下。每当华尔纳爬上梯子,将固定剂用刷子涂在壁画上,溶液还没有渗入并凝结在灰泥上时,就已经结成了固体;同样,那些浸透了胶水的纱布还未黏附在壁画上,就已经冻硬了。尽管条件如此艰难,但他盗劫敦煌壁画的野心不死。经过5天的盗剥,华尔纳终于移下了12件壁画。这"是极可宝贵的珍品。我们在美国还从未见过与此类似的东西。同时这些东西和德国人从土耳其斯坦的灰泥墙壁上锯下来的变成了方形的壁画相比,也可能会引起他们的忌妒"③。

华尔纳盗劫壁画后,于1924年4月经兰州、北京返回美国。由于他领导的第一

---

① 转引自《丝绸之路上的外国魔鬼》第220页。
② 转引自《丝绸之路上的外国魔鬼》第220页、221页。
③ 转引自《丝绸之路上的外国魔鬼》第222页。

华尔纳《在中国漫长的古道上》

次美国福格考察团劫回了极其珍贵的敦煌壁画和其他艺术品,深受佛比斯、萨克斯及哈佛大学校方的重视。"第一次考察被佛比斯、萨克斯和主要支持者认为是成功的。那些从哈拉浩特和敦煌所得到的雕塑、陶瓷碎片、拓本和壁画残片,各个洞的照片,还有新发现的象洞,所有这一切,都开创了一个值得赞美和庆贺的时刻……由于有着扩大这种特殊收藏品的强烈愿望,所以在组织另一次规模更大的考察队时毫不费力。"[1]

华尔纳盗劫敦煌壁画,使他得到了极大的荣誉,同时哈佛大学的福格艺术博物馆也因为有了这些艺术品而永久闻名于世。尽管如此,华尔纳并不满足,其野心越来越大,他决定带一支更大的队伍,在敦煌盗劫更多的壁画,华尔纳自己说:"在(千佛洞)那些墙

---

[1]《兰登·华尔纳》一书第6章《福格两次中国考察》,转引自董念清《华尔纳与两次中国考察述论》。

敦煌彩塑 现存哈佛大学福格艺术博物馆 编号：1924.70[1]

---

[1] 哈佛大学博物馆官网，https://harvardartmuseums.org/collections/object/303672?position=303672。

壁上，我们应当找出中国的绘画风格的起源，亦即风景画学派的起源。在这方面中国大概已经超过了我们所有的人。用半年的时间对那些原来的艺术作品，进行仔细而深入的研究，一定可以找到敦煌艺术大师们在绘画上的秘诀。并且，要是幸运的话，下一次远征还可能给福格这个小收藏所再添加许多中亚的珍宝。"[1]然而等待华尔纳的到底是什么呢？

二、第二次考察与哈佛燕京学社

华尔纳率领的第二次美国福格考察团由6个人组成：华尔纳、杰恩、丹尼尔·汤普森（负责剥离壁画）、阿兰·普列斯特、霍拉斯·史汀生（负责测量）和查理德·斯达尔（负责摄影）。

华尔纳第二次考察的主要目的，就是用胶布将敦煌莫高窟第285窟（西魏）壁画全部剥离运回美国，因此，他不仅带上剥离壁画的"胶水桶"，而且还聘请了配制这种"胶水"，并在前一年告诉他如何使用固定剂的一个年轻壁画专家——丹尼尔·汤普森。华尔纳吸取了前一次的教训，为避免配制剂再次发生冻结的危险，他把这次远征安排在春天进行。"这一次不但要研究石窟中的艺术史，而且还要挽救（即盗窃）更多的敦煌壁画。"[2]

此外，华尔纳还有一个附带的任务，即代表哈佛大学和霍尔基金会在中国物色一所姊妹学校以共同研究中国文化。美国铝业大王霍尔是一位发明家，他由于发明了廉价的制铝工艺而获巨富，但终身未娶，也没有子女，而且他的姐姐曾作为一名传教士在中国传教，因此他在临终遗嘱中将其遗产的三分之一用于中国文化研究和教学活动。其方法是在美国和中国各选一所大学组成联合研究机构。由于第一次世界大战，这一计划未能实行。战争结束后，霍尔遗嘱执行团于1921年在美国选中哈佛大学，华尔纳两次考察的经费即来源于此。

当时司徒雷登任职于燕京大学，他为了解决办学经费，几乎每年都回美国去募钱。一次偶然的机会，他得到了这个消息，本来他想争取燕京大学作为中方大学入选以得到这笔款项，但由于燕大刚刚成立，远不及北京大学的影响和声望，所以，

---

[1] 转引自《丝绸之路上的外国魔鬼》第223页。
[2] 转引自《丝绸之路上的外国魔鬼》第225页。

陈万里赴敦煌途中

霍尔遗嘱执行团便在中国相中了北京大学。因此,当华尔纳第二次福格考察团于 1925 年初到达北京后,华尔纳便留在北京商谈合作之事,并要求北京大学派人共同前往敦煌"考古"。这样,就由杰恩率队西行,同行的还有两个中国人,即北京大学的陈万里和第一次考察时的翻译王近仁。正是由于有两校合作意向,北京大学的陈万里便代表北京大学国学门考古学研究室,参加了哈佛大学福格考察团,前往敦煌考古。正如沈兼士先生在为陈万里《西行日记》所作的序言中说:"余以敦煌近廿年来,外人已屡至其地,顾我国学者,以考古为目的而往者,此殆为嚆矢。"

当华尔纳到达北京时,中国人民的反帝爱国运动迅猛发展。在这一背景下,北京大学在考虑与美国哈佛大学合作一事上非常谨

迎佛圖（初唐）323窟
被華爾納破壞的壁畫

被华尔纳破坏的敦煌壁画（莫高窟第323窟南壁）

莫高窟第 323 窟南壁被华尔纳切割去的部分　编号：1924.41[1]

莫高窟第 323 窟南壁复原图

[1] 哈佛大学博物馆官网，https://harvardartmuseums.org/collections/object 209770?position=209770。

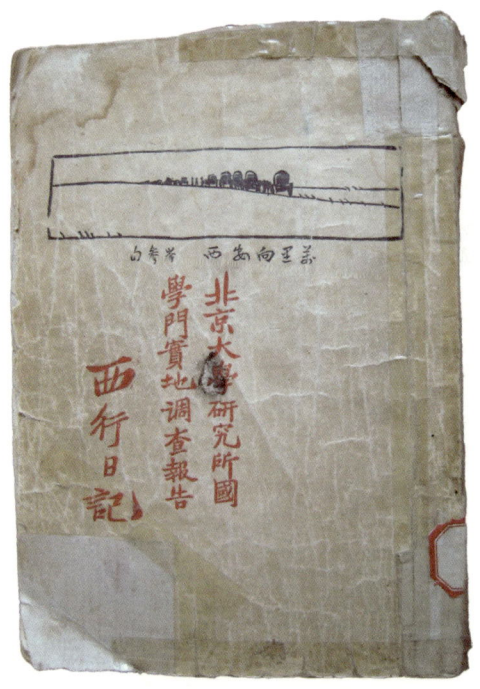 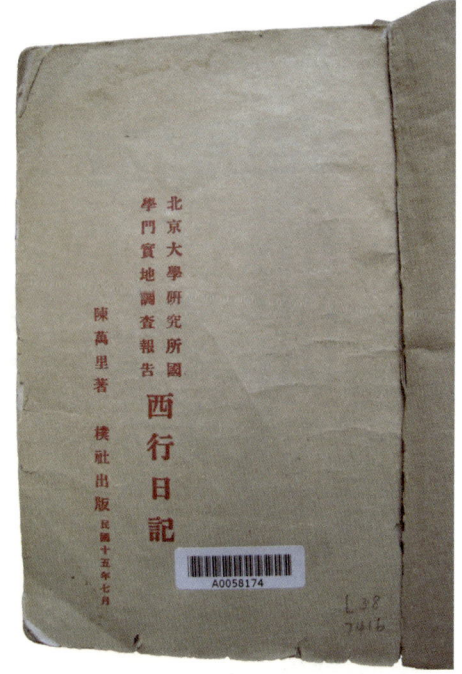

陈万里的《西行日记》

慎，而北京大学的一些教授也坚决反对接受美元。"在中国方面，北京大学已表现出不愿意合作的迹象。……即使像胡适这样著名和开明的学者，他是完全能够理解与哈佛大学联合这个愿望的，也指出不论是在学术上还是财力上，他所在的大学都不可能担负起这一任务。"① 因此，两校合作之事只好搁浅。这样华尔纳便于3月底离开北京，动身西行，向敦煌进发。在离开北京前，华尔纳又吸收了一名考察队的临时队员——阿兰·克拉克，由他负责临摹敦煌壁画中难以拍照的大型净土变。在去敦煌的路上，"华尔纳很清楚，这次去敦煌考察，再也没有机会带回任何塑像、壁画残片或手稿。无论如何，他还是有理由认为他将有机会对洞窟进行彻底的研究，他与他的同事都打算在莫高窟待几个月。"②

在华尔纳的远征队离开北京前，北京大学的马叔平、沈兼士先生约请当时也在

---

① 《兰登·华尔纳》一书第6章《福格两次中国考察》，转引自董念清《华尔纳与两次中国考察述论》。
② 《兰登·华尔纳》一书第6章《福格两次中国考察》，转引自董念清《华尔纳与两次中国考察述论》。

被华尔纳破坏的敦煌壁画（莫高窟第 323 窟东壁）

莫高窟第 323 窟东壁被华尔纳切割去的部分　编号：1924.40[1]

北大的陈万里先生谈话，希望陈先生能随同西去。这时候，中国人民还不知道华尔纳第一次盗窃敦煌壁画的罪行。1925 年 2 月 16 日离开北京后，陈万里先生才从王翻译那里知道了华尔纳第一次盗窃敦煌壁画的罪行，"因此我就时时注意他们的行动。同时在我们的大车行列中，果然有一大车的布匹，我更时时警惕我所负的任务。本来我从北京出发的时候，已经知道华尔纳的行径，我们决定应该密切监视，

---

[1] 哈佛大学博物馆官网，https://harvardartmuseums.org/collections/object/210041?position=210041。

莫高窟第 323 窟东壁复原图

设法防护。"①

在旅途中，陈万里先生才知道，华尔纳远征队这次来中国的主要目的，就是用胶布大规模地盗窃敦煌壁画，为此他请来了专门配制、使用这种胶水的壁画专家汤普森。其盗窃的对象，就是伯希和所编的第120窟，即敦煌研究院编第285窟。该窟为西魏时开凿，上有"大代大魏大统四年岁次戊午八月中旬造"题记。华尔纳企图粘去这个洞里的所有壁画。为了阻止华尔纳盗窃敦煌壁画的企图，保护国宝，陈万里先生每到一地后，如兰州、酒泉、敦煌，"一一先与地方当局接洽说明，并研究我们如何保存国宝的方法"②。正是由于陈万里先生及其他爱国人士的共同努力，华尔纳远征队原拟在千佛洞停留半年的计划，未被地方当局同意。且以华尔纳第一次剥离、破坏、盗窃敦煌壁画作为拒绝他们的唯一理由。

在敦煌的遭遇，使华尔纳感到非常失望和气愤。"华尔纳的愤怒与其说是指向怀着敌意的当地农民，不如说是指向一位医生又是学者的陈博士（即陈万里）。这位和远征队一起从北京出发的陈博士表面上是为了帮助他们解释敦煌的一些碑文，同时还为他们解决在旅行中可能发生的一些问题。但在到达之后的第二天，他突然以母亲生病为理由，坚持要尽快地返回北京。后来陈发表了一本……的书（即《西行日记》）。他在这本书里说，他伴随这些美国人的唯一目的是，提防他们并阻止他们的盗窃行为。华尔纳有充足的理由怀疑正是这个陈挑起了当地的农民来气势汹汹地反对他们。在他了解到他的任务已经完成时，便启程回家。"③

5月19日，华尔纳的"考察团"到了敦煌后，翟荫（即杰尼）等人即去县府接洽，杨县长态度很坚决，不允许他们在千佛洞住

---

① 陈万里：《美帝偷劫敦煌壁画的阴谋》，载《文物参考资料》1951年2卷第1期。
② 陈万里：《美帝偷劫敦煌壁画的阴谋》，载《文物参考资料》1951年2卷第1期。
③ 《丝绸之路上的外国魔鬼》第226页。

宿，并于当日下午召集开会商议此事。出席会议的除翟荫外，还有各界代表七八人。翟荫在会上首先说明来意："此来本拟剥离一部分画壁，运赴北京陈列，以便中外人士得就近研究，曾以此意商之陆省长，未蒙许可，嗣后即一意摄影，希望能得各界谅解，予以充分时间。"① 翟荫虽竭尽欺骗、说谎之能事，但觉醒了的中国人民是不会上当的。大家一致表示：前年华尔纳剥去千佛洞壁画20多块，地方人民曾向县知事提出质问。当年庙会的时候，还有许多人向王道士责问，所以这次到千佛洞考察，无论如何，时间不能太长，而且要制订详细的具体规定。

正是由于中国人民的觉醒，敦煌人民和地方当局对华尔纳的"考察团"作了如下规定：（1）华尔纳及所谓"考察团"的团员不准留宿千佛洞。（2）所谓"考察团"的团员全体去参观千佛洞时，必须接受当地群众的监管，并必须当日返城。（3）不准触毁壁画及其他一切文物。② 华尔纳在给他妻子的信中也说："翟荫从敦煌赶来见我。在莫高窟他们一直是在严密的监视之下，每天晚上强迫他们回城，每次在客店门外都有一个愤怒的市民。他们不让我们在洞窟留宿，也不许带闪光灯。"③ 我们知道，千佛洞离敦煌县城20多公里，牛车往返要走8小时，这样华尔纳及"考察团"每天"参观"千佛洞的时间就很少了，再加上经常有人监视，无法下手盗窃壁画，因此，他们在千佛洞浏览了3天，即5月21日至23日，就离开了敦煌。

华尔纳这次来敦煌，遇到了中国人民的强烈反抗。华尔纳自己说："情况变得十分棘手。有十多个村民放下他们日常的工作，从大约十五哩之外的地方跑来监视我们的行动；并且他们使用一切手段诱使我们触犯他们的规定，以便对我们进行袭击，或者用武力把我们驱逐出境。"我们"一个不注意的错误，即使是一次愤怒的表情，也可能使他们倾巢出动，骂不绝口，甚至（可能）置我们于死地"。④ 英国人彼得·霍普科克也说，对于华尔纳的这次远征，北京"并没有提出什么反对的意见，可是这些美国人现在突然发现他们每走一步，不但受到怀有敌意的民众的阻挠，而且还受到地方当局的刁难。在这种情况下，他们只好放弃对千佛洞所怀抱的希望，放弃搬走

---

① 陈万里：《西行日记》第79～80页，甘肃人民出版社2002年。
② 参阅常书鸿：《控诉美国强盗盗窃敦煌文物罪行》，载《光明日报》1951年4月15日。
③ 《兰登·华尔纳》一书第6章《福格两次中国考察》，转引自董念清《华尔纳与两次中国考察述论》。
④ 转引自《丝绸之路上的外国魔鬼》第225页。哩，英里旧也作哩，一英里约等于1.6千米。

任何东西的意图"①。正是由于中国人民的坚决反抗，敦煌人民团结了起来，将华尔纳及其"考察团"驱逐出境，使华尔纳大规模盗窃敦煌壁画的阴谋没有得逞。

盗窃敦煌壁画的阴谋失败后，华尔纳和杰恩便决定去另一个"具有希望的地方"——万佛峡（即榆林窟）。1925年6月2日，华尔纳、杰恩和王近仁去县府商量考察万佛峡。他们提出一个月，但未获同意。最后商定"先去一星期，如一星期后认为尚有摄影工作应须继续者，再行磋商"②。这时，由于上海"五卅惨案"的发生，全国各地爆发了反帝爱国运动——"五卅"运动，并由此掀起了反帝排外的高潮。由于这一原因，北大校长蒋梦麟最终决定不与哈佛大学合作，并于6月7日电令陈万里与考察团决裂，提前返校。"而华尔纳也在路上听说了在上海发生的五卅惨案……以致使华尔纳和其队员的安全都成问题。华尔纳他们的美国朋友从北京发来电报，强烈要求他们空手回来，不要因进行研究而受到伤害，要他们'拥抱你们的祖国和你们的大学'。"③这样，华尔纳便不得不解散其考察团，于1925年8月回到哈佛大学。

关于第二次福格考察团，"华尔纳不得不承认，第二次福格中国考察在某种意义上是一种惨败。所带回的唯一有形的东西是那些图片，大部分是那些远不如敦煌莫高窟的很不出名的洞窟的图片……至于无形的东西，可以用'经历'这个词总结"④。

三、损失惨重难挽回

华尔纳对千佛洞壁画的盗劫与破坏，造成了敦煌艺术不可弥补的损失。1923年冬天，华尔纳第一次来到千佛洞，计划用钢片铲刀窃取壁画，但因为千佛洞壁画是画在砾崖基础上搪泥的墙壁上，泥墙与石壁之间又呈现出起伏不平的表面，所以他在毁坏了几方壁画后，发现无法达到其很快盗窃壁画的企图，便改用了胶布粘贴剥取的办法。华尔纳这次盗窃的壁画，据常书鸿先生统计：⑤

---

① 《丝绸之路上的外国魔鬼》第225页。
② 陈万里：《西行日记》第86页。
③ 《兰登·华尔纳》一书第6章《福格两次中国考察》，转引自董念清《华尔纳与两次中国考察述论》。
④ 《兰登·华尔纳》一书第6章《福格两次中国考察》，转引自董念清《华尔纳与两次中国考察述论》。
⑤ 参阅常书鸿：《控诉美国强盗盗窃敦煌文物罪行》，载《光明日报》1951年4月15日。

323窟　初唐壁画三方

329窟　盛唐壁画三方

320窟　盛唐壁画五方

335窟　盛唐壁画五方

361窟　盛唐坐式观音一尊

373窟　初唐壁画一方

关于华尔纳盗窃壁画的具体数量，《丝绸之路上的外国魔鬼》说有"十二幅中型的壁画"。这里说的12幅，实际上是12件，其中一件刚拿到美国就弄坏了。从技术上说华尔纳的剥离方法是失败的，残片大半图像不清，补笔补彩部分也不少，其损失是令人痛心的。[①] 陈万里先生《西行日记》第74页说："翟荫君在肃州复新雇一周姓木匠，同人咸呼之为老周。老周前年曾随华尔纳、翟荫二君赴肃州北黑城子及敦煌佣工数月。今日告我：华尔纳君在敦煌千佛洞勾留七日，予道士银七十两，作为布施。华以洋布和树胶粘去壁画得二十余幅。"敦煌文物研究所编《敦煌莫高窟内容总录》[②] 对华尔纳盗窃、破坏壁画的罪行，也有部分反映和揭露。该书第119页有关第323窟说，南壁"上画千佛，中画佛教史迹画西晋吴淞江石佛浮江、东晋杨都出金像（大部被美国人华尔纳盗窃破坏）"；东壁"门北画佛教戒律画（部分被美国人华尔纳盗窃破坏）"。第121页介绍第329窟时说，北壁"画弥勒经变一铺（被美国人华尔纳盗走二方）"。第117页介绍第320窟时说，南壁"画千佛，中央阿弥陀经变一铺（1924年被美国人华尔纳盗劫两方）"。据敦煌文物研究所（现敦煌研究院）调查资料表明，华尔纳在第320、321、323、329、331、335、372等窟，盗窃精美的壁画26方，共计32006平方厘米。[③]

据王冀青和美国学者莫洛索斯基调查，目前，哈佛大学福格艺术博物馆共收藏敦煌壁画10方，其中2方原属第329窟，2方原属第323窟，2方原属第320窟，2方原属第335窟，1方原属第331窟，1方原属第321窟。[④]

---

① 参阅〔日〕秋山光和：《敦煌壁画研究新资料》，载《敦煌研究》试刊第1期，甘肃人民出版社1982年。

② 文物出版社1982年。

③ 见潘絜兹：《敦煌莫高窟艺术》第30页，上海人民出版社1981年。

④ 见王冀青、〔美〕莫洛索斯基：《美国收藏的敦煌与中亚艺术品》，载《敦煌学辑刊》1990年第1期。

王惠民对美国所藏敦煌艺术品进行了考察后，指出陈万里所说是后来的补记，并不完全准确。后来常书鸿先生所记华尔纳盗割壁画26方，被一些书刊所引用。"实际情况是，根据博物馆的入藏记录，我们得知他劫走了12块敦煌壁画，运到美国后，有一块遭到破坏，剩余11块保存至今。"① 这与《丝绸之路上的外国魔鬼》所记基本一致。

这12块壁画是华尔纳于1924年在莫高窟盗割的，他是从第320、321、323、329窟各粘取了两块，在第335窟粘取了四块。其中第335窟的一块拿到哈佛大学后因为没有提取成功而毁掉了，这是南壁主榜题西侧的一身伎乐，其余的11块都保存下来了。它们分别是：第320窟（盛唐时期）南壁中央说法图主尊东侧的菩萨头像和一菩萨、一弟子、二神王；第321窟（唐武周时期）南壁十轮经变主尊东侧的胁侍菩萨四尊和胁侍菩萨两尊；第323窟（唐后期）东壁门北的戒律画和南壁的佛教史迹画；第329窟（初唐）北壁弥勒经变西侧的胁侍菩萨半身像和胡跪（半蹲半跪）供养菩萨；第335窟（唐武周时期）南壁的供养菩萨、迦陵频伽与二化生、鹦鹉与二化生和已经毁掉的伎乐。华尔纳还盗走了两身彩塑，一身是第328窟的供养菩萨，另一身可能是第435窟的西魏彩塑。另外还有绢画2件、麻布画1件、纸画1件、写经1件。②

被华尔纳所破坏、盗窃的壁画，大部分是敦煌艺术中最优秀的代表作品，尤其是323窟北壁的张骞出使西域图。该图为一送行场面，送者和行者，面面相对，作离别之状：送者面西，共有8人，1人骑高头骏马，举手挠指作讲话之态，自由随意；身后1人，手执伞盖；其余6人，有的鞠躬施礼，有的举手作嘱托之状；行者面东，其中1人，着宽袍大袖衣，朝笏遮面，跪在地下，态度恭谨；身后数人，当是其侍从；再后就是拴束好的马匹行李，为整装待发时的情状。其榜题书作："前汉中宗既获金人莫知名号乃使博望侯张骞往西域大夏国问佛名号时。"③

从这篇题记可以证明，这个洞窟的壁画反映的，并不像其他洞窟那样完全是宗教教义的传述，乃是中华民族历史上极为宝贵的典故。华尔纳的盗劫、破坏，不仅摧毁了一壁千余年的艺术宝藏，而且盗劫了中华民族文化史上一段珍贵的参考资料。

---

① 王惠民：《哈佛大学藏敦煌文物叙录》，《敦煌研究》2013年第2期。
② 王惠民：《哈佛大学藏敦煌文物叙录》，《敦煌研究》2013年第2期。
③ 孙修身：《从〈张骞出使西域图〉谈佛教的东渐》，载《敦煌学辑刊》第2期。

当然，华尔纳带走的壁画多与宗教相关。首先是佛教史迹题材的故事画。所谓佛教史迹画是指佛教传说及传播历史故事的壁画。莫高窟第323窟南壁上部通壁绘制了佛教史迹画，从右至左依次为西晋吴淞江石佛浮江故事、东晋扬都高悝得金像故事、隋文帝向高僧昙延法师祈雨的故事。其中被华尔纳盗走的是中间东晋扬都高悝得金像故事，这个故事在《高僧传》《法苑珠林》《集神州三宝感通录》中皆有记载，讲述东晋成帝咸和年间（326—334年），丹阳尹高悝在张侯桥发现有异光，遂寻得一尊金佛像，没有佛背光和佛座，其上梵文铭文说明这尊像是由阿育王第四女所造。高悝载像返回经过长干巷口时，牛止步巷口不再前行，于是高悝在此地建造长干寺供奉佛像，前来参拜的人非常多。之后，临海县渔民张侯世在海边发现莲花金座，至咸安元年（371年）交州合浦县采珠人董宗之又在海底发现佛像背光，均与长干寺金像完全吻合。这些故事情节在壁画中皆有显示，图中左、中、右三处分别画放射金光的佛像、佛座和背光，表现的是发现佛像、佛座、背光的场景。佛座下面有一叶小船航行在海上，船上有僧人和船夫迎接佛像。其左下方所绘大船迎佛场景则被华尔纳盗走。结合现藏于哈佛大学塞克勒博物馆被盗窃的壁画可见，大船前后各有两名船夫摇桨前行，船上有僧人和信众多人；船旁边还有六名僧人站立于岸边，持幡迎接佛像。整幅画面运用焦点透视技法，遵循近大远小的原则，使得山海之间富有空间感。画师着色清透，展现出唐代的青山绿水；人物栩栩如生，描绘出一幅众人迎接佛像的热烈场景。

其次，是说法图。哈佛大学福格艺术博物馆藏编号1924.44的壁画是第320窟南壁说法图的部分内容，为主尊东侧的一弟子、一菩萨、二神王形象。画面中间是一位菩萨，他转身面向佛陀，图中仍可见佛陀的背光边缘部分。菩萨与佛陀中间是佛陀的胁侍弟子迦叶，他手持佛经卷轴，面向佛陀听法。画面右上角人物身着戎装，神态威严，为佛陀的胁侍天王。

再次，华尔纳盗窃走的壁画中还有佛教人物、动物像。编号1924.40.1的图像是莫高窟第329窟北壁弥勒经变西侧的胁侍菩萨像，画面中供养菩萨头束发髻，身着绿色裙裳，手捧佛、法、僧三宝供品，身体倾向右侧，呈半蹲半跪的胡跪姿势向菩萨献供。菩萨坐于她的旁边。另一幅编号1924.42的图像则为同窟北壁的菩萨像。图中菩萨发髻很高，头发披散在肩上，面容慈祥，上身着天衣，胸前佩戴璎珞。但是菩萨并没有头光和背光，以此判断她并非地位较高的菩萨，如观音菩萨、普贤菩萨等。在整体壁画中，她与"持三宝供养菩萨像"位于同一列。

第七节　带来厄运的华尔纳

第 320 窟被粘贴部分　编号：1924.44[1]
Photo © President and Fellows of Harvard College

　　此外，华尔纳还劫走了第 335 窟南壁的菩萨壁画。编号 1924.47 为南壁供养菩萨像，图中画面左侧有一位菩萨面向右侧，双手合十；画面右侧亦有一名菩萨双手合十。编号 1924.46 亦为同窟南壁的菩萨像，图中分布着三身菩萨，其中，画面右侧两位菩萨头戴宝冠，身披天衣，腰束贴体罗裙，神态庄严温婉，面朝右侧，双手合十；画面左侧的菩萨身体有破损，从残存头光和双手合十的手部判断可能与右侧菩萨的装扮相似。

　　上述壁画从画面看破损较严重，这与华尔纳揭取壁画的方式有直接关系。据美国学者桑奇他·巴拉乾德兰（Sanchita Balachandran）和格

---

[1] 哈佛大学博物馆官网，https://harvardartmuseums.org/collections/object/209206?position=6。

第 329 窟被粘贴部分　编号：1924.40.1[1]

Photo © President and Fellows of Harvard College

---

[1] 哈佛大学博物馆官网，https://harvardartmuseums.org/collections/object/209167?position=209167。

第 329 窟被粘贴部分　编号：1924.42 [1]

Photo © President and Fellows of Harvard College

[1] 哈佛大学博物馆官网，https://harvardartmuseums.org/collections/object/210067?position=210067。

第 335 窟被粘贴部分　编号：1924.47[1]
Photo © President and Fellows of Harvard College

第 335 窟被粘贴部分　编号：1924.46[2]
Photo © President and Fellows of Harvard College

[1] 哈佛大学博物馆官网，https://harvardartmuseums.org/collections/object/210060?position=210060。
[2] 哈佛大学博物馆官网，https://harvardartmuseums.org/collections/object/210059?position=210059。

伦·盖茨（Glenn Gates）通过傅立叶转换红外光谱（FITR）技术分析，华尔纳在剥离壁画时使用了大量的阿拉伯胶、兔皮胶以及一种名为 Nikawa 的动物性胶，来加固墙面并粘贴布料。此外，他们还在布面上发现了硝酸纤维素和聚醋酸乙烯酯。在剥离后的壁画上，华尔纳也使用了大量的聚醋酸乙烯酯作为固化剂，这对壁画造成了严重的破坏。[①] 因为华尔纳揭取壁画时使用了大量化学物质，并采用非科学的直接揭取方法，导致他所获的 12 幅壁画中，8 幅受损严重，所以并未在博物馆中展出。

哈佛大学福格艺术博物馆还收藏有两件敦煌彩塑，也是华尔纳第一次福格考察团劫去的，其中原属第 328 窟西壁斜顶敞口龛外南侧的一膝跪地供养菩萨，高 121.9 厘米，属于初唐时期的作品，它被认为是华尔纳搜集到的最重要的一件艺术品和福格艺术博物馆的镇馆之宝。另一件是原属第 257 窟（北魏）中心塔柱侧面的模制天人像，由于其体积较小（24.4 厘米 ×12 厘米），一直不太引人注意。

华尔纳率领的第一次福格考察团的收集品，还有哈拉浩特（额济纳）壁画 3 方，收藏于哈佛大学福格艺术博物馆；泾川王母宫石窟石雕 7 件，也收藏于哈佛大学福

五个民工抬出塑像时的场景

---

① Sanchita Balachandran and Glenn Gates, "When Objects are Beyond Conservation: Recovering Visual Information from Damaged Artifacts," *International Dunhuang Project*, December 2007.

格艺术博物馆,中国国内对这批石雕鲜有报道。(甘肃泾川王母宫石窟,华尔纳称为"象洞";陈万里在《西行日记》中注曰:"有石象及浅雕石刻绝美,同行者遂名此洞为象洞。")哈拉浩特(黑城)泥塑1件,是华尔纳第二次福格考察团所获,现藏于哈佛大学福格艺术博物馆。

此外,美国还收藏有两幅敦煌绢画,其中1幅为"水月观音",绢画下部有纪年题记,"于时乾德六年岁次戊辰五月癸未朔十五日丁酉题记",相当于公元968年6月13日。该"水月观音"画正是1902年敦煌县令汪宗翰从王道士处索要的敦煌藏经洞文物之一,1904年9月,汪宗翰将此绢画赠送给甘肃学台叶昌炽,叶氏《缘督庐日记》中有关于该画的记录。这幅画后来又归南林蒋氏所有,王国维《观堂集林》中的《曹夫人绘观音菩萨像跋》一文,实际上就是对这幅画和跋文的首次研究。该画现藏于华盛顿史密森学会弗利尔美术馆。至于该画如何流到美国,现仍不清楚。

另一幅为"十二头观音"画,现藏于哈佛大学联合艺术博物馆。

美国收藏的敦煌遗书,由于数量太少,长期不大引人注目,其来源等也不清楚。目前已知,美国藏有敦煌遗书22卷,其中哈佛大学收藏两卷,是华尔纳第一次福格考察团在路途中购买的。另外,国会图书馆收藏9卷,芝加哥大学远东图书馆收藏3卷,纽约大都会艺术博物馆收藏3卷,普林斯顿大学图书馆收藏3卷,芝加哥自然史博物馆收藏1卷,哥伦比亚大学图书馆收藏1卷。[1]

至于霍尔基金会选定的哈佛和北大合作一事,前已述及,双方未能达成合作协议。非常巧合的是,华尔纳考察团的翻译王近仁乃燕京大学学生,当华尔纳第二次考察失败,王近仁返校复学后,燕京大学校长"司徒雷登从其口中了解到华尔纳与北京大学合作考古失败的情形之后,大做文章,辗转将此事告知中国教育部次长秦汾,后由教育部知会外交部,以华尔纳违反国际法为由,向美国驻北京公使提出抗议。事情虽被美国政府敷衍过去,但哈佛大学觉得太丢面子,既迁怒于华尔纳,也不满意北京大学。司徒雷登乘此机会积极活动,于1926年赶回美国,以燕京大学的名义与哈佛大学协商合作研究中国文化,结果大功告成。1928年春,哈佛燕京学社于兹正式成立"[2]。

---

[1] 参阅王冀青、〔美〕莫洛索斯基:《美国收藏的敦煌与中亚艺术品》,载《敦煌学辑刊》1990年第1期。
[2] 徐威:《燕京大学与哈佛燕京学社》,载《中华读书报》1998年2月25日。

我们知道，哈佛大学不仅在美国，而且在全世界都是很著名的大学，而燕京大学属于教会大学，是由美国和英国基督教教会在华设立的大学。美长老会传教士司徒雷登为该校的重要创办人，并于1919年1月31日被任命为燕京大学首任校长。1920年，司徒雷登以4万元的低价从陕西军阀陈树藩手中买下北京西郊海淀一带243亩土地，在美国霍尔铝业集团、洛克菲勒集团、纽约托事部以及中外人士的大批捐助下开始建设新校址。1925年初步建成，学校迁入，后又陆续扩建，形成占地700多亩，有大小宫殿式建筑物88座的美丽校园。

哈佛燕京学社于1928年1月5日由美国麻省批准，是两校合作研究中国文化的机构。在创办的起始20年里，学社有两处驻地办公，一个在美国麻省康桥的哈佛大学内，另一处在北京的燕京大学。而学社的具体学术活动则集中在哈佛大学和在华的美国教会大学。在开展学术活动的同时，学社还在哈佛大学建立了哈佛燕京图书馆和东亚系，并创办了《哈佛亚洲研究》。在中国，1930年设立了燕京学社引得编纂处，编印《汉学研究丛刊》，20年间，共出版64种"引得"，是一套很有价值和影响的丛刊。除了资助燕京大学编撰的"哈佛燕京学社引得"丛书之外，学社还在燕京大学出版颇有影响的学术期刊《燕京学报》。此外，学社还资助山东的齐鲁大学、南京的金陵大学、福州的福建协和大学、广州的岭南大学、华西协合大学大力开展国学研究。同时，学社也出资赞助诸如华中大学等多家学校增加其图书馆的藏书和博物馆的藏品。所有这些资助项目都对这些高校的发展客观上起到了一定的作用。[1]

1941年太平洋战争爆发以后，日军占领北平，学校遭日军封闭，燕京大学被迫于1942年迁往四川成都，哈佛燕京学社继续在成都活动。1945年日本投降后，燕京大学回迁北平，学社也在北平恢复了办事处。中华人民共和国成立后，燕京大学于1951年春改为公立。1952年在院系调整中，其有关各系、所分别并入北京大学、清华大学、中央财经学院等，原校址由北京大学迁入。哈佛燕京学社北平办事处亦随之撤销，而设在哈佛大学的学社总部则延续至今。[2]

---

[1] 参阅裴宜理：《写在哈佛燕京学社创办90周年之际》，载《文汇报》2018年6月22日。
[2] 参阅郭卫东主编：《近代外国在华文化机构综录》第417～418页，上海人民出版社1993年。

第八节

劫余断片又遭劫

自从斯坦因、伯希和盗劫敦煌遗书后，中国政府便将劫余部分共8000余卷，运送北京，入藏京师图书馆（今中国国家图书馆）。既然如此，为何橘瑞超、奥登堡还能盗去大量遗书呢？斯坦因于1914年来敦煌时，又能从王道士处骗购600余卷呢？为何在运京途中及入藏京师图书馆前，又有许多散失呢？因此，探讨敦煌遗书之流失和被盗劫，不仅要研究斯坦因、伯希和、橘瑞超、奥登堡、华尔纳等外国"考察家""探险家"的劫夺，而且要分析当时国内官僚地主及一些权势人物对敦煌遗书的盗劫，从而使一部分珍贵文物流散出去，造成了我国学术文化不可弥补的损失。这正如陈寅恪先生所说："或曰，敦煌者，吾国学术之伤心史也。其发见之佳品，不流入于异国，即秘藏于私家。兹国有之八千余轴，盖当时唾弃之剩余，精华已去，糟粕空存，则此残篇故纸，未必实有系于学术之轻重者在。"①

---

① 陈寅恪：《陈垣敦煌劫余录序》，原载1930年《（中研院）历史语言研究所集刊》第1本第2分；又见《金明馆丛稿二编》，上海古籍出版社1980年。

一、早期的流散

敦煌文书发现后,即引起了我国学者的关注与研究。文书发现之初,王道士就请城中绅士来参观。绅士们不知其可贵,只认为这些佛经流落于外,诚大造孽,都叮嘱王道士仍藏洞内。"王道士颇机诈,思借之以贸利,私载经卷一箱至酒泉,献于安肃道道台满人廷栋。廷栋不省,以为此经卷其书法乃出己下,无足重。王道士颇丧沮,弃之而去,时嘉峪关税务司比国人某将回国,来谒廷栋,临行,廷栋出数卷赠之。此比国人行过新疆,复谒长庚将军及道台潘某。相与道敦煌事,复以经卷分赠长庚和潘道台。"[1]

1902年,敦煌知县汪宗瀚把王道士送给自己的部分敦煌遗书、遗画和拓片等,转送给了甘肃学台、金石学家叶昌炽。叶昌炽深知这些文物的重要价值,立即建议甘肃省当局,要求将藏经洞全部文物运送兰州保管,而政府当局则以经费困难为由拒绝了这一建议。1904年3月,甘肃省藩台令敦煌知县汪宗瀚对藏经洞出土文物进行清点并封存。汪宗瀚乘机择其精品,送给了新疆、甘肃等一些地方官员。敦煌文献从此开始在外界流传。

斯坦因、伯希和盗劫文献后,藏经洞文物才开始为人们所知,并引起政府的重视。1908年,甘肃布政使司责令敦煌知县并王圆禄"将此项经卷,妥为保守,毋再遗失私买,致干咎,切切"[2]。于是将残存卷子分装两大木箱,名为"转经筒",藏于第367窟。但狡诈的王道士还是私藏了不少经卷,偷偷出售。当1909年敦煌遗书运送北京时,由于王道士做了手脚,并没有全部运完,因此1914年斯坦因第二次来敦煌时,又从王道士手中买去五六白卷。当时在新疆一带也不时有人向外国人兜售。后来又在莫高窟发现了一批藏文

---

[1] 谢稚柳:《鉴余杂稿·敦煌石室记》,上海人民美术出版社1979年。
[2] 卫聚贤:《敦煌石室》附录,原载《说文月刊》第三卷第十期;此据孙彦、萨仁高娃、胡月平选编《民国期刊资料分类汇编·敦煌学研究》第一册第330页,国家图书馆出版社2009年。

佛经，甘肃省政府教育厅便令敦煌知县："将该项梵字经卷，悉数运送来省，交由省城图书馆保存，脚费若干，运到后由该馆照数付给。"[①] 并派人会同敦煌县地方政府共同清理查验，共清理出藏文经卷94捆，重440余斤；带夹板经书11打，重1744斤。这些藏文经卷由敦煌劝学所、莫高窟寺院和甘肃省图书馆保存。

二、运京途中遭劫记

伯希和盗劫敦煌文献后，于1908年5月从敦煌出发往东，途经西安并停留了一个月，再经郑州、北京，于1908年12月12日到达河内。

1909年伯希和又来北京，为法国远东学院购买汉文古籍。这次他于5月21日从河内出发，夏天到达北京。经田中庆太郎（东京文求堂店主）介绍，罗振玉等人于中秋节访伯希和于苏州胡同寓所。伯希和出示所带敦煌遗书《老子化胡经》《尚书》残卷等10余种，并送给罗振玉一些敦煌文献照片。

关于伯希和在北京及敦煌遗书的流传情况，田中庆太郎也有记载，可以使我们了解得更详细一些。田中用救堂生这个笔名将当时的见闻题为《敦煌石室中的典籍》一文，发表在北京日侨主办的《燕尘》杂志2卷11号（1909年11月1日出版），文章说：

> 佛兰西（即法兰西——编者）东方考古学校教授伯希和氏获得藏在甘肃省境敦煌县石室中的经卷古书。得知归国途中在北京停留，立即赴八宝胡同旅舍通名片求见。未曾有过什么交往的伯氏把我让进了客厅。伯氏系三十岁左右的青年绅士，颇有学者风度。虽然是西方人，却能讲一口流利的北京话。

---

① 卫聚贤：《敦煌石室》附录，《民国期刊资料分类汇编·敦煌学研究》第一册第331页。

伯氏怀研究中国西陲地理古迹的目的，一年前从本国出发，经俄属中亚细亚进入新疆，在库车停留八个月，在乌鲁木齐停留二个月，在吐鲁番又停留数周，连续地考察。在乌鲁木齐会见了长将军，得知敦煌石室的消息，随即取道巴里坤、哈密，出安西，在安西知州某人以一卷古写本相赠，立即可以确定这是唐写本。去年冬天离开敦煌县三个多月，弄到了藏在当地三危山下石室之中的写经和别的文物。

虽说大部分已被送往本国，还是出示了随身携带的几十件。全是炫人眼目的珍品，如唐写本、唐写经、唐刻及五代刻的经文、唐拓本等，纸质有黄麻、白麻、楮纸三种。其中《老子化胡经》不次于最好的《太平经》，《尚书·顾命》残片文字雄健，的确是唐人书法……听说伯氏带来奇书，不但北京士大夫中的学者，就连对古书怀有兴趣的人也都相继往访他的寓所，见到带来的珍品，无不惊讶。

10月4日，北京学者主办的伯氏欢迎会在豪华的大饭店举行了。当天出席者有宝侍郎（宝熙）、刘少卿、徐祭酒（徐坊）、柯经科监督（柯劭忞）、恽学士、江参事（江瀚）、吴寅臣、蒋伯斧、董比部（董康）等十余人，成了名流齐集的盛会，遗憾的是罗叔言氏因感冒而缺席。……伯氏把摄影誊写的要求一一允承下来。伯氏与北京士大夫应酬之后，于九月十一日晚，乘坐前门开出的列车经西伯利亚归国。约定以后发表各种整理报告。①

罗振玉在伯希和处见到敦煌遗书后，大为惊奇，如获至宝。立即就伯氏所带的部分卷子写了一份提要——《鸣沙石室秘录》，刊

---

① 转引自〔日〕神田喜一郎：《敦煌学五十年》。

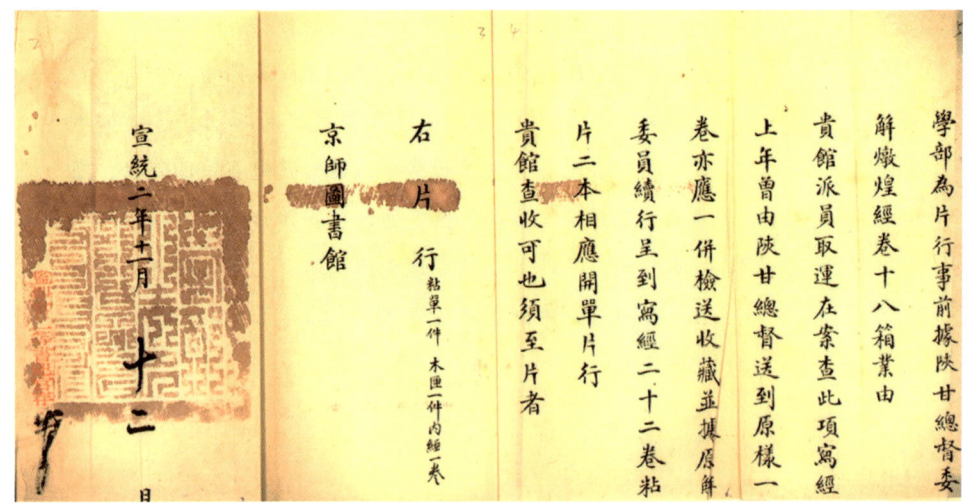

1910年清廷学部向京师图书馆调拨敦煌遗书公文

入《国粹学报》。又约其他人一道影照残卷10余种，编成《敦煌石室遗书》一书，由武进董康诵芬室刊行。

当与伯希和会晤时，伯希和说敦煌石室中尚有卷轴8000余卷，其中以佛经为多，可早日购归，以免再为人夺去。罗振玉得到这一消息后非常高兴，立即请学部发电报致护陕甘总督毛实君（庆蕃），托其将劫余敦煌卷子购送学部，并拟好电文上呈堂官，电文中说明购买卷子的经费先请垫付，由学部偿还。堂官允许发电，独把"还款"语删掉。①这样，1909年10月5日（宣统元年八月二十二日）学部致电甘肃："敦煌县东南三十里三危山下千佛洞石室储藏唐人写本书籍甚多，上年经法人伯希和亲赴其地，购获不少，……即希遴派妥员迅往查明现共存有若干，无论完全残破，统行检齐解部，幸勿遗失散落，所需运费由部认还，此外各洞中造像、古碑亦颇不少，均属瑰异之品，并希派员详细考查，登记目录，咨部存案，勿再令外人任意购求，是为至要。"②电报发出一月后，甘肃省就复电学部和大学，说已购妥，共8000卷，3000元。

这里还有一个小插曲，由于学部发给甘肃的电报没有"还款"二字，罗振玉考虑

---

① 参阅罗继祖：《庭闻忆略》第40页，长春市政协文史资料研究委员会1985年编辑出版。
②《学部官报》第104期，宣统元年（1909年）第28册，"文牍"页右三。

到甘肃比较贫穷，未必能予垫款。于是提议大学出款，大学总监督刘幼云（廷琛）也推说无款。罗振玉说，大学如无款，可由农科节省经费来购，不然，可将他个人薪俸全部捐出。罗当时任京师大学堂的农科大学总监督，由于他下了最大的决心，一再坚持，堂官才没有再明确反对。① 这一点罗振玉《鸣沙石室佚书序》中也有反映："往者伯君告余，石室卷轴取携之余，尚有存者，予亟言之学部，移牍甘陇，乃当道惜金，濡滞未决，予时备官大学，护陕总督者适为毛实君方伯（庆蕃），予之姻好，总监督刘幼云京卿（廷琛），实同乡里，与议购存大学。既有成说，学部争之。"② 当时学部"惜金"恐怕价格昂贵，不肯购买。及知仅3000元时，"学部争之"，决定留部，不给大学。③

从甘肃敦煌押解经卷至北京，学部委托新疆巡抚何秋辇（彦昇）担任接受和押解，押解差官是江西人傅某。当载经大车到达北京打磨巷时，何彦昇之子何震彝（鬯威）先将大车接至其家，约同其岳父李盛铎（木斋）及刘廷琛、方尔谦等，就其家偷选，将残卷中之精好者悉行窃取。而后又把卷子中较长者，破坏截割为二三，甚至五六段，以充8000之数。④

为什么由新疆巡抚何彦昇担任押解任务呢？对此问题一直不得其解，有关论著或避而不谈，或云不知什么原因。据饶宗颐先生

---

① 参阅罗继祖：《庭闻忆略》第40～41页。
② 罗振玉：《雪堂类稿》乙《图籍序跋》第41页，辽宁教育出版社2003年。
③ 京师大学堂是北京大学的旧称，创建于1898年，是中国政府举办的第一所现代综合性大学。1908年10月，京师大学堂上折奏请开办分科大学（相当于后来的专科学院）。经朝廷准奏，京师大学堂原定8个分科大学中的7个，即经科、法政科、文科、格致科、农科、工科、商科于1910年3月31日开学。原定的医科大学因监督屈永秋未到任，无人主持筹办，而未同时开办。监督相当于校长。农科监督相当于农学院院长。
④ 参阅谢稚柳：《鉴余杂稿·敦煌石室记》，上海人民美术出版社1979年。

20世纪50年代写的《京都藤井氏有邻馆藏敦煌残卷纪略》[1]一文记载："何彦昇于宣统二年（1910年）官甘肃藩司，代理巡抚，当其任内，适学部咨陕甘总督调取敦煌经卷，着何氏收购到京。抵京后何氏先交其子鬯威。时官中册数，报有卷数而无名称及行款字数，故一卷得分为二三，以符报清册之卷数。何鬯威为李木斋盛铎之婿，故菁英多归李氏及何氏。"

叶遐庵在《张谷雏所藏敦煌石室图籍录序》中云："至刘（廷琛）、李（盛铎）、何（彦昇）所得，何早卒，除其生前赠友者外，余闻亦归李氏。世尘知李、刘二氏多佛经以外之典籍，偶露鳞爪，固难窥其秘也。近年李、刘皆去世，所藏始分别散出。"[2]现日本京都藤井有邻馆所藏敦煌遗书，绝大部分为何氏旧藏，其目录首题即为"何彦昇秋辇中丞藏敦煌石室唐人秘笈六十六种"。其中还有一块原用来夹存文书册的木夹版版面，上有"新疆布政使何彦昇旧藏：敦煌石室唐人秘笈（五拾九种）目录、歌曲册"。这批文书上有许多收藏家印，多者为三方，即"何彦昇家藏唐人秘笈""合肥孔氏珍藏""德化李氏凡将阁珍藏"。"从所记目录及文书印记看，知是经何氏、孔氏之手才转归李氏所藏。"[3]由此可知，"何氏之物，后归于李氏凡将阁，藤井氏所藏，非迳得于何，乃得自李氏者。有邻馆所藏此批敦煌残卷，虽为数不多，惟其为何彦昇旧藏，正可据以考查当时经卷遗失之情形"[4]。从何彦昇所获敦煌遗书及其散失情况，就可见当时敦煌残卷流散的一般情况。

罗振玉《姚秦写本僧肇维摩诘经残卷校记序》亦记其事曰："江西李君与某同乡，乃先截留于其寓斋，以三日夕之力邀其友刘君、

---

[1] 原载《金匮论古综合刊》第1期，后收入《选堂集林·史林》下，香港中华书局1982年。

[2] 叶恭绰：《矩园余墨》第171页，辽宁教育出版社1997年。

[3] 〔日〕藤枝晃：《长行马》，载《墨美》60号（1956年11月）；转引自陈国灿《东访吐鲁番文书纪要（一）》，见《魏晋南北朝隋唐史资料》12辑。

[4] 饶宗颐：《京都藤井氏有邻馆藏敦煌残卷纪略》。

婿何君及扬州方君，拔其尤（优）者一二百卷，而以其余归部。李君者富藏书，故选择尤精，半以归其婿，秘不示人；方君则选唐经生书迹之佳者，时时截取数十行鬻诸市。"①当时移藏部立京师图书馆的卷子是8697号，民国十八年（1929年）移交北平图书馆时增为9871号。

官僚世宦窃取敦煌遗书之事，当时社会上就有了一些传闻。罗振玉《鸣沙石室佚书序》所说"比至运京，复经盗窃"即指此而言。此事也"为学部侍郎满人宝熙所悉，谋上章参奏，会武昌起义，事遂寝"②。宝熙上奏，因辛亥革命爆发而没有查问。但这毕竟是一桩大案，学部为掩人耳目，只把押解员傅某扣留，最后还经人说情而释放。吴昌绶《松邻书札》中致张祖廉一札云："顷邑威（何震彝）同年来，谓访公未值，有信托为代致，甘省解经之傅委员，淹留已久，其事既无佐证，又系风流罪过，今穷不得归，日乞邑威为道地。弟闻前事已了，堂宪本不深求，可否仰仗鼎言，转恳主掌诸君，给札放行，其札即由公交邑威亦可，渠既相嘱，特为奉致，望径复之。"③将这样大的盗窃公案，以"风流罪过"，巧于开脱。最后以"事出有因，查无实据"结案。

被窃卷子当时就流到了市场上，罗振玉说："遗书窃取，颇留都市，然或行剪字析，以易升斗；其佳者或挟持以要高价，或藏匿不以示人。"④如方尔谦所盗窃的遗书，当时就拿到市场上出售，"故予箧中所储，方所售外，无有也"⑤。李盛铎所窃，1935年一次就卖给了日本人400多卷。

---

① 罗振玉：《罗雪堂先生全集（续编）》（二）第408页，台湾新北大通书局1989年。
② 谢稚柳：《鉴余杂稿·敦煌石室记》。
③ 转引自罗继祖：《敦煌藏卷劫余小记》，载《中华文史论丛》1980年2辑。该文为"给批放行"，罗继祖《庭闻忆略》改为"给札放行"，今依后书改。
④ 罗振玉：《鸣沙石室佚书序》。
⑤ 罗振玉：《姚秦写本僧肇维摩诘经解残卷校记序》。

第九节

敦煌文物流散的原因

19世纪末20世纪初,中国西北是一个政治敏感地区。当时印度和阿富汗已沦为英国的殖民地和保护国,而沙皇俄国的势力也已越过锡尔河和阿姆河,扩展到了里海,因此当中国人从清朝闭关锁国的状态下醒来时,才猛然发现在中国的西北大门口,已站着两个虎视眈眈的帝国主义大国——英国和沙俄,它们正在为争夺这一地区的势力范围而跃跃欲试。

正是在这个时候,在亚洲中部出现了探险活动的热潮,各种名目的探险队、测量队和考察队,纷纷闯入这一地区。据统计,仅1876年到1928年间到达中国西北地区的探险队就有42支之多。[①] 这些探险队,既有沙俄的、英国的、德国的,也有法国的、日本的和瑞典的。当时这些探险队在亚洲中部、中国的西北地区,不断有惊人的发现,从而轰动了世界。人们没有想到,在古代丝绸之路沿线各地,竟然会埋藏有千年之久的人类古代文明:这里有已无人认识的死文字,有无与伦比的佛教石窟壁画,有中国古代的漆器、铜镜,有精美艳丽的丝绸、绢画,还有古罗马金币、贵霜钱币、波斯银币等等。中国西部丝路沿线灿烂的古代文化,以其独特的魅力闪烁着光辉。许多探险家、考察家,如俄国的普尔热瓦尔斯基(Пржевальский,1839—1888年)、科兹洛夫(Козлов,1863—1935年)和奥登堡(Оденбург,1863—1934

---

① 参阅穆舜英:《斯坦因:考古与探险》中译本序言,新疆美术摄影出版社1992年。

年)、英籍匈牙利人斯坦因(Stein,1862—1943年)、法国的伯希和(Pelliot,1878—1945年)、德国的勒柯克(Le Coq,1860—1930年)、日本的大谷光瑞(1876—1948年)和橘瑞超(1890—1968年)以及吉川小一郎(1886—1978年)、瑞典的斯文·赫定(Sven Hedin,1865—1952年)、美国的兰登·华尔纳(Langdon Warner,1881—1955年)等等,都是由于在这里有惊人的发现而闻名世界的。他们的探险考察活动,虽然发现并使世人认识了许多中国古代的文化瑰宝,以至于间接推动了中国古代文化研究,尤其是丝路文化的研究。但不可否认,这些探险、考察活动,破坏了中国的文物古迹,致使我国大量的珍贵文物被盗劫,造成了我国学术文化史上不可弥补的损失。

一、总体背景的探讨

为什么丝路文物发现后即被大规模盗劫呢?众所周知,自1840年的鸦片战争后,由于帝国主义加紧对中国的侵略,中国逐渐沦为半殖民地半封建社会。各帝国主义国家为了扩大其既得利益,纷纷在中国割占领土,强租港湾,划分"势力范围"。这种侵略活动,除了集中在我国东北、华北和华南广大地区外,资源丰富、人口稀少的西北地区,也成了帝国主义国家,特别是俄、英争夺的焦点之一。如俄国不但派兵于1871年强占了伊犁地区,而且为了把我国新疆地区从地理、文化上割裂出去,还称其为"东土耳其斯坦",妄图达到分裂中国、侵占我国新疆地区的罪恶企图。英国学者珍妮特·米斯基曾说:"俄国驻喀什噶尔总领事(1882年上任)名为彼得罗夫斯基,是个能干、傲慢、狡猾而精于诱惑的家伙,任职的21年间对中国官员使尽了阴谋恐吓、威胁利诱、收买强迫之伎俩。他的目的便是将新疆最西部的绿洲区域由中国瓜分出去,使俄国得以控制通往印度后门的战略性山口。英国希望通向山口的地区留在阿富汗的管辖之下。巴尔福曾经说过,英帝国的防线,可以用一个词来概述,那就是阿富汗。"[1]

米斯基的上述言论,重点当然是揭露沙俄,但字里行间,也透露了英、俄在中国新疆地区的争夺。并且作者把英国的防线说成是阿富汗,本身就是荒谬的,是殖

---

[1] [英]珍妮特·米斯基著、田卫疆等译:《斯坦因:考古与探险》第138页,新疆美术摄影出版社1992年。

民主义者的逻辑。

当时，俄国亟欲吞并我国新疆西部的绿洲地区，而英国则把新疆西南部视为自己的势力范围，极力阻挠沙俄势力的进入。作为英国政治代表的马继业，和沙俄总领事彼得罗夫斯基，在喀什噶尔的明争暗斗，就是这一复杂形势的缩影。

伴随着帝国主义的军事侵略，各国探险家、考察家也纷纷涌入我国西北地区。他们的涌入，既有学术目的，也有政治和军事目的，如俄国的普尔热瓦尔斯基就认为，考察中国的北部边疆不仅有很大的科学价值，而且还可以搜集到当时中国正在爆发的回族起义的"准确情报"。他第一次考察时，"趁机细查了中国军队的状况"，并进行了民族调查。回国后，向俄国总参谋部递交了《关于中国现状》《关于回民起事的情报》两份报告，为沙俄侵略中国西北地区提供资料。

普尔热瓦尔斯基第二次中亚探险（1876—1877 年），即考察天山东部、塔里木盆地、罗布泊和拉萨等地的计划，也是在俄国皇家地理学会及俄国外交部、陆军部、总参谋部的一致赞同和支持下实现的。皇家地理学会主席康士坦丁·尼古拉耶维奇（1827—1892 年）大公称："此次俄国深入中亚腹地作一次新的考察，乃是以往俄国从事的地理学活动的自然发展，在政治上无疑具有重要意义，完全应当受到政府的关怀与支持。"地理学会理事会的决议写道："普尔热瓦尔斯基的旅行除了会取得重大科学成果外……也将为工商业考察拓宽道路。"外交大臣吉尔斯表示："我们感兴趣的是了解这些地区所处的政治状况，了解当地的人口、需求以及在该地能为俄国人的商业进取精神开放的前景。"这位外交大臣还着重指出："西藏作为喇嘛教的中心，对俄罗斯具有重要的意义。因为在我们的西伯利亚异族人中间信奉这种宗教者很多。所以，在对这个地区还完全没有准确资料的情况下，外交部不能不特别赞许普尔热瓦尔斯基先生深入拉萨的决心。"① 总参谋长盖登和俄国驻华公使布策等人对此行也给予了全力支持。1876 年 3 月，沙皇亚历山大二世（Alexander II，1818—1881 年）颁发了准许普尔热瓦尔斯基从事新的考察的手谕。这一切说明沙皇政府对这次考察是何等重视。

另如，斯坦因的考察之所以得到英国和印度政府的支持，其原因之一，是因为测绘那一地区路径和地形的实际需要。

---

① 以上见刘存宽：《普尔热瓦尔斯基的"中央亚细亚考察"及其评价》，载马大正等主编《西域考察与研究》，新疆人民出版社 1994 年。

俄罗斯圣彼得堡的普尔热瓦尔斯基塑像

正是由于当时中国的贫穷落后,西方列强都把中国视为可以任人宰割的羔羊,认为中国西北边疆是一片未开垦的处女地,可以随便去"探险""开垦"。

由此可知,19世纪末20世纪初,外国探险家、考察家在中国的考察活动,本身就是帝国主义国家侵略中国的一个组成部分。在这方面,西方列强的认识是一致的,当然,它们之间也有矛盾。西方各国的探险家、考察家们的活动,既然是为政治和军事目的服务,因此他们的学术考察活动,也往往打上了政治或军事的烙印,他们也像帝国主义军事侵略者在中国划分势力范围和强占租界一样,在文化侵略中也划分各自的势力范围。如斯坦因认为:"英国和俄国互相监视,日益怀疑对方向新疆扩张,全都把眼睛盯着衰落的中华帝国。"① 对此，自认为是"英国公民"的斯坦因也不甘落后，遂向政府提出了对中国新疆和阗地区及其周围古代遗址的考察计划。为什么要选择和阗地区呢？斯坦因的理由是："据历史记载所知，今和阗地区曾经是古代的佛教文化中心——起源和特点明显受印度影响。近年来古代文书、钱币、雕刻等等的发现已充分说明，经过对这些古遗址的系统发掘，将会得到对于印度古代文化研究极为重要的发现。"② 如前所述，当时印度不仅是英国的殖民地，而且还是英帝国向东扩张的前哨基地，斯坦因提出的理由不是可以"古为今用"吗？对此，斯坦因直率地说："我敢肯定，和阗和中国新疆南部是英国考察的适当范围。用现代术语说来，它按理是属于英国的'势力范围'，而且我们也不该让外人夺去本应属于我们的荣誉……我认为，进行此事正是为了印度，争取这项荣誉也正是为了印度政府。"③

当斯坦因的考察计划被批准后，1899年2月2日，他向厄恩斯特写信说："简单说吧，印度和旁遮普政府已批准我去中国……进行'考古探察'的计划，并预支所需路费和购买文物费用7000卢比——此事现在尚未公开，保密原因是我听说俄国人正计划派一支考察队前往（喀什噶尔东北）阿克苏地区和吐鲁番，同时由于沿和阗河的道路正如斯文·赫定精彩著作中所描写的那样非常好走，我可不愿意让一个匆忙的宣告把俄国人引入我的工作区域里来。由于和阗被认为是位于'英国势力范围'之内，因此印度奥林匹亚山上那些先生们才会同意……"④

不仅如此，斯坦因为了使其计划得到政府的重视，还把国家间的竞争变成了自己的理由。他在报告中说："我还想进一步指出，自我的计划初步形成以来，俄罗斯帝国科学院已经宣布，他们准备派出三位学者考察吐鲁番，那里也曾发现过古代文书。另外我还得知，斯文·赫定博士的考察也很可能要重新开始。"⑤ 当斯坦因的探险计划被批准后，他还向朋友写信说："我仍然希望此事尽可能不引人注目，因为某个俄国探险队可能正要前往同一个地方，过早泄露消息也许会促使他们采取行动。"⑥ 另如德国与俄国约定："对于中国境内的遗址的挖掘，双方应利益均得。德国远征队的

---

① 《斯坦因：考古与探险》第69页。
② 《斯坦因：考古与探险》第83～84页。
③ 《斯坦因：考古与探险》第88页。
④ 《斯坦因：考古与探险》第91页。
⑤ 《斯坦因：考古与探险》第84页。
⑥ 《斯坦因：考古与探险》第89页。

活动范围限定在吐鲁番一带，而库车一带则属于俄国远征队的活动范围。"[1] 再如日本在中国西北的考察，也曾引起了正在争夺中国新疆、西藏的俄、英帝国主义的关注，故将橘瑞超的考察称为"间谍探险"。

丝路文物正是在这一总的历史背景下被盗的。

二、具体原因的分析

丝路文物的被盗，主要原因是19世纪末20世纪初帝国主义加紧侵略中国的历史悲剧。但除此之外，还有许多具体原因。

第一，当时政府的昏聩无能。当时，虽然中国已陷入半殖民地半封建社会，中国政府对于外国的侵略不可能进行强有力的抵抗，但在内部的统治还是有效的。外国考察家在中国的盗劫活动，还是尽量要取得合法的身份，即得到有关当局的认可，才能如愿以偿。如斯坦因在给英国政府的报告中说，他还请求印度政府通过外交部与中国政府联系，为他获取在中国旅行所必需的护照或允许。"我还要进一步指出，和阗地方当局的支持，对于计划中的考察成功与否至为关键。因而希望印度政府能帮助解决这一问题，争取中国中央政府或省政府能给和阗的办事大臣发去指示，证实我已获准勘察或考察他辖区中所有古代遗址，在这类遗址上进行发掘，拥有其中出土的文物，如有人出售，还可购买这类文物。"[2]1899年1月11日，斯坦因还给朋友安德鲁斯写信说："新年前夕，我接到了好消息，内务和财政部已批准我作和阗之旅，后来又听说外交部也已同意与中国当局交涉有关事项，这样计划就算是全妥了。"[3]

1900年5月，斯坦因收到了去中国新疆的护照。

斯坦因到达新疆喀什噶尔后，就请道台"向和阗按办发出明确的指示"，要求提供必要的帮助，以保证运输、供应、劳工，以及行动、发掘、考察的自由。斯坦因的这些要求都得到了满足。

如日本人吉川小一郎来中国考察时，也千方百计地要得到中国政府的认可，得

---

[1] 参阅唐栋：《石窟劫》，载《丝绸之路》1995年第5期。
[2] 转引自《斯坦因：考古与探险》第85页。
[3] 转引自《斯坦因：考古与探险》第89页。

到了清政府所颁发的护照。

再如1923年,当美国人华尔纳来敦煌盗劫壁画时,正赶上军阀混战,局势极不稳定。为了保证华尔纳等人的安全,当时的中央政府还派了10名武装的士兵,将他们从北京护送到西安。再如1909年9月,当伯希和盗劫敦煌遗书后,还能在北京向中国的学者夸示其所得、所见、所闻。

以上事实说明,丝路文物的被盗,与当地政府的昏聩无能有着密切的关系。当时,各帝国主义国家凭借其洋枪洋炮和兵舰,任意进出中国。在帝国主义的淫威下,上至皇帝大臣,下至一般官吏,对"洋大人"都是毕恭毕敬,有求必应。正是在这一背景下,各国探险家、考察家才能在中国取得所谓"合法"的身份,才能得到中国有关当局的关照和保护,从而将中国的许多文物古迹"合法"地运走了,造成了中国古代文化不可弥补的损失。

第二,中国的一些地方官吏及下层人士,由于思想麻痹和愚昧而上当受骗。如斯坦因常常提到的"潘大人"——潘震(1851—1926年),曾给了斯坦因很大的帮助。当斯坦因到达和阗后,由于有中央政府的护照及指示,再加上斯坦因向潘震讲述了当年玄奘去印度所走的路线及和阗当年的佛教文化,使科举出身的潘震很感兴趣,答应将在职权范围内尽力给予帮助。当斯坦因第一次考察(1900年5月至1901年7月)雇佣民工有困难时,是潘震帮了忙,"那些人都不愿意去,他们惧怕风沙、刺骨的寒冷,以及活动在沙漠里的恶魔。但是他们不敢违抗按办的旨意"[1]。当斯坦因第二次来中国考察(1906年4月至1908年11月)时,潘震主要是用电报把斯坦因介绍给他下属的各地县,请他们给予斯坦因一切必要的协助,使斯坦因能充分获得人力和粮食的支援。所有这些,使斯坦因获得了极大的便利,使其在各地的"考察"如入无人之境,从而将中国的大批文物盗劫而去。斯坦因曾坦率地承认,"没有他的热心帮助,也就没有沙漠中的考察,更不可能完成那之前在山里的测量"[2]。

综观潘震的一生,很难认定他是一个自觉的"卖国者"。因为在当时的历史条件下,连中央政府对洋人都惧怕三分,作为地方官的潘震,一方面是执行中央政府的指示,另一方面对斯坦因有好感,包括其献身精神。但他始终不理解,为何要将中国的古文书运到西方去?因此当他一再问道:"为什么所有这些古代资料要搬到遥远

---

[1]《斯坦因:考古与探险》第157页。
[2]《斯坦因:考古与探险》第149页。

敦煌莫高窟窟前广场上的道士塔

的西方时,斯坦因默默无语……当潘大人转而问及其他一些细节问题时,他才松了口气。"[①] 由此可见,潘震对斯坦因的所作所为,仅仅是不理解、不明白,并没有将其作为"盗贼"而为虎作伥。

当斯坦因第二次来华考察准备去敦煌时,还是潘震给当时的敦煌县令汪宗翰写介绍信,这对斯坦因能从王道士处诈去大批宝藏甚有关系。正是由于潘震的介绍,汪宗翰才认为斯坦因只是要去沙漠发掘废址,所以对他很友善,并且还设宴招待。席间汪宗翰还出示了一部《敦煌县志》,谈了千佛洞的一些情形。可能就在这时,斯

---

① 参阅《斯坦因:考古与探险》第186页。

坦因才得知了王道士发现藏经洞之事，斯坦因充分利用了这一切关系，并制造了一些假象，从而将大批的敦煌宝藏诈骗而去。

"以汪氏的干练，竟因故未能察觉斯坦因的阴谋，则是中国学术界的不幸了。"①

就是道士王圆禄，当斯坦因、伯希和、橘瑞超、奥登堡等人从他手里骗去大批敦煌宝藏时，他也没有想到，自己扮演了一个"卖国者"的角色。因为不论斯坦因，还是伯希和、华尔纳，都没有能用金钱从王道士手中买走宝藏，而是利用了王道士的愚昧及其对中国古代文化的无知。至于斯坦因等人所付的一点点钱，在王道士的眼中只是他们"布施"的"功德钱"，而绝不是购买敦煌宝藏的"交易费"。否则，王道士绝不敢在给慈禧太后的报告中说："于叁拾三四年，有法国游历学士贝大人讳希和（即伯希和——编者），又有阴（英）国教育大臣司大人讳代诺二公至敦煌，亲至千佛洞，请去佛经万卷。"②可见，贝希和、司代诺（即伯希和、斯坦因）"请去佛经万卷"之事，王道士并不认为是不可告人的。也正因为如此，所以1914年斯坦因再次到敦煌后，王道士还主动将斯坦因当年（1907年）"捐助"200两银子的用途账簿给他看。这一行动，本身就是募化者对施主的义务。

综上所述，当时的一些地方官吏，乃至一些帮助外国人劫夺丝路文物的普通百姓，包括道士王圆禄，真正的"卖国贼"有几个？绝大多数都是由于知识贫乏，甚至没有知识，不懂得文物艺术及其价值，无意中成了盗劫丝路文物的"帮凶"。多么悲哀！多么可怕！

第三，由于当时政府及官吏的愚昧无知，造成了大批丝路文物的被盗。如敦煌文书被发现后，甘肃学台叶昌炽曾建议甘肃当局将敦煌文物全部运到省会兰州保管，后因需五六千两银子的运费作罢。只在1904年3月命敦煌县令检点封存，由王道士就地保管。从而为以后斯坦因、伯希和等人的盗劫埋下了祸根。可以设想，如果当时将所有敦煌文物全部运到兰州保管，也许以后的被盗事件就可以幸免。

另如，伯希和盗劫敦煌遗书后，在北京给罗振玉等人透露了有关消息。罗振玉得到这一消息后，立即请学部电报陕甘总督毛实君（庆蕃），托其将劫余敦煌卷子购送学部，并拟好电文上呈堂官，电文中说明购买卷子的经费先请垫付，由学部偿还。堂官允许发电，但对"还款"不同意。罗振玉又提出让大学出款，大学总监督刘廷琛

---

① 金荣华：《敦煌文物外流关键人物探微》第70页，台北新文丰出版公司1993年。
② 王圆禄：《催募经款草册》，原件现藏敦煌研究院。

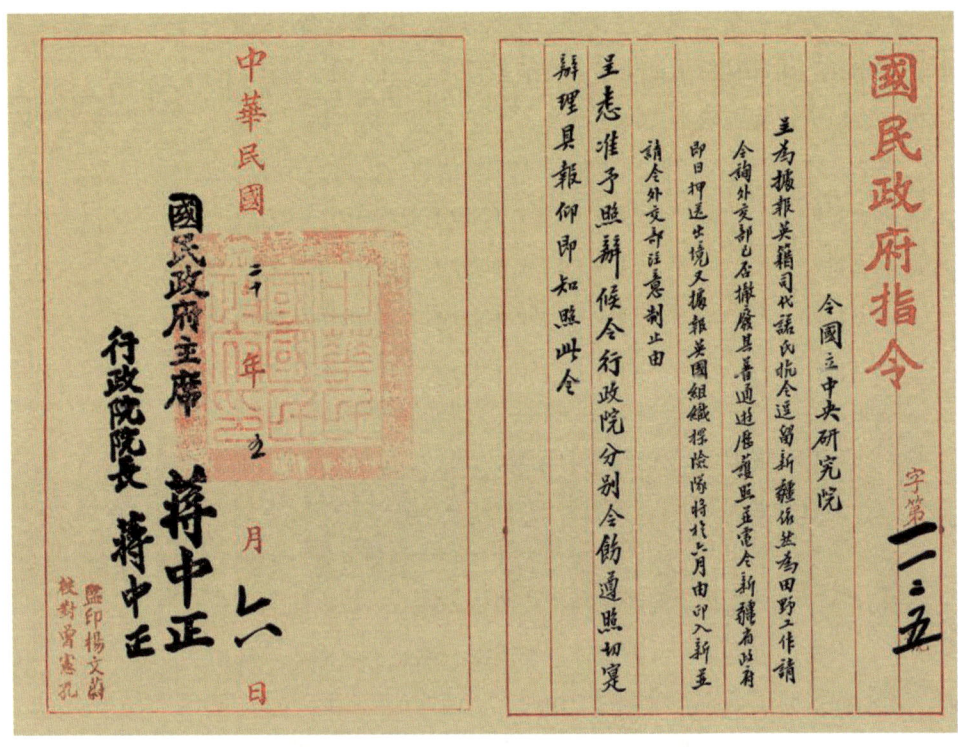

国民政府就取消斯坦因护照并促其即日出境事给中央研究院的指令（1931年5月6日）

也推说无款。罗振玉生气地说，大学如无款，可由农科节省经费来购，不然，可将他个人薪俸全部捐出。① 罗当时任京师大学堂农科大学监督，由于他下了最大的决心，一再坚持，才将劫余敦煌遗书8000余卷运至北京，由京师图书馆保存，从而构成了今天中国国家图书馆所藏敦煌遗书的主体。可以断言，如果不是罗振玉的坚持，如果没有学部和京师大学堂的努力，将劫余遗书运至北京保管，这部分文物必然被橘瑞超、斯坦因、奥登堡盗劫而去。

第四，从客观角度而言，这些外国考察家、探险家的个人素质，包括他们一路上吃苦耐劳、不怕路途艰险，为了达到目的不惜冒着生命危险进行此种探险行为，最终使他们从我国盗劫走大批珍贵文物。如斯坦因在第一次考察时，由于天气太冷，差点将脚冻掉了。由于有了这次的遇险，第二次考察前就立下了遗嘱。再如瑞典人

---

① 参阅罗继祖：《庭闻忆略》第40～41页，长春市政协文史资料委员会1985年编辑出版。

斯文·赫定，也和斯坦因一样，他们一次次的"探险"，使大批的丝路文物在当时那种恶劣的生活、交通条件下，一批批地被运到了西方，也造成了我国珍贵文物的流失。

当然，这些考察家、探险家的学术考察活动，也离不开当时政治的影响。他们的悲剧（或教训）在于：经费上对帝国主义的依赖，自觉或不自觉地充当了殖民主义的"先行者"；另外，在他们的意识上，也打上了殖民主义的烙印，即损人利己，无视所在国的主权。

第五，当时的中国社会缺乏文物的主权意识。我国境内的所有文物，应该归国家所有，这是不言而喻的事情。但在当时，自上而下，整个社会都缺乏对文物重要性的了解，缺乏文物的主权意识。如潘震只是不明白中国的古文书为什么要运到西方去？但他绝对还没有意识到，这是中国的文物，应由中国保管。当斯坦因到敦煌时，汪宗翰认为他是去发掘废址，不但没有制止，反而还设宴招待。他们误认为地下的东西不属于任何人，谁挖到就归谁。道士王圆禄更是如此，综观他处理敦煌文书的态度，除了个人目的外，他对外国人和中国人，甚至中国政府都基本上是一个态度，即谁为寺院给予"布施"，谁就可以"请去佛经"。

与此相反，当时处于资本主义发展阶段、商品意识已较浓厚的西方国家，却已有了文物的主权意识。如斯坦因1898年9月10日给印度政府的报告中说："我还请求印度政府通过外交部与中国政府联系……证实我已获准勘察或考察他辖区中（和阗）所有古代遗址，在这类遗址上进行发掘，拥有其中出土的文物。如有人出售，还可购买这类文物。"[①] 由此可见，斯坦因非常清楚，中国的文物，不论是地下埋藏的，还是公私收藏的，都属于中国所有；要进行发掘或购买，一定要经过中国政府的同意。当英国驻北京的公使给斯坦因办理护照时，还给印度总督寇松写信说："至于挖掘或购买文

---

① 转引自《斯坦因：考古与探险》第85页。

物，我认为提出此类事情只会破坏他（斯坦因）的计划。"① 可见英国公使也有文物的主权意识，知道中国境内地上地下的文物，都属于中国所有，外国人是不能随便挖掘或购买的，如果提出此事，中国政府可能就不会给斯坦因发护照。当斯坦因、伯希和等人给了王道士一点点银子时，就可以明目张胆地将敦煌文书运到外国去，还可以向中国人夸示其所得。这种行为，就是因为他们认为，这些文物是花钱购买的，即"合法"获得的，至于价格是否公道，那便是"周瑜打黄盖，一个愿打，一个愿挨"罢了。

五四运动后，由于中国反帝反封建运动的不断高涨，中国社会，首先是知识阶层，才逐渐产生了文物的主权意识。"中国学术团体协会"与斯文·赫定于1927年4月26日在北京大学签订了一项包括19条内容的新协议，对斯文·赫定作了许多限制，才保护了中国的利益，考察所得文物全部留在中国。

与此相同，当美国人华尔纳第二次来华，计划大规模盗劫敦煌壁画的阴谋失败后，哈佛大学就想到了斯坦因，建议由哈佛燕京学社出资两万英镑，请他组织前往新疆"考古"。1930年4月底，斯坦因到达南京，透过英美两国的外交人员向中国政府申请特别许可证。由于有了1927年的中瑞协议，因此南京政府立法院于1930年5月24日制定了《古物保存法》14条，规定古物保管委员会是全国考古与文物保护的最高专司机构，无该委员会与教育、内政两部合颁之发掘护照而掘古者以盗窃论罪。② 所有外国考古队来华活动，必须有中国考古学家为共同领队，还必须要有中国学者参加，考察所得文物也不能携离中国。虽然在英美的压力下，斯坦因拿到了中国政府发的通行证，但通行证上没有说明他可以做些什么。因此，当他在新疆偷挖文物后，中国政府便取消了其通行证，并没收了盗挖的文物，斯坦因只好半路折回。参与此事的傅斯年先生（时任中央研究院历史语言研究所所长）记其事曰："数年前斯坦因博士冒

---

① 转引自《斯坦因：考古与探险》第109页。
② 参阅金荣华：《敦煌文物外流关键人物探微》第81～82页。

加固后的莫高窟崖面

领游历护照,适有燕京同志自美洲归来,告斯年以此事之内幕,斯氏实拨巨款往新疆发掘并在美扬言中国无学问。斯年即提出此事于古物保管委员会,众人公愤,南北吁请,历时一年。斯年个人亦曾为此散小册子,打电报,走南京,卒将斯氏监视出境,而扣留其收集品于疏勒。"[1]

《古物保存法》是中国政府制定的第一个保护文物、维护文物主权的法规,它的颁布,标志着全社会文物主权意识的强化。从此以后,再没有发生过大规模的文物被盗事件。

---

[1] 傅斯年:《论伯希和教授》,载《傅斯年全集》第7册,台北联经出版事业公司1980年版;又见傅斯年著、吕文浩选编《出入史门》,浙江人民出版社1998年。

附录一

中国学术团体协会与斯文·赫定博士所订合作办法[①]

中国学术团体协会为组织西北科学考查团事与瑞典国斯文·赫定博士订定合作办法如左：

第一条：本协会为考查西北科学事务，容纳斯文·赫定博士之协助，特组西北科学考查团。

第二条：本协会特组西北科学考查团理事会，依据本合作办法，监察并指挥该团进行一切事务。

第三条：西北科学考查团，由理事会委任中外团员若干人组织之。外国团员之由斯文·赫定博士选定者，本协会审核后予以委任。其姓名、国籍、资格及所担任科目，另列附单。

第四条：理事会就团员中委任中外团长各一人，其外国团长即由斯文·赫定博士任之。

第五条：中外两团长之任务规定如左：

（一）旅行中之行止及工作时间等事，由外国团长商同中国团长规定之。

（二）关于团员之工作分配，外国团长须预征中国团长之同意。中国团长如有提出工作分配时，亦须得外国团长之同意。

（三）途中与各地方长官接洽事务，由中国团长主持办理。

（四）采集品之运输，由中国团长主持办理。

第六条：关于全团经费之担负，及其他旅行中一切必需事项，规定如左：

---

① 参阅中国第二历史档案馆编：《中华民国史档案资料汇编》第五辑第一编《文化》第 858～861 页，江苏古籍出版社 1994 年。

（一）全体团员自出发之日起，至事毕回京之日止，所需之食料、篷帐、夫役、驼畜、医药、采集品之运京，及其他旅行上必要之费用，均由斯文·赫定博士担任之。

（二）斯文·赫定博士除担任外国团员之薪水外，并自出发之日起，至事毕回京之日止，按月捐助华币八百五十元于本协会，其用途另列附单。

（三）其余未尽事宜，由中国团长随时与赫定博士商洽办事，并报告理事会考核。

第七条：旅行往返路线，由北京经包头、索里诺尔、哈密、迪化、罗布诺尔，至车尔成。遇必要时，得由两团长妥商，略于变更。但如有重大之变更时，须电请理事会审查，核准后始能执行。

第八条：旅行期限，自离京之日算起，至多不得过两年。

第九条：旅行中所考查之事项，其主要者为：地质学、地磁学、气象学、天文学、人类学、考古学、民俗学。

第十条：凡直接或间接对于中国国防国权上有关系之事物，一概不得考查。如有违反者，应责成中国团长随时制止。

第十一条：旅行时所绘地图，除工作所用区域外，其比例不得大于三十万分之一。

第十二条：考查时应守之规定如左：

（一）不得有任何借口，致毁损关于历史、美术等之建筑物。

（二）不得以私人名义购买古物等。

第十三条：关于考古学，规定不作发掘的工作。但遇有小规模之发掘，对于全团之进行并无大碍，又采掘所得之物不甚重滞，运输上无须有特别设备者，得由中国团长商同外国团长执行之。（但对于全团进行并无妨碍时，较大规模之考古学的发掘仍可为之）

第十四条：收罗或采掘所得之物件，其处分方法规定如左：

（一）关于考古学者，统须交与中国团长或其所委托之中国团员运归本会保存。

（二）关于地质学者，其办法同上。但将来运回北京之后，经理事会之审查，得以副本一份赠与斯文·赫定博士。

第十五条：考查所得各项成绩，其处分方法规定如左：

（一）照片，须交理事会审查，并须交存一本于理事会。

（二）自然科学中之图线记录，须交与理事会审查，于六个月内审查完毕。

（三）笔记图画或日记，依上条办理。

（四）地图，除经理事会于六个月内审查外，并须由理事会转送参谋本部审查。

（五）电影片：（1）须经理事会审查；（2）须存副本一份于理事会；（3）初次开映须在北京。

凡未经上文所说之审查手续者，不得发表。

第十六条：考查完毕时，须用本协会名义发表正式报告，其办法如左：

（一）每种科学出一小册子，其篇幅约定为八开本二百页，用中文及西文对照排印。

（二）此项排印费由本协会担任之，印成后赠一百部与斯文·赫定博士。

（三）报告上所刊著作者之姓氏，除首列两国团长外，其余团员，均依西文字母次第排列之。

（四）此项报告，当于考查完毕后二年六个月之内出全。

第十七条：由此次考查而产生之大部著作，其发表方法规定如左：

（一）出版须在正式报告出版之后。

（二）分著作为两部，关于地质学、人类学（考古学）、民俗学等属甲部；关于地磁学、气象学、天文学等属乙部。甲部著作由本协会担任经费，在中国出版。乙部著作由斯文·赫定博士担任经费，在欧洲出版。双方交换一百部，其余自由发行。

（三）关于甲部之材料，无论是中国团员或外国团员考查所得，统须交与理事会。关于乙部之材料，无论是中国团员或外国团员所得，经理事会于六个月之内审查完毕后，交与斯文·赫定博士。

（四）甲乙两部中各项著作，须用同一总名概括之，并须照同一版本同一式样印刷之。

（五）此项著作用本协会名义发表，其著作人之姓名，分刊各卷之上，但甲部之书，应由中国团长任总编辑，外国团长任副总编辑。乙部之书外国团长任总编辑，中国团长任副总编辑。

第十八条：考查气象时设有气象台四座，此项气象台中所用仪器，斯文·赫定博士已允赠与中国，俟考查完毕时，由斯文·赫定博士交与理事会。

第十九条：本订定办法，附有英文译本一份，应以中文为准。

以上合作办法十九条，于中华民国十六年（西历纪元一九二七年）四月二十日，经本协会第九次大会之议决，并推定当日主席周肇祥先生为代表，与斯文·赫定博士逐条研究，双方认为满意，于是月二十六日在北京北京大学研究所国学门签字。

周肇祥（Sven Hedin）

附录二

《古物保存法》[①]

第一条：本法所称古物，指与考古学、历史学、古生物学及其他文化有关之一切古物而言。

前项古物之范围及种类，由中央古物保管委员会定之。

第二条：古物除私有者外，应由中央古物保管委员会责成保存处所保存之。

第三条：保存于左列处所之古物，应由保存者制成可垂久远之照片，分存教育部、内政部、中央古物保管委员会及原保存处所。

一、直辖于中央之机关；

二、省市县或其他地方机关；

三、寺庙或古迹所在地。

第四条：古物保存处所每年应将古物填具表册，呈报教育部、内政部、中央古物保管委员会及地方主管行政官署。

前项表册格式由中央古物保管委员会定之。

第五条：私有之重要古物，应向地方主管行政官署登记，并由该管官署汇报教育部、内政部及中央古物保管委员会。

前项重要古物之标准，由中央古物保管委员会定之。

第六条：前条应登记之私有古物，不得移转于外人，讳者没收其古物，不能没收者追缴其价额。

第七条：埋藏地下及由地下暴露地面之古物，概归国有。

前项古物发现时，发现人应立即报告当地主管行政官署，呈由

---

① 参阅《中华民国史档案资料汇编》第五辑第一编《文化》，第609～611页。

上级机关咨明教育、内政两部及中央古物保管委员会收存其古物，并酌给相当奖金，其有不报而隐匿者，以窃盗论。

第八条：采掘古物应由中央或地方政府直辖之学术机关为之。

前项学术机关采掘古物，应呈请中央古物保管委员会审查，转请教育、内政两部会同发给采取执照；无前项执照而采掘古物者，以窃盗论。

第九条：中央古物保管委员会由行政院聘请古物专家六人至十一人，教育部、内政部代表各二人，国立各研究院、国立各博物院代表各一人为委员组织之。

中央古物保管委员会之组织条例另定之。

第十条：中央或地方政府直辖之学术机关采取古物有须外国学术团体或专门人才参加协助之必要时，应先呈请中央古物保管委员会核准。

第十一条：采掘古物应由中央古物保管委员会派员监察。

第十二条：采掘所得之古物，由中央或地方政府直辖之学术机关呈经中央古物保管委员会核准，于一定期内负责保存，以供学术上之研究。

第十三条：古物之流通以国内为限，但中央或地方政府直辖之学术机关，因研究之必要，须派员携往国外研究时，应呈经中央古物保管委员会核准，转请教育、内政两部会同发给出境护照。

携往国外之古物，至迟须于二年内归还原保存处所。

前二项之规定，于应登记之私有古物适用之。

第十四条：本法施行日期以命令定之。

附录三

流失海外敦煌文献数量一览表

国家	机构	数量	总数量
英国	英国图书馆	17000 号左右	17000 号左右
法国	法国国家图书馆	7000 余号	7000 余号
俄罗斯	俄罗斯科学院东方研究所圣彼得堡分所	约 19000 号	约 19000 号
日本	龙谷大学图书馆	43 件	1314 余件
	京都国立博物馆	77 件	
	东京国立博物馆	不详	
	书道博物馆	100 余号	
	藤井有邻馆	60 件	
	三井文库	112 件	
	唐招提寺	28 件	
	大谷大学	38 件	
	宁乐美术馆	2 件	
	天理图书馆	17 件	
	杏雨书屋	758 号	
	国会图书馆	48 件	
	法隆寺	1 件	
	大东急纪念文库	14 件	
	东京大学东洋文化研究所	11 件	
	九州大学文学部	5 件	
	日本国学院大学图书馆	不详	
	药师寺、五岛美术馆	不详	

续表

国家	机构	数量	总数量
美国	哈佛大学福格艺术博物馆	2件	144件
	美国国会图书馆	9件	
	芝加哥大学远东图书馆	3件	
	纽约大都会艺术博物馆	3件	
	普林斯顿大学葛斯德图书馆	83件	
	芝加哥自然史博物馆	1件	
	安思远私人收藏	38件[①]	
	哥伦比亚大学东亚图书馆	4件	
	华盛顿史密森学会弗里尔美术馆	1件	
德国	巴伐利亚国立图书馆	3件	3件
匈牙利	科学院图书馆	20[②]	
丹麦	哥本哈根皇家图书馆	14件	14件
韩国	岭南大学	1	4件
	首尔大学奎章阁	1	
	出处未详	2[③]	

[①] 安思远私人收藏情况，施萍婷先生在《61件美国安思远先生所藏历代佛教写经谭》中指出有中国写经43件。这43件中，5件是吐鲁番文书。郝春文先生等《当代中国敦煌学研究》中为"43件中国写经，其中5件传自吐鲁番，多件传自敦煌"。

[②] 敦煌研究院赵晓星研究馆员在2024年4月敦煌举行的"流失海外敦煌文物国际学术研讨会暨国际敦煌项目工作会议"上发言中的数字。

[③] 韩国敦煌学家全弘哲先生2024年1月22日在浙江大学中亚与丝路文明研究中心讲座时提供。

附录四

流失海外敦煌文物数量一览表

国家	机构	数量	总数量
英国	英国博物馆	530 余件	752 余件
	维多利亚与艾尔伯特博物馆	222 件[①]	
法国	吉美博物馆	296 件	296 件
俄罗斯	艾尔米塔什博物馆	约 300 件	约 300 件
印度	国家博物馆	287 件[②]	287 件
美国	哈佛大学福格艺术博物馆	14 件	19 件
	波士顿美术馆	1 件	
	华盛顿史密森学会弗里尔美术馆	2 件	
	纽约大都会博物馆	2 件	
爱尔兰	都柏林切斯特比蒂博物馆	4 件[③]	4 件
韩国	韩国国立中央博物馆	10 件[④]	10 件
日本	东京国立博物馆	不详	多于 3 件
	天理图书馆	1 件	
	白鹤美术馆	2 件	

[①] https://collections.vam.ac.uk/search/?id_place=x32484&page=4&page_size=50&q=dunhuang
[②] 敦煌研究院赵晓星研究馆员在 2024 年 4 月敦煌举行的"流失海外敦煌文物国际学术研讨会暨国际敦煌项目工作会议"上发言中的数字。
[③] 敦煌研究院赵晓星研究馆员在 2024 年 4 月敦煌举行的"流失海外敦煌文物国际学术研讨会暨国际敦煌项目工作会议"上发言中的数字。
[④] 敦煌研究院赵晓星研究馆员在 2024 年 4 月敦煌举行的"流失海外敦煌文物国际学术研讨会暨国际敦煌项目工作会议"上发言中的数字。

附录三、四参考文献

王冀青、〔美〕莫洛索斯基《美国收藏的敦煌与中亚艺术品》,《敦煌学辑刊》1990 年第 1 期。

〔日〕井口泰淳《关于龙谷大学图书馆藏大谷探险队带来敦煌古写经》,贺小平译、施萍婷校,《敦煌研究》1991 年第 4 期。

施萍婷《日本公私收藏敦煌遗书叙录(一)——三井文库所藏敦煌遗书》,《敦煌研究》1993 年第 2 期。

施萍婷《日本公私收藏敦煌遗书叙录(二)》,《敦煌研究》1994 年第 3 期。

施萍婷《日本公私收藏敦煌遗书叙录(三)》,《敦煌研究》1995 年第 4 期。

荣新江《日本天理图书馆藏敦煌文献考察纪略》,《敦煌研究》1995 年第 4 期。

荣新江《日本书道博物馆藏吐鲁番敦煌文献纪略》,《文献》1996 年第 2 期。

荣新江《海外敦煌吐鲁番文献知见录》,江西人民出版社,1996 年。

王惠民《日本白鹤美术馆藏两件敦煌绢画》,《敦煌研究》1999 年第 2 期。

施萍婷《61 件美国安思远先生所藏历代佛教写经谭》,《敦煌研究》2004 年第 1 期。

余欣《博望鸣沙——中古写本研究与现代中国学术史之会通》,上海古籍出版社,2012 年。

郝春文、宋春雪、武绍卫《当代中国敦煌学研究:1949—2019》,中国社会科学出版社,2020 年。

荣新江《满世界寻找敦煌》,中华书局,2024 年。

Helen Wang, John Perkins Handbook to the Collections of Sir Aurel Stein in the UK, The British Museum, 2008.

结束语

　　敦煌文献总数6万号左右，还有大量的绢画等文物，收藏在世界十几个国家的几十个图书馆和博物馆中，其中以位于伦敦的英国图书馆、巴黎的法国国家图书馆、圣彼得堡的俄罗斯科学院东方文献研究所和北京的中国国家图书馆收藏最多，所以说伦敦、巴黎、圣彼得堡和北京是世界上敦煌文献的四大收藏中心。另外，日本、美国、韩国、德国、印度、丹麦、挪威、瑞典、匈牙利、比利时、澳大利亚、新加坡等国都有数量不等的收藏，还有一些收藏在私人手中，目前绝大多数已经公布。其文字种类繁多，包含的内容非常丰富，可以说应有尽有，被誉为中国中古社会的"百科全书"。

　　敦煌藏经洞发现已经120多年了，敦煌文物文献被劫往国外也100多年了。百年来，国人都在期盼着敦煌文物的回归。敦煌文物回归，与全世界许多国家都存在着的文物流失和回归一样，是一个十分复杂、敏感的问题，尤其是从国家收藏文物的角度讲，回归涉及一系列的法律、公约等。因此，敦煌文物何时回归？这是我们面临的一道世界难题。对此，中外学者及收藏单位之间没有任何理由相互抵触或戒备，而应采取相互理解、求同存异的态度，放眼未来，共同解决这一世界难题。

在目前文物实物还无法回归的情况下,学者们提出由国家出面,与海外收藏单位商谈敦煌文献彩色照片的回归。这样就可以凭借现代科学技术和印制条件,用彩色高清图片的方式印制保存,实现流散文物文献一定程度上的"回归"。

当我们面对现实,展望未来之时,又不能不回首往事。往事虽不堪回首,但我们又不能不正视历史。因此,研究探讨敦煌文物流散的原因、背景、过程,并指出目前在世界各地的收藏情况,弄清历史的本来面目,有助于我们对现实的把握,对未来的认识。历史是古今相同的,今天的历史就是昨天的现实,而今天的现实又是明天的历史。因此,我们要记住历史,牢记历史的教训,以便对我国文物、文化研究有所助益。

后　记

本书的前身最初是1996年甘肃人民出版社策划，计划在2000年敦煌藏经洞发现100周年时出版的"敦煌文化丛书"之一。"敦煌文化丛书"的策划出版，得到了时任甘肃人民出版社总编辑张正杰和第一编辑室主任杜绮德的大力支持。2000年出版时的书名为《藏经洞之谜——敦煌文物流散记》。

可能是由于本书史料比较丰富，史事相对准确，语言比较通俗，出版后得到了读者的欢迎。2009年，在时任甘肃人民出版社总编辑李树军的支持下，又进行了修订，纳入甘肃省"农家书屋"书目，以《敦煌文物流散记》为名出版，首印7000册很快销售完，随后又重印发行。

2019年，李树军先生提出，读者仍然需要《敦煌文物流散记》，希望我能吸收近年来敦煌学的研究成果，进行增补修订。我愉快地接受了这一任务，利用教学、科研的间隙，进行了增删和修订，同时还调整、补充了部分图片。

出版社在进行图书编辑的同时，提出在这一稿基础上再进行补充，以《流失海外的敦煌文物》为名申报2023年度国家出版基金资助项目。之后，没想到这样一本小书获得了国家出版基金的资助。根据申报国家出版基金后出版社提出的新的要求，需要对书稿内容再次进行新的修改及增加海外所藏敦煌文物的内容。由于我近期科研任务繁忙，实在没有时间进行增补工作，就请闫丽博士增补了第三节第四部分《斯坦因藏品及整理情况》、第四节第四部分《伯希和所获敦煌文物》、第五节第三部分《日本藏敦煌文物》、第六节第四部分《俄藏敦煌艺术品》、第七节第三部分《损失惨重难挽回》中华尔纳带走壁画的三种类型分析部分，同时编制了"附录"中的《流失海外敦煌文献数量一览表》《流失海外敦煌文物数量一览表》。

由于闫丽博士参与了本书的写作，我提出与闫丽博士共同署名，但因种种原因，最终没能更改作者署名。不得已，只能在后记中详细说明闫丽博士所做的工作。

感谢甘肃人民出版社原副总编辑李青立女士认真细致的编辑工作，使我避免了一些错误。本书的文字录入、材料核对、图片扫描和书稿校对，主要是张晓莹老师完成。当然，如有错误和不当之处，则由本人承担责任。

本书所附图片，绝大多数都是采自中外已经出版的图书，有些是从敦煌研究院所出图录中扫描的，感谢敦煌研究院的支持。

刘进宝

2022年2月6日

2024年6月6日补记